BOUDDHISMES, PHILOSOPHIES ET RELIGIONS

DU MÊME AUTEUR

La Volonté d'orthodoxie dans le bouddhisme chinois, Paris, CNRS, 1988

Le Bouddhisme Ch'an en mal d'histoire. Genèse d'une tradition religieuse dans la Chine des T'ang, École française d'Extrême-Orient, Paris, 1989

La Mort dans les religions d'Asie, Paris, Flammarion, 1994

Le Bouddhisme, Paris, Flammarion, 1996

Bouddhisme, Paris, L. Levi, 1997 ; rééd. 2002

Sexualités bouddhiques. Entre désirs et réalités, Aix-en-Provence, Mail, 2001 ; rééd. Flammarion, coll. « Champs », 2005

Bouddhisme et Violence, Paris, Le Cavalier bleu, 2008

Bernard Faure

BOUDDHISMES, PHILOSOPHIES ET RELIGIONS

Champs essais

ISBN : 978-2-0812-5033-8

Prologue

Le bouddhisme, dit-on, est à la mode. Tant mieux, ou tant pis. En effet, l'intérêt actuel pour la « spiritualité » bouddhique résulte peut-être d'un malentendu. L'attrait pour le bouddhisme vient sans doute de ce qu'il nous est étrangement familier : familier, parce qu'il relève, comme la pensée occidentale, d'une idéologie indo-européenne; étrange, parce que méconnu. Il faut distinguer le bouddhisme, comme tradition historique, des diverses moutures de néobouddhisme qui sont à ce bouddhisme à peu près ce qu'est le *Reader's Digest* à la littérature.

Pensée philosophique de haut vol, mais qui sait également rester les pieds sur terre, le bouddhisme nous fournit précisément un moyen de penser ensemble ce qui, pour nous Occidentaux, relève de l'antinomie (du type « foi et raison », « idéalisme et matérialisme »). Car, comme nous allons bientôt le voir, au royaume de la double vérité bouddhique, le tiers n'est plus exclu, les vieux dilemmes ne sont plus de mise. Et tout d'abord, le bouddhisme n'est pas que philosophie, il est aussi religion. Et pas seulement ce genre de religion épurée et flottante, coupée de tout contexte et de toute transcendance véritable, que l'on nomme spiritualité. Non : une vraie religion, avec ses mythes et ses rites, sa cosmologie et ses mystères. Et, comme si cela ne suffisait pas, il est également – avant tout, diront certains – une discipline psychosomatique, une technique du corps et de l'esprit qui se rapproche de la psychanalyse à certains égards, et s'en éloigne à d'autres.

La philosophie occidentale est somme toute assez étroitement circonscrite. Les anciens sentiers de grande randonnée sont devenus des voies de pèlerinages obligés aux mausolées de Platon, Kant, Hegel, ou Heidegger, et finalement des autoroutes de la pensée, avec leurs péages et leurs restaurants *fast-food*. On s'oriente dans la pensée en posant ces repères rassurants, oubliant que toute vraie pensée devrait avant tout remettre en question nos habitudes mentales, nous désorienter.

Notre culture cherche à se débarrasser d'une transcendance à laquelle elle ne croit plus guère, mais celle-ci reste enfouie dans nos jeux de langage, elle se réinscrit sans cesse dans notre exigence éthique. Nous sommes passés d'une transcendance verticale à une transcendance horizontale, celle des grands principes éthiques, mais nos réflexes mentaux restent au fond les mêmes. Le bouddhisme se prête plutôt mieux à une pensée décentrée, disséminée, païenne, polythéiste, ce que d'aucuns appellent pensée postmoderne. S'intéresser à la pensée bouddhique ne signifie pas « devenir bouddhiste » – par une conversion qui impliquerait encore la croyance en une vérité « transcendante » – mais simplement voir que nos questions peuvent, à peu de frais parfois, se poser autrement. C'est réaliser que nous sommes déjà à certains égards bouddhistes ; ou plutôt, que le bouddhisme est l'une des manifestations culturelles de virtualités que nous possédons et que nous avons trop longtemps réprimées, au nom de certaines conceptions grecques et/ou judéo-chrétiennes de notre identité. Certes, on parle de plus en plus de repli identitaire, mais l'idéologie est bien en retard sur la réalité contre laquelle elle prétend réagir : malgré toutes nos dénégations, notre pensée est d'ores et déjà métèque, elle l'a d'ailleurs sans doute toujours été. Les tentatives philosophiques de coupure épistémologique et de raréfaction du discours formel n'y changent rien : sous les pavés du discours logique s'étale la plage de l'imaginaire, avec ses associations « aussi nombreuses que les sables du Gange ». Si, des Grecs aux Romains, puis aux Juifs et aux Arabes, la pensée occidentale s'est galvaudée, ce fut en général pour son plus grand profit. La violence des réactions racistes révèle (ou plutôt elle atteste) l'ampleur des mutations sociologiques, psychologiques, et intellectuelles que traversent actuellement nos sociétés.

Le bouddhisme lui-même est double, hybride, bâtard : d'un côté, c'est un système intellectuel puissant, à tendance rationaliste et abstraite, presque structuraliste, universaliste, etc. ; de l'autre, c'est une forme de pensée locale, païenne, quasi chamanique. Du même coup, il est irréductiblement pluriel. Il existe, disait l'éminent indianiste Paul Mus, non pas deux, mais une demi-douzaine de bouddhismes. C'est par simple facilité de langage, et pour ainsi dire entre guillemets, que j'utilise le singulier ou le « présent ethnographique » – dans des expressions comme « le boudhisme pense que » – là où il faudrait à chaque fois préciser « les bouddhistes de telle école, de telle tendance, de telle époque et de de tel lieu, pensaient que ». Je laisse au lecteur le soin de rétablir le pluriel ou le temps.

Aux raisons d'ordre épistémologique qui militent en faveur d'une redécouverte du bouddhisme viennent s'en ajouter d'autres, d'ordre géopolitique. Les facteurs économiques et politiques qui ont pu autrefois justifier aux yeux de certains l'arrogance de l'Europe coloniale, son sentiment de supériorité intellectuelle, ont disparu. L'occidentalisation du monde ouvre en retour l'Occident aux influences extérieures, à une échelle sans précédent. La confrontation avec les autres cultures, et la découverte – joyeuse ou horrifiée – qu'elles aussi pensent, et qu'elles ont eu trop longtemps à souffrir des prétentions occidentales, entraînent à reconsidérer les privilèges accordés jusqu'ici à certaines formes dominantes de rationalité. Cette révision est amenée également par la tragique « dialectique de la raison » qui, des Lumières aux soleils noirs d'Auschwitz et de Hiroshima, a conduit à remettre en question la croyance naïve dans le progrès scientifique.

Dans les pages qui suivent, j'aimerais examiner les rapports possibles entre la rationalité occidentale et le bouddhisme, sous son double aspect philosophique et religieux. Je n'entends nullement prôner une sorte de « concordisme » entre bouddhisme et pensée occidentale; je cherche simplement, d'une part, à repérer dans notre propre pensée certains éléments plus ou moins dissimulés, qui nous rendraient peut-être plus accessible tel ou tel aspect du bouddhisme ; et, d'autre part, à voir si certaines notions bouddhiques, par le léger décalage qu'elles engendrent dans nos façons de penser habituelles, ne peuvent pas nous conduire à reformuler quelques problèmes classiques de la pensée occidentale.

Certaines des questions que je (me) pose sont les suivantes : peut-on faire entrer le bouddhisme de plain-pied, sans condescendance ni fétichisme, dans le discours philosophique occidental? Est-il possible d'établir un véritable dialogue philosophique (sans connotations confessionnelles) ? Comment intégrer certaines notions bouddhiques, ou en tout cas s'ouvrir à elles, sans trop les adultérer? Peut-on réaliser cette greffe sans retomber sur les mythes de la « Renaissance orientale », sans ressasser les vieux scénarios orientalistes ? Jusqu'où peut-on suivre le bouddhisme dans ses raisonnements, sans s'y laisser piéger ? A l'inverse, est-on fondé à le soumettre aux critiques externes, sans pour autant chercher à le réduire à des normes extrinsèques ? Autrement dit, peut-on, à l'heure actuelle, penser *à partir du* bouddhisme ?

Je passerai très vite sur les débats qui ont enchanté le début de ce siècle, notamment les efforts surannés pour distinguer science, magie et religion. Si je reprends la question scolaire – le bouddhisme, philosophie ou religion ? –, ce n'est pas pour enfoncer une porte entrouverte, mais pour souligner les implications généralement méconnues d'une telle question. J'aimerais montrer tout d'abord que le bouddhisme pense et qu'il est « bon à penser ». Il y a une philosophie bouddhique, qui a su poser certaines des questions de la philosophie occidentale (et quelques autres) et leur donner des réponses différentes mais tout aussi pertinentes, ou emprunter certains chemins dont nous n'avons parfois pas même deviné l'existence. Mais j'entends également souligner que le bouddhisme agit, qu'il est une pensée en action, et une pensée de l'action (en particulier de l'action rituelle).

Après avoir fait un sort à quelques vieux clichés orientalistes, j'essaierai de revendiquer pour le bouddhisme un espace propre, à égale distance d'une compréhension purement philosophique (souvent réductrice, même dans ses bonnes intentions) et d'une bonne foi souvent manipulée par des idéologies du type New Age.

En tant que pensée philosophique, le bouddhisme repose, comme on le verra, sur la théorie des deux vérités :

vérité conventionnelle ou mondaine d'une part, vérité ultime, ou ultramondaine de l'autre. Cela peut nous sembler étrange, coutumiers que nous sommes d'une pensée fondée sur l'intransigeance dogmatique du monothéisme judéo-chrétien et sur la logique grecque du tiers-exclu – selon laquelle, si de deux propositions contradictoires l'une est vraie, l'autre est nécessairement fausse. La pensée bouddhique est néanmoins une réflexion systématique, dont les acquis en matière d'ontologie ou d'épistémologie méritent notre attention.

En tant que religion prônant un rapport tantôt direct, tantôt médiatisé avec l'absolu, le bouddhisme ne se réduit pas à une variante du « mysticisme oriental » auquel on l'identifie trop souvent. Ce n'est pas simplement un retour au « sentiment océanique » de la mystique sauvage, mais une tentative conséquente pour approfondir le réel, en utilisant au mieux toutes les facultés humaines, physiques et mentales.

En tant que doctrine morale, le bouddhisme a développé certaines vertus comme la compassion. La compassion bouddhique inclut non seulement le genre humain, mais tous les êtres vivants. En dépit d'une tendance initiale à condamner le monde des sens, le bouddhisme est parvenu de la sorte, au contact des cultures du Tibet, de la Chine et du Japon, à produire une pensée écologique avant la lettre.

En tant que système symbolique, le bouddhisme nous dévoile un imaginaire d'une singulière richesse. Une des tâches qui nous attendent consiste à ouvrir la mythologie bouddhique aux questions de l'anthropologie culturelle, en dépassant les analyses symboliques traditionnelles.

En tant qu'idéologie, enfin, il ne faut pas se cacher que le bouddhisme (comme la plupart des religions et nombre de philosophies) a bien souvent débouché sur une pensée et une pratique du pouvoir – mais aussi du contre-pouvoir. Selon les circonstances, il a eu partie liée, aussi bien avec les diverses formes de royauté sacrée qui ont prévalu en Asie (par exemple le système impérial japonais) qu'avec les utopies millénaristes et les révoltes populaires. Il faut donc, tout en démystifiant les motifs idéologiques, insister sur certains des principes sociaux, politiques et économiques qui sous-tendent la doctrine bouddhique.

J'entends donner dans ce livre, non pas tant une présentation objective et érudite du bouddhisme, qu'une réflexion personnelle, produit d'une confrontation entre les deux pôles (occidental et asiatique) de ma recherche. Mon propos est de revoir certains thèmes classiques de la pensée occidentale à la lumière de la réflexion bouddhique. Mon point de départ pourrait être l'injonction du sociologue Marcel Mauss : « Il faut avant tout dresser le catalogue le plus grand possible de catégories; il faut partir de toutes celles dont on peut savoir que les hommes se sont servis. On verra alors qu'il y a eu et qu'il y a encore bien des lunes mortes, ou pâles, ou obscures, au firmament de la raison. » Il m'arrivera de suggérer que certains de ces astres qui montent à notre firmament sont bouddhiques. Je ne propose pas pour autant une apologie du bouddhisme, comme on s'en rendra vite compte. Peut-être certains jugeront-ils même plutôt iconoclaste ma critique de tel ou tel de ses aspects. Mais elle s'inspire d'un iconoclasme proprement bouddhique. En outre, le détour par la pensée bouddhique offre à mon avis un moyen de réintégrer des pans entiers de notre propre héritage philosophique. Car, non seulement cette pensée est, comme la nôtre, d'origine indo-européenne, mais la philosophie pure au nom de laquelle on tend à exclure les pensées d'Asie relègue aussi dans les ténèbres extérieures une bonne part de l'héritage occidental.

En fin de compte, nul n'est à l'abri de la critique, comme le suggère l'anecdote suivante.

> Dans un monastère de montagne vivaient quatre religieux qui s'étaient proposé de méditer sur la distance qui sépare la vérité suprême de toute parole, et d'imiter le mutisme de Vimalakīrti.
> En s'engageant solennellement, ils avaient préparé à cet effet un endroit pour leur pratique et abandonné tous liens avec le monde extérieur; ils commencèrent une retraite silencieuse de sept jours. Un seul serviteur vaquait à leurs besoins.
> Comme les cinq veilles passaient et que la nuit progressait, le moine assis à la dernière place, voyant que le feu de la lampe était sur le point de s'éteindre, dit au serviteur : « Relevez la flamme! »
> Le moine du siège voisin de dire : « Lorsqu'on fait une retraite silencieuse, on ne dit mot! » Alors le moine de la troisième place, indigné du fait que ces deux-là avaient fini par parler, dit : « Ne vous laissez pas détourner par les mots! »
> Le vieux moine assis à la première place, jugeant déplacé et ennuyeux que tous les trois, bien que de façon différente, eussent pris la parole, leur dit : « Moi seul, je ne dis rien! » et il inclina la tête d'un air satisfait et désabusé. Apparemment intelligent, je crois qu'il était particulièrement bête. A y bien penser, le fait est que peu échappent à un tel comportement[1].

Connaissons-nous le bouddhisme?

> L'Indien : « Que voulez-vous! Il a les préjugés de son pays, ceux de son parti, et les siens propres. »
> Le Japonais : « Oh! Voilà trop de préjugés. »
> (Voltaire, *Dictionnaire philosophique*)

Dès 1925, l'érudit belge Louis de La Vallée Poussin renvoyait dos à dos les « soucis apologétiques de droite » qui cherchent à mettre en évidence la supériorité de la vertu chrétienne ou de la logique d'Aristote, et les « préjugés de gauche » qui font du bouddhisme une première ébauche de l'athéisme, de l'agnosticisme, ou du pragmatisme[1]. Ce refus bien bouddhique des extrêmes reste toujours de mise aujourd'hui. La Vallée Poussin concluait : « C'est faire grand tort au bouddhisme que de le plonger dans les eaux du Léman, de la Sprée ou de la Tamise. » Malgré cette mise en garde, et encouragé sans doute par l'implantation d'une communauté tibétaine dans mon voisinage périgourdin, il m'est venu l'envie de plonger le bouddhisme dans les eaux de la Dordogne – cette majestueuse rivière, dont le nom, rappelant la confluence de deux torrents auvergnats, la Dore et la Dogne, évoque pour moi celle des deux vérités bouddhiques.

Il est impossible de présenter ici comme il le faudrait l'histoire des doctrines et des communautés bouddhiques, et je renvoie pour une première approche aux ouvrages de vulgarisation parus sur le sujet. J'insisterai tout particulièrement sur deux tendances qui me paraissent réaliser un grand nombre des potentialités de la pensée bouddhique, et qui montrent en même temps le danger d'une interprétation radicale : le Chan/Zen et le tantrisme (ou Vajrayāna). J'emploie le terme Chan, à côté ou à la place de son synonyme mieux connu, Zen, pour rappeler qu'il s'agit d'un mouvement d'origine chinoise.

L'oubli du bouddhisme

Dans un ouvrage intitulé *L'Oubli de l'Inde*, Roger-Pol Droit avait noté la paradoxale amnésie qui semblait caractériser la culture occidentale à l'égard des pensées indiennes, et notamment du bouddhisme. Plus récemment, dans *Le Culte du néant*, il a retracé les diverses phases de cette amnésie. A quoi tient donc cet étrange phénomène ? Tout d'abord, à la désaffection à l'égard de l'Inde que connut la seconde moitié du XIXe siècle, par contrecoup de l'enthousiasme des Romantiques envers la « Renaissance orientale » : après tout, aux grands jours du colonialisme, ni l'Inde ni le bouddhisme ne pouvaient prétendre remplacer la Grèce et le judéo-christianisme. On vit en outre se développer avec la conquête coloniale un mépris marqué des sociétés asiatiques, qui allait d'ailleurs souvent de pair avec l'appréciation condescendante de leur grandeur culturelle passée. Le bouddhisme devint affaire de spécialistes. Seul le Tibet, ayant échappé à la colonisation, parvint à se tailler dans l'imaginaire occidental la place de choix qu'il conserve encore aujourd'hui. Sur le plan philosophique enfin, la doctrine bouddhique se vit malencontreusement ranger sous la rubrique « nihilisme », une erreur encouragée tant par l'ignorance sereine des philosophes que par la polémique antibouddhique des missionnaires chrétiens. Nous subissons encore les effets de cette distorsion polémique : la « philosophie bouddhique », pour ne rien dire de la *culture* bouddhique, n'ont pas encore pleinement droit de cité, et la « spiritualité » bouddhique reste souvent, du moins en France, le domaine des amateurs d'exotisme.

R.-P. Droit date des alentours de 1820 la coupure épistémologique qui donna naissance au bouddhisme comme objet scientifique. Cette coupure est bien réelle, mais elle tend aussi à masquer la continuité en longue durée d'une attitude orientaliste plus ou moins subtile, de préjugés tenaces que la prétendue « objectivité » scientifique ne fait souvent que masquer. L'« objectivité » en question n'est pas exempte de jugements de valeur. Pour parodier Karl von Clausewitz (« La guerre, c'est la continuation de la politique par d'autres moyens »), on pourrait dire que la science philologique, c'est encore l'orientalisme « par d'autres moyens » (comme l'orientalisme était déjà le colonialisme « par d'autres moyens »). Plus dilué certes, mais non pas absent. C'est s'exonérer à peu de frais – et là encore reconduire l'inconnu au connu (comme le faisaient à leur façon les missionnaires). Il en va de même, dans une certaine mesure, des apôtres du postorientalisme. Il ne suffit pas de quelques débats autour d'un livre (*L'Orientalisme* d'Edward Saïd) et de retentissants mea-culpa pour tirer définitivement le trait, tourner la page de l'orientalisme, et accéder soudain à la connaissance vraie.

L'histoire de la découverte du bouddhisme par les Européens constitue en quelque sorte le revers de celle des Lumières. Au XVIIIe siècle, l'Europe des Lumières se mit à l'écoute de la Chine confucéenne, en laquelle elle se plaisait à voir un modèle de gouvernement éclairé. Connu essentiellement à travers les informations glanées dans les « lettres édifiantes et curieuses » des Pères jésuites, eux-mêmes influencés par la critique confucéenne, le bouddhisme n'avait pas bonne presse. Les moines bouddhiques, variante orientale de l'obscurantisme clérical, étaient perçus par les philosophes comme un ramassis de fourbes et de fainéants.

Les choses allaient changer au XIXe siècle, grâce à ce que les contemporains nommèrent, un peu vite sans doute, la « Renaissance orientale ». Cette « renaissance » fut marquée par la redécouverte de l'Inde, en laquelle on crut avoir trouvé le berceau de toutes les civilisations, la source vive de toutes les mystiques. Dans cet enthousiasme pour la culture indienne, qui se maintint à peu près pendant la première moitié du siècle, le bouddhisme passa d'abord inaperçu, mais il allait bientôt prendre sa revanche. Les premiers indices d'un tel changement se distinguent dès 1817 dans un opuscule de Michel-Jean-François Ozeray, intitulé *Recherches sur Buddou ou Bouddou, Instituteur religieux de l'Asie Orientale*, ouvrage qui fait de celui qu'on n'appelait pas encore le Buddha un « philosophe distingué », et non plus une vague divinité asiatique[1].

Les premiers textes bouddhiques indiens ne furent traduits que vers le milieu du XIXe siècle. Tout paraissait alors bien nouveau dans cette doctrine, car on avait pratiquement oublié les informations abondantes fournies aux siècles précédents par les missionnaires de Chine et du Japon. Il semblait n'y avoir rien de commun entre les « superstitions » grossières des bouddhistes chinois et le noble humanisme du Buddha. Bien plus, la doctrine bouddhique, telle qu'on commençait à s'en faire une plus juste idée (croyait-on), fournissait un argument de poids dans les luttes anticléricales. Par contrecoup, cet engouement pour le bouddhisme allait cependant susciter un désaveu tranchant de la part des défenseurs de la culture occidentale. C'est le cas notamment de Jules Barthélemy Saint-Hilaire, disciple du célèbre « bouddhologue » Eugène Burnouf et spécialiste de la philosophie grecque, la seule vraie à ses yeux. Saint-Hilaire, lorsqu'il pourfendait la doctrine du Buddha, visait par personne interposée les émules français du nihiliste « bouddhiste » Schopenhauer. C'est à ce moment que se déchaîna la polémique autour du « culte du néant », dont Hegel, avait, dès 1827, donné le signal en reprochant au bouddhisme de faire du *nirvāṇa* « le principe de tout, l'ultime but final et l'ultime fin de tout ».

Plus près de nous, Paul Claudel écrivait du Japon en 1898 : « Mais ces yeux aveuglés se refusèrent à reconnaître l'être inconditionnel, et à celui qu'on nomme le Bouddha, il fut donné de parfaire le blasphème païen. » Selon Claudel, « le Bouddha ne trouva que le Néant, et sa doctrine enseigna la communion monstrueuse ». « Pour moi, ajoute-t-il, j'y trouve à l'idée de Néant ajoutée celle de *jouissance.* Et c'est là le mystère dernier et Satanique, le silence de la créature retranchée dans son refus intégral, la quiétude incestueuse de l'âme assise sur sa différence essentielle[1]. » Mais il s'agissait au fond, dans toutes ces mises en garde, de prévenir un mal interne, non de parer à un « péril bouddhique » extérieur. Car l'Europe, comme le lion de la fable bouddhique, ne craint nul ennemi extérieur, elle ne peut périr que des vers qui la rongent de l'intérieur.

A l'orientalisme par défaut allait succéder, vers la fin du XIXe siècle, un orientalisme par excès. Le bouddhisme, longtemps vilipendé, était maintenant porté aux nues. Malgré ceux qui voyaient dans la doctrine du Buddha un danger pour la pensée occidentale, un nombre croissant d'admirateurs du bouddhisme y trouvaient un antidote au christianisme. Face aux diverses formes de néobouddhisme où se discernait l'influence persistante de l'occultisme de la Société théosophique, un bouddhisme moderniste, expurgé de ses éléments cosmologiques, magiques, irrationnels, était devenu une « religion de la raison ». Le World Parliament of Religions, congrès international d'études religieuses qui se tint en 1893 à Chicago et s'ouvrit pour la première fois aux religions non occidentales, fit découvrir l'hindouisme et le bouddhisme (ou en tout cas certains aspects de ceux-ci) à l'opinion publique américaine. C'est à cette occasion que l'érudit japonais D. T. Suzuki, qui allait devenir l'un des grands interprètes de la pensée bouddhique, commença son œuvre de vulgarisation. Durant plus d'un demi-siècle, il se fit le hérault du Zen (doctrine dont il fait le fleuron de la pensée « orientale ») et de la culture japonaise auprès des intellectuels occidentaux. D'autres suivirent son exemple, et peu à peu, le bouddhisme en vint à s'acclimater aux mentalités occidentales.

L'orientalisme persistant

Il existe depuis la fin du XIXe siècle deux grands discours sur le bouddhisme : le discours occidental, caractérisé souvent par un orientalisme primaire (c'est-à-dire une perception réductrice de l'« autre » oriental) ou secondaire (l'idéalisation exotique de cet autre) ; et les variantes nationales d'un discours asiatique, tibétain ou japonais, souvent elles-mêmes imprégnées d'orientalisme au second degré (en réaction contre le discours occidental, mais encore sous son influence). Un cas typique est celui de l'historien japonais Naitō Kōnan (1866-1934), qui dans son ouvrage intitulé *De la Chine (Shina ron)* déclare : « Ce livre vise à étudier la Chine, pour le bien des Chinois, à la place des Chinois. » Naitō ne faisait d'ailleurs que reprendre la formule de Karl Marx, dans *Le 18 Brumaire de Louis Bonaparte*, selon laquelle les Orientaux « ne peuvent pas se représenter eux-mêmes, ils doivent être représentés ». Pour les dirigeants japonais de l'époque Meiji (1868-1912), le bouddhisme est devenu l'idéologie étrangère à réduire : d'une part, en effaçant toutes traces de syncrétisme prémoderne entre Shintō et bouddhisme; d'autre part, en divisant ce dernier en institutions sectaires isolées et rivales, comme on l'avait déjà fait sous le régime précédent des Tokugawa (1600-1868). Le bouddhisme « oriental » (indien) allait de la sorte être revu et corrigé par la « bouddhologie » occidentalisée de façon à présenter les diverses écoles bouddhiques comme autant de « philosophies » parfaitement démythologisées. En ce sens, le bouddhisme « philosophique » est lui-même un mythe. Mais le bouddhisme « mythologique », lui, est à bien des égards une philosophie de la vie. Cette dimension disparaît lorsqu'on réduit trop vite la doctrine bouddhique à son contenu philosophique, au détriment de ses aspects littéraires et symboliques. Ce type de rationalisme occulte l'entrelacement des systèmes textuels, méditatifs et rituels au sein de la tradition.

L'étude du bouddhisme a de nos jours tendance à se partager entre histoire de la tradition et « philosophie pure ». Certes, dans le domaine philosophique occidental, l'approche non historique d'un Ludwig Wittgenstein a pu se révéler extrêmement fructueuse, en coupant court à la routine des « histoires de la philosophie ».

Toutefois, dans le cas du bouddhisme, la négation de l'histoire (et de l'anthropologie) se révèle particulièrement dangereuse, car elle ouvre la porte à diverses formes d'orientalisme – en faisant passer pour évidents, naturels, et non problématiques des thèmes éminemment culturels ou idéologiques.

C'est ainsi que certains, comme D. T. Suzuki et ses émules occidentaux, ont vanté la supériorité d'une pensée orientale, la présentant comme la panacée à tous les maux de l'Occident. Il entre dans la façon dont Suzuki présente le Zen aux Occidentaux une certaine condescendance. Pourtant, bien des aspects de l'expérience Zen, telle qu'il la décrit à ses disciples américains, ne sont que des adaptations japonaises de l'« expérience mystique » chrétienne, que ses interlocuteurs fascinés ne reconnaissent pas sous son accoutrement « oriental ». Ce Zen n'est d'ailleurs lui-même qu'une version « revue et corrigée » du Zen traditionnel, une réponse aux défis de la modernisation, une seconde mouture du « néo-bouddhisme » de l'époque Meiji.

Je n'ai pour ma part nullement l'intention d'exalter la supériorité d'une quelconque pensée « orientale ». Certes, il m'arrive parfois de tomber dans les travers que je dénonce – tant il est vrai qu'il ne suffit pas de critiquer l'orientalisme des autres pour en être exempt soi-même. Il est également difficile d'éviter les jugements de valeur lorsqu'on manie des abstractions du type « la pensée occidentale ». Plutôt que de décerner blâmes ou mérites, il importe de voir si l'on peut, sans trop de parti pris, tenter de greffer certains concepts asiatiques sur notre discours moderne ou postmoderne. Le but recherché est double : d'une part, « défamiliariser » la pensée occidentale; de l'autre, démystifier la pensée bouddhique, la rendre philosophiquement opératoire en lui faisant perdre ses faux prestiges « orientaux ». On pourra alors peut-être considérer ces deux pensées, non plus comme des espèces différentes et qui ne peuvent que s'ignorer superbement ou s'observer de loin à la dérobée, mais bien plutôt comme des formes de rationalité distinctes et le cas échéant articulables l'une sur l'autre. Au lieu de vouloir ramener l'une à l'autre, on cherchera au contraire à mettre à profit le « jeu » qui existe entre elles, leur différence de perspective, pour donner un peu plus de profondeur ou de relief à notre champ visuel. C'est, en somme, une incitation à s'avancer en terrain découvert, à explorer des domaines nouveaux, sans perdre tout à fait de vue les repères familiers.

Les méprises courantes sur l'Asie trouvent leur source la plus autorisée chez Hegel. Selon ce dernier, l'Inde est une culture où nulle part « il n'y a médiation, ou passage du dedans vers le dehors et retour en soi du dehors ». La Chine, elle, a bien une histoire, mais elle n'en maintient pas moins « le tête-à-tête immédiat et paralysant de l'intérieur et de l'extérieur ». En Asie, la pensée « glisse sans profit de l'abstraction au sensible et pendant ce temps ne devient pas, ne mûrit pas ». Là réside pour Hegel la différence fondamentale avec la pensée européenne : « Il ne viendra jamais à l'esprit d'un Européen de placer si près de l'abstraction les choses sensibles. » Comme le note Maurice Merleau-Ponty, ces vues de Hegel font encore autorité. Ce sont elles qui nourrissent les sempiternels étonnements devant le fait que la Chine, quoique partie avec plusieurs longueurs d'avance sur l'Europe, n'ait pas su produire de révolution scientifique ou industrielle. Merleau-Ponty reste hégélien lorsqu'il conclut que « l'Occident a inventé une idée de la vérité qui l'oblige et qui l'autorise à comprendre les autres cultures et donc à les récupérer comme moments d'une vérité totale[1] ». Il fait néanmoins une concession de taille, lorsqu'il admet : « Les philosophies de l'Inde et de la Chine ont cherché, plutôt qu'à dominer l'existence, à être l'écho ou résonateur de notre rapport avec l'être. La philosophie occidentale peut apprendre d'elles à retrouver le rapport avec l'être, l'option initiale dont elle est née, à mesurer les possibilités que nous nous sommes fermées en devenant "occidentaux" et, peut-être, à les rouvrir[2]. »

Une traversée difficile

Quand nous disons « pensée occidentale », nous pensons en général « pensée européenne », ce que les Américains appellent la « pensée continentale ». Cette pensée a parfois des difficultés à traverser l'Atlantique. En 1984 eut lieu à l'université Johns Hopkins un colloque franco-américain qui s'intitulait, précisément « La traversée de l'Atlantique ». L'un des principaux participants en était Richard Rorty, chef de file du pragmatisme américain et auteur d'un livre à succès, *Mind and the Mirror of Nature.* La quatrième de couverture de la traduction française de ce livre nous apprend que Rorty « tente de faire pour l'*épistémê* occidentale tout entière ce que Michel Foucault avait fait pour l'*épistémê* du XVIIe siècle dans *Les Mots et les Choses* ». Excusez du peu. Voici comment cet éminent philosophe conçoit le « dialogue » entre la culture occidentale (en l'occurrence surtout d'outre-Atlantique) et les autres cultures :

> Nous autres [pragmatistes]… pouvons raconter que les choses vont mieux dans l'Ouest depuis ces derniers siècles, et nous pouvons suggérer comment elles peuvent encore s'améliorer dans les

> siècles à venir. Mais si l'on nous demande ce que cette histoire a à voir avec les Chinois ou les Cashinahuas, nous pouvons seulement répondre que, pour ce que l'on en sait, des échanges avec ces peuples viendront modifier nos conceptions occidentales sur les types d'institutions qui peuvent mieux incarner l'esprit de la démocratie sociale. Nous attendons, d'une manière un peu vague, le temps où les Cashinahuas, les Chinois, et (s'il devait y en avoir) les martiens participeront à la même communauté sociale démocratique. Sans doute cette communauté aura-t-elle des institutions différentes de celles auxquelles nous sommes aujourd'hui habitués, mais nous pensons qu'elles incorporeront et amplifieront le genre de réformes pour lesquelles nous applaudissons nos ancêtres libéraux. Les Chinois, les Cashinahuas et les martiens auront peut-être des suggestions à faire sur d'autres réformes à apporter, mais il nous faudra les adopter seulement si elles parviennent à s'ajuster à nos aspirations socio-démocratiques typiquement occidentales, à partir de judicieuses concessions mutuelles. Nous croyons, nous autres pragmatistes, que cet ethnocentrisme modéré est inévitable et pleinement justifié[1].

Selon Rorty, les différences culturelles sont toutes relatives, et ne diffèrent pas foncièrement de celles qu'on peut trouver à l'intérieur d'une même culture. Mais il n'envisage en l'occurrence que les différences entre « théories » anciennes et nouvelles, autrement dit antérieures et postérieures aux Lumières, et non pas le *différend* qu'il pourrait y avoir au sein d'une même culture entre des visions du monde irréconciliables. Il opte pour le remplacement de la force par la persuasion dans les rapports avec les autres cultures, pour la transformation des différends en litiges, le rattachement des « îlots linguistiques » au continent. La profession de foi de notre vicaire libéral fait penser à celle du locuteur dans le livre de Philippe Curval, *Regarde fiston s'il n'y a pas un extraterrestre derrière la bouteille de vin* : « Je souhaite avec passion rencontrer d'autres êtres, d'autres civilisations, et les comprendre, à condition de rester identique. » Jean-François Lyotard, autre participant au colloque trans-Atlantique, est loin de partager l'optimisme de Rorty : « Entre les Cashinahuas et nous, il existe une différence de genres de discours, et elle est fondamentale. » Il s'en prend plus précisément à ce qu'il appelle « l'impérialisme doux » ou « conversationnel » de Rorty, et reproche au consensus par la persuasion, tel que le prône ce dernier, de n'être qu'une forme déguisée de violence[1].

Il semble bien y avoir deux poids, deux mesures dans toute entreprise comparative. Dans le cas qui nous intéresse, il est clair qu'on ne juge pas la pensée bouddhique selon les mêmes critères que la philosophie occidentale. On lui reproche d'être teintée de religion, de mythologie ou de mysticisme – comme si la philosophie n'avait pas elle aussi, tout au long de son histoire, été exposée au même type d'influences. Si c'est le conditionnement culturel qui est en cause, quelle pensée peut prétendre y échapper ? Rorty peut-il concevoir autrement un dialogue avec d'autres cultures que dans les termes du libéralisme américain ? La philosophie analytique tombe elle aussi sous le coup du langage et de la culture. Le *cogito* cartésien lui-même ne serait, selon certains, qu'un jeu de langage.

On ne saurait opposer ou comparer point par point deux pensées – la pensée occidentale d'une part, la pensée bouddhique de l'autre. Pour de multiples raisons, dont la principale est qu'aucune de ces « pensées » ne se réduit à une philosophie « pure ». Ou plutôt, même si elles ont cherché à se purifier de toutes les scories, elles ont dans la réalité reçu toutes sortes d'influences d'un contexte culturel qu'elles ont en retour contribué à modifier. La pensée bouddhique ne se réduit pas à la philosophie du Buddha, ni la pensée occidentale à la philosophie.

La tendance occidentale à aligner les arguments pour ou contre, que l'on fait parfois remonter à l'affrontement des phalanges grecques, se retrouve dans les tentatives de comparaison entre pensée occidentale et bouddhique. L'attitude qui consiste à dire de la pensée bouddhique, après l'avoir réduite à sa plus simple expression : Il n'y a là rien de bien nouveau, en est un exemple significatif. Mais pourquoi demander à cette pensée, ainsi caricaturée, ce qu'on ne demande jamais à une philosophie occidentale – de nous étonner, de nous dépayser ? Pourquoi ne pas se contenter de noter les traits par lesquels elle est susceptible de s'intégrer au discours philosophique, en l'enrichissant de quelques nuances ?

L'argument d'autorité

L'habit, dit-on, ne fait pas le moine, à plus forte raison ne fait-il pas le maître bouddhique. La première vertu bouddhique est de rejeter toute autorité, la deuxième est d'obéir à ses supérieurs (ou inversement). Il faut se défier du côté « panglossien » de certains bouddhistes. On se souvient de l'optimiste docteur Pangloss (« Tout en langue ») qui, parmi les ruines fumantes du Grand Tremblement de Terre de Lisbonne, expliquait à son disciple Candide qu'ils vivaient, selon la formule de

Leibniz, « dans le meilleur des mondes possibles ». Vouloir changer le réel, c'est refuser de l'accepter au nom d'un idéal. L'accepter, c'est dans certains cas faire comme Pangloss, mais ce peut être également affirmer la vie « malgré tout ».

On se doit de questionner jusqu'aux interprétations réductrices que donnent de leur doctrine certains maîtres bouddhistes ou leurs disciples. On pourrait presque dire, en parodiant un mot connu, que le bouddhisme est trop important pour être laissé aux bouddhistes – car ceux-ci sont par définition, même lorsqu'ils s'en défendent, des hommes d'appareil. Les adeptes occidentaux du bouddhisme privilégient d'ordinaire, et sur ce point il n'y a rien à redire, l'expérience personnelle au détriment de la doctrine. Mais paradoxalement, ils tendent à se retrancher derrière des généralités doctrinales lorsqu'on les interroge sur leur propre expérience. Avant d'accepter leur description normative de l'éveil, on aimerait être sûr que les sages néobouddhistes ont vraiment éprouvé par eux-mêmes ce dont ils parlent. Sans nier *a priori* la possibilité de telles expériences, notons simplement que, chez ceux qui s'en réclament, elles restent la plupart du temps du domaine de la croyance. A défaut de pouvoir moi-même me réclamer d'une orthodoxie ou parler en son nom, je préfère insister sur ce qui devrait aller de soi, à savoir que ce dont il est ici question, c'est du bouddhisme tel que je le conçois, et que mon interprétation, comme toute interprétation, est largement subjective.

Loin de Shangri-La

Le bouddhisme tibétain constitue, avec le Zen japonais, une des figures de proue du néobouddhisme occidental. Il a été porté sur le devant de la scène politique et culturelle par le drame tibétain, avec en toile de fond la vision romantique de Shangri-La, ce mythique paradis himalayen fermé à toute influence étrangère. En tant qu'institution politico-religieuse, le bouddhisme tibétain s'est trouvé exonéré de son passé grâce à son identification avec la personne d'un leader spirituel et politique exceptionnel, le quatorzième dalaï-lama Tenzin Gyatso. Son succès actuel tient avant tout à la médiatisation intense de ce personnage charismatique, qui en est venu à représenter aux yeux de l'opinion mondiale la cause du peuple tibétain opprimé. Malgré les distorsions inévitables auxquelles elle conduit, l'intense publicité à laquelle se prête le dalaï-lama se justifie d'un point de vue stratégique – et semble en tout cas donner plus de résultats que la diplomatie officielle. Toutefois, le culte de la personnalité que lui vouent certains de ses disciples occidentaux fait étrangement écho, à quelques décennies de distance, à la prière exaltée d'Antonin Artaud : « Nous sommes tous tes très fidèles serviteurs, ô Grand Lama, donne-nous, adresse-nous tes lumières. »

On peut d'autre part se demander dans quelle mesure le dalaï-lama, malgré son œcuménisme sincère, est représentatif du bouddhisme traditionnel tibétain, et à plus forte raison des autres formes de bouddhisme. Sur le plan purement doctrinal, il représente au départ une école spécifique, celle des Gelugpa, qui n'a pris le pas sur les autres qu'après bien des rivalités sectaires. La controverse qui divise actuellement la communauté tibétaine en exil est à cet égard significative*. Le dalaï-

* Je dois ces informations à l'amabilité de mon collègue Donald Lopez, auteur d'un récent ouvrage, *Prisoners of Shangri-La*, University of Chicago Press, 1997.

lama a récemment interdit le culte d'une divinité à l'aspect terrible, du nom de Dorje Shugden. On pourrait ne voir là qu'une décision admirable de la part d'un esprit moderniste dans sa lutte contre les « superstitions ». Malheureusement, les choses ne sont pas si simples. La divinité en question, protectrice de l'école Gelugpa, est extrêmement populaire dans le bouddhisme tibétain et a longtemps été vénérée par le dalaï-lama lui-même. La décision d'en interdire le culte ne fut prise qu'à la suite d'un oracle émanant d'une autre divinité, celle du monastère de Nechung, protectrice attitrée du dalaï-lama, et conseillère de celui-ci dans toutes les matières importantes (par exemple dans sa décision de fuir le Tibet en 1959). Il s'agit donc en fait d'une lutte entre deux divinités, et entre deux courants du bouddhisme tibétain, par dalaï-lama interposé. Cette querelle intestine a déjà eu des effets particulièrement néfastes. Les dirigeants chinois ont vite vu l'intérêt de la chose, et ne se sont pas fait faute de reprocher au dalaï-lama son intolérance envers une divinité innocente – eux qui, depuis près de cinq décennies, mènent une lutte sans merci contre les « superstitions » locales. Les partisans du dalaï-lama ont de leur côté cherché à étouffer l'affaire. Pourtant, ce n'est pas faire le jeu de l'impérialisme chinois que de prendre une vue réaliste de la situation. La juste cause du peuple tibétain n'a rien à gagner à long terme à voir se perpétuer une conception angélique du bouddhisme tibétain. C'est ici qu'un peu d'histoire, et pas seulement d'histoire contemporaine, se révèle utile pour comprendre les enjeux réels. L'obsession chinoise de contrôler les marches de l'empire du Milieu s'explique en partie, sans pour autant se justifier, par une longue histoire d'invasions. Les Tibétains n'ont pas toujours été le peuple pacifique que l'on connaît. Ils menacèrent à plusieurs reprises la Chine par le passé, et prirent même la capitale chinoise au VIIIe siècle. Par la suite, lorsque les Mongols de la dynastie Yuan vinrent à régner sur la Chine au XIIIe siècle, c'est le « lamaïsme » tibéto-mongol qui devint l'idéologie officielle dans la nouvelle capitale, Pékin. C'est cet essor du bouddhisme tibétain en Chine à l'époque de Marco Polo qui permit, en retour, une première tentative de mainmise politique des Chinois sur le Tibet.

La croyance en la réincarnation des lamas tibétains a depuis longtemps frappé l'imagination occidentale. C'est toujours elle qui est mise en avant dès qu'on discute du caractère rationnel ou irrationnel du bouddhisme. Elle doit cependant être replacée dans son contexte culturel spécifique. Elle est limitée au Tibet et aux royaumes voisins, et n'a joué pratiquement aucun rôle dans le bouddhisme indien, pas plus d'ailleurs que dans les formes indianisées ou sinisées du bouddhisme. Au Tibet même, c'est avec l'émergence de l'institution des dalaï-lamas au XVe siècle qu'elle a pris toute son ampleur. Elle a notamment permis au cinquième dalaï-lama de s'assurer du contrôle des monastères des autres écoles, et de devenir, avec l'appui des Mongols, le roi divin du Tibet. Le dalaï-lama actuel est considéré comme sa lointaine réincarnation, et accessoirement comme celle d'Avalokiteśvara, le progéniteur mythique de la race tibétaine. Ce bodhisattva (littéralement « être d'éveil »), caractérisé par sa compassion, a fait le vœu de sauver tous les êtres avant d'entrer dans le *nirvāṇa*, et il est devenu l'une des grandes figures de la piété bouddhique d'Extrême-Asie. La théorie de la réincarnation des dalaï-lamas n'est qu'un développement local de la doctrine du karma, laquelle n'est d'ailleurs pas spécifique au bouddhisme. Il est donc préférable d'éviter l'amalgame entre la pureté doctrinale du bouddhisme tibétain, sa supériorité philosophique ou religieuse, et les droits politiques du peuple tibétain.

De quelques autres idées reçues

Le bouddhisme, on vient de le voir, n'est pas seulement tibétain, ni même indo-tibétain. Il est également indo-chinois, et sino-japonais. D'un certain point de vue, il est certes tentant de privilégier, aux deux extrémités de l'Extrême-Asie, le Tibet et le Japon : en effet, dans ces deux pays, le bouddhisme a fait son apparition au moment précis où l'État était en train de se former (il n'y a pas à proprement parler de Tibet ou de Japon avant le milieu du premier millénaire, soit près de dix siècles après l'époque du Buddha). Aussi fut-il rapidement adopté comme l'idéologie officielle de ces nouvelles entités étatiques. Un phénomène analogue se produisit plus tard dans les divers pays de l'Asie du Sud-Est. En revanche, au début de notre ère, il fallut plusieurs siècles au bouddhisme pour s'adapter à une culture chinoise déjà fortement développée et convaincue de sa supériorité. C'est ce bouddhisme passablement sinisé qui se transmit en Corée et au Japon, ainsi qu'au Viêtnam.

La doctrine bouddhique est-elle un pacifisme ? On pourrait le croire, lorsqu'on s'en tient aux déclarations du dalaï-lama, qui rappelle sans cesse à ses plus fougueux disciples les vertus de la non-violence. De même, pour l'historien de la philosophie bouddhique Walpola Rahula, le bouddhisme est « purement humain », et c'est la raison d'une tolérance qui ferait qu'« aucune goutte de sang n'a été versée pendant les deux mille cinq cents années de l'histoire du bouddhisme ». Le missionnaire jésuite Matteo Ricci n'affirmait-il pas la même chose du christianisme à ses interlocuteurs chinois, au reste plutôt sceptiques ? Certes, l'accent placé dans le bouddhisme sur la compassion et le détachement devrait en principe se traduire par une attitude de non-agression. Mais les rapports du bouddhisme à la guerre sont complexes. Dans les pays où il constituait l'idéologie officielle, il fut tenu de soutenir l'effort de guerre. Il existe par ailleurs dans le bouddhisme tantrique un arsenal important de techniques magiques visant à soumettre les démons, et la tentation fut toujours grande pour les gouvernements d'assimiler leurs ennemis à des hordes démoniaques, et de chercher à les soumettre par le fer et le feu rituels. De même, le bouddhisme a parfois, dans ses plus sombres moments, cherché à éradiquer les cultes locaux qui lui faisaient obstacle. Dans l'ensemble, il a toutefois été beaucoup plus tolérant dans ce domaine que les autres grandes religions ou idéologies. La notion d'hérésie n'y est que rarement employée, et n'a pas débouché sur les excès de fanatisme familiers à l'Occident. Dans l'Inde actuelle enfin, le renouveau bouddhique résulte de la conversion massive des intouchables, transfuges de l'hindouisme, ce qui tend à en faire une religion de ressentiment.

Doit-on voir dans le bouddhisme un humanisme athée ? C'est faire trop peu de cas de la religiosité populaire. Certes, le Buddha n'est en principe pas un dieu, mais dans la réalité du culte il est souvent adoré comme une divinité plus puissante que les autres. A la différence de celles-ci, il peut d'ailleurs créer des « champs de buddha » où renaîtront ses fidèles, ce qui l'apparente à une sorte de démiurge – même si le bouddhisme refuse la notion de créateur. On peut néanmoins parler d'humanisme, dans la mesure où, dans le premier bouddhisme, l'homme est au centre de toutes choses : le Buddha lui-même n'est au fond qu'un homme pleinement épanoui, qui a réalisé toutes ses virtualités humaines. On pourrait dire également, comme dans cette forme de bouddhisme nommée Grand Véhicule (en sanskrit *Mahāyāna*) en raison de son caractère inclusif (métaphore du véhicule qui fait passer tous les êtres sur l'Autre Rive), que tout homme est un buddha en puissance – ce qui ne revient pas tout à fait au même. Même sous un masque animal ou infernal, masque qui hélas ! lui colle à la peau, c'est toujours un homme qui transmigre sur la roue du karma, passant au cours d'innombrables vies par tous les degrés de l'être. Le statut relativement humble de la condition humaine, comme position fixe sur l'échelle des êtres, ne doit pas tromper : la renaissance humaine est la seule qui puisse éventuellement mener à la délivrance. Les autres formes de renaissance (démoniaque, animale, divine, etc.) sont au fond des voies de garage. Même les dieux devront revenir à la case « homme » dans ce jeu de l'oie cosmique, avant de pouvoir accéder aux niveaux supérieurs et quitter pour toujours le cycle des naissances et des morts.

L'idée d'un bouddhisme athée est une contrevérité (ou au mieux une demi-vérité) qui a la vie dure. Selon la première doctrine bouddhique, en effet, l'athéisme est l'erreur qui consiste à tomber dans un extrême. Cette idée résulte surtout des rationalisations et extrapolations d'historiens inaptes à saisir le réel de la croyance dans toute sa complexité. Il existe une sorte de dogme « mou », une *doxa* bouddhique, qu'une simple observation de la réalité quotidienne des pratiques suffirait à mettre en déroute.

Le bouddhisme n'est pas agnostique – encore moins nihiliste. Dans sa version mahāyāniste, il se présente précisément comme une forme d'accès au réel, voire comme une forme de communication avec l'invisible. Dans certaines de ses principales manifestations, c'est une gnose ésotérique – tout le contraire d'un agnosticisme. Il n'est pas non plus, cela commence heureusement à se savoir, un nihilisme. Le « par-delà le bien et le mal » du bouddhisme n'implique pas l'indifférence aux valeurs morales, même si certains de ses adeptes occidentaux, Schopenhauer par exemple, ont pu en toute bonne foi le croire. R.-P. Droit a retracé l'élaboration de cette interprétation aberrante du *nirvāṇa* qui fait du bouddhisme une religion nihiliste, un culte du néant. De nos jours, le *nirvāṇa* n'a plus si mauvaise presse, puisqu'une institution comme les *Cahiers de l'Herne* publie un cahier sur ce thème – chose impensable en d'autres temps. Malgré cela, on retrouve le terme utilisé un peu partout à tort et à travers – et pas seulement à la sauce psychanalytique avec le « principe du nirvana » freudien, conçu comme désir d'anéantissement.

Le bouddhisme est-il au moins un individualisme? Si l'on en croit la tradition *pālie*, il remonte initialement à la quête spirituelle d'un individu, dont l'enseignement serait devenu avec le temps une religion, puis une vision collective du monde. Nietzsche disait qu'on doit juger une pensée d'après ses réalisations les plus hautes. Dans le cas présent, affirmer comme on le fait souvent que cette réalisation n'est rien d'autre qu'une quête spirituelle individuelle reviendrait à dévaluer tous les aspects collectifs et culturels du bouddhisme. Un catholique qui soutiendrait que la messe n'est qu'une aberration tardive susciterait sans doute une levée de boucliers chez les siens. Les moins théologiens de ses critiques lui objecteraient que les messes grégoriennes, ou la liturgie d'un Suger, constituent une sorte de « fait social total », une synthèse harmonieuse de l'art et de la foi, mêlant des éléments économiques, psychologiques, politiques, sociaux et philosophiques. On se condamne certes à ne pas comprendre grand-chose du catholicisme si l'on ne voit pas que la scolastique, le rituel de la messe et l'art des cathédrales ne sont que divers aspects d'un même phénomène. Il en va de même pour le bouddhisme. L'art tant vanté des jardins Zen, par exemple, reflète autre chose qu'une simple méditation individuelle sur la nature et le naturel. Il implique toute une collectivité, une religion, une culture.

Malgré sa rationalité inhérente, le bouddhisme n'a pas non plus préfiguré la science moderne. Son apparente modernité ne change rien au fait qu'il s'agit d'une vision du monde fondamentalement traditionnelle. La cosmologie et la mythologie bouddhiques ne sont pas des ornements superficiels et désormais superflus – comme le voudraient les réformateurs modernistes, partisans d'un bouddhisme « protestant » qui répondrait mieux aux besoins de la modernisation. Il se peut qu'une démythologisation s'impose, et même qu'elle soit inéluctable. Elle est d'ailleurs en cours depuis un peu plus d'un siècle dans divers pays d'Asie. Mais il ne faut pas se cacher qu'elle touche au cœur même de la pensée bouddhique, et qu'elle aura, qu'elle a déjà un coût élevé. Lorsqu'on condamne des rituels « surannés » mais portés par la ferveur populaire – comme le bain de l'effigie de l'enfant Gautama, tel qu'il se pratique chaque printemps pour commémorer la naissance du Buddha –, on risque de jeter le baigneur avec l'eau du bain.

Le bouddhisme n'est pas seulement une psychologie, une « science de l'esprit ». Les aspects psychologiques et moraux du bouddhisme, que l'on met généralement en avant en les détachant de tout contexte, relèvent d'une certaine vision religieuse du monde, d'une métaphysique et d'une cosmologie. La réalité vécue du bouddhisme ne se limite pas à celle de l'élite monastique qui en forme la pointe la plus avancée et la plus moderniste.

Le bouddhisme n'est pas seulement, même s'il l'est aussi, une *expérience pure*, détachée de tout. Il est certes une utopie (au sens premier d'une vérité qui ne demeure « en nul lieu »), mais il est *en même temps* une institution. Le néobouddhisme, quant à lui, est parfois doublement utopique, au sens courant du mot – comme refus de la réalité, notamment de la réalité sociale contemporaine, mais aussi de celle du bouddhisme traditionnel, jugée insuffisamment « spirituelle ». Ses adeptes détournent leur regard des moulins à prières et autres signes gênants d'une « superstition populaire », pour l'élever vers des réalités spirituelles plus sublimes.

Ceux qui pensent que la libération bouddhique à l'égard du mythe est le moyen d'atteindre la liberté et l'autonomie oublient l'aspect disciplinaire du bouddhisme, tel qu'il s'exprime notamment dans le volumineux corpus canonique du Vinaya. Le bouddhisme n'est pas non plus une doctrine libertaire. Certes, diverses interprétations libertaires ont vu le jour, comme chez ces mystiques « fous » du tantrisme ou du Chan. Mais l'on se méprendrait si l'on ne retenait de ces excentriques (au double sens d'individus étranges et de marginaux) que la transgression, sans voir la règle sévère qui encadre celle-ci. Dans une société comme la nôtre, où l'absence de normes est devenue courante et quasi normative, la transgression prend un tout autre sens; elle perd en tout cas son sens bouddhique.

Le bouddhisme est à la fois expérience intérieure et structure sociale : l'une ne va pas sans l'autre, quoi qu'on en dise. Il n'existe pas de « mysticisme » universel : une telle abstraction est aux religions concrètes ce qu'est l'espéranto aux langues réelles. Il y a sans doute des constantes phénoménologiques ou structurelles de l'expérience, mais elles ne préjugent en rien de la teneur de celle-ci. Il serait erroné de croire qu'une telle expérience transcende les données culturelles. Si l'absolu, ou ce qui en tient lieu, vient à se manifester, c'est toujours de manière éminemment concrète. Ce n'est pas seulement son expression linguistique, *a posteriori*, qui le façonne selon les normes culturelles. Celles-ci informent d'entrée de jeu toute perception, normale ou supranormale. Tout comme le bouddhisme dont il n'est qu'un aspect, le Zen était peut-être à l'origine orienté au-delà de tout « – isme » ; il n'en est pas moins très vite devenu un système, qui comme tel peut et doit à l'occasion être remis en question.

Le bouddhisme, Internet et le New Age

Avec l'apparition du bouddhisme sur Internet, les adeptes occidentaux du bouddhisme se trouvent confrontés à un nouveau dilemme. Le développement foudroyant de cette nouvelle forme de communication, ses potentialités et ses dangers, l'impossibilité de savoir s'il va pouvoir maintenir et faire fructifier la générosité utopiste de ses fondateurs, ou conduire à une mainmise du mercantilisme et des pouvoirs étatiques sur l'individu, une version doucereuse mais néanmoins castratrice du Big Brother de George Orwell, autant de raisons qui font qu'il est bien difficile de savoir si le bouddhisme sortira enrichi ou appauvri de l'épreuve.

L'Internet est-il la version moderne du Grand Véhicule ou du Filet d'Indra, dont chaque nœud est orné par une perle qui reflète toutes les autres, symbole de l'interpénétration parfaite de tous les phénomènes ? La « toile » cyberspatiale n'est-elle pas plutôt le piège que nous tend Māra, le Tentateur bouddhique ? La réalité virtuelle n'est-elle qu'une illusion réelle ? Les deux grilles de lecture restent possibles.

Les choses sont à peine plus claires en ce qui concerne le New Age. Ce phénomène, lui aussi d'origine californienne, ne constitue pas simplement une nouvelle forme d'adaptation de la religion aux cultures locales ; c'est au contraire la soumission des pensées traditionnelles à une forme de pensée unique, celle de la logique capitaliste et moderne. C'est donc le déni même des cultures locales. Le néobouddhisme occidental, qui flirte avec cette tendance sans tout à fait s'y identifier, tend à devenir une forme de spiritualité parmi d'autres, un bouddhisme à la carte, digitalisé, sans saveur ni odeur (un peu comme l'argent, donc). La préoccupation presque obsessionnelle d'une intériorité toute « spirituelle », chez les Bouvard et Pécuchet du New Age, apparemment aux antipodes de la soumission à une idéologie du corps et du désir (telle que la véhicule *urbi et orbi* la publicité), n'est peut-être qu'une autre forme de la volonté de bonheur qui caractérise leurs contemporains. Il convient toutefois de nuancer ce jugement. S'il doit prendre souche dans les sociétés occidentales, il est bien évident que le bouddhisme doit s'adapter – et toute adaptation risque d'être perçue comme un abâtardissement pour les puristes. On ne peut soupçonner la sincérité de ceux qui, comme le moine vietnamien Thich Nath Hanh ou le dalaï-lama, s'attachent à relever le défi de la modernité pour préserver les acquis de la tradition. Le succès d'un film aussi réducteur que *Little Buddha*, de Bernardo Bertolucci, a de quoi surprendre, voire inquiéter, mais il atteste en même temps l'intérêt suscité par le bouddhisme, intérêt durable, qui survivra aux phénomènes de mode et aux clichés hollywoodiens.

Bouddhisme et rationalités

> Le maître Chan Yunmen disait :
> « Dans le Chan, on est parfaitement libre.
> Parfois on nie, parfois on affirme :
> on prend une voie ou l'autre, à sa guise.
> — Comment nie-t-on ?
> — L'hiver passé, le printemps vient.
> — Qu'arrive-t-il quand le printemps vient ?
> — Un bâton à l'épaule, on vagabonde
> à travers champs. A l'est ou à l'ouest,
> au nord ou au sud, on frappe à cœur joie
> sur les vieilles souches. »

Dans cette course un peu folle à travers champs, le premier champ rencontré est le champ sémantique de la raison (rationalité, connaissance, vérité, logique, etc.), si vaste qu'il prétend couvrir la réalité tout entière. Tel le magicien de la fable, qui demandait au roi juste assez de place pour étaler son manteau, et qui, lorsque cela lui fut accordé, fit s'étendre ce manteau aux dimensions de tout le royaume. On connaît les paroles de Hegel : « Tout le rationnel est réel, tout le réel est rationnel. » Et pourtant, comme tous les champs, il ne se définit que par ses limites : ce sont celles-ci qu'il s'agit ici de parcourir très rapidement.

Le procès de la raison n'est plus à faire – s'il s'agit simplement d'un procès visant à acquittement ou condamnation. Mais il est toujours à recommencer, au sens étymologique d'un processus, d'un cheminement qui révélerait les choix opérés, les aiguillages ou orientations (ou plutôt occidentalisations) dans la pensée, les positions intermédiaires oubliées, les autres choix possibles. Au risque d'enfoncer le clou, je rejouerai ici en accéléré ledit procès, car il importe doublement à mon propos : en effet, d'une part, c'est l'application impénitente d'une certaine rationalité irréductible et fière de l'être (ou de l'Être), peu disposée à reconnaître ses limites, qui continue à faire obstacle à toute ouverture réelle vers d'autres types de rationalité. D'autre part, c'est le chantage constant à la raison, le manichéisme logique, qui pousse les déçus et les mécontents vers l'extrême inverse.

Certes, un procès des Lumières du type de celui qu'intente John Saul dans *Les Bâtards de Voltaire*, violent réquisitoire contre la tyrannie de la rationalisation qui fait remonter la pensée unique à Voltaire et Rousseau, n'a guère de sens. Mais à l'inverse, une trop grande hâte à exonérer les philosophes paraît suspecte. Il faut en outre, parmi les critiques de la raison, distinguer la critique fondamentaliste, avec sa propension à l'idée fixe, et la critique postmoderne, qui est le plus sûr antidote à tous les fondamentalismes. La position bouddhiste se rapproche à certains égards de cette dernière. Sans doute la philosophie des Lumières n'était-elle à l'origine ni corps de doctrine ni système. L'optimisme « voltairien » de M. Homais ou de Bouvard et Pécuchet ne fut jamais partagé par Voltaire, ni par Rousseau ou Diderot. Les « procureurs » du procès des Lumières semblent avoir inventé nombre des pièces de leur dossier. La chasse aux sorcières à laquelle ils se livrent n'est pas sans rappeler celles qu'ils dénoncent. Il reste que les Lumières, en tant que mouvement idéologique, s'inscrivent dans la durée, et le moins qu'on puisse dire est que ce mouvement n'a pas toujours été aussi riche en nuances que la pensée des pères fondateurs.

Les partisans d'un rationalisme inconditionnel croient souvent pouvoir écarter d'un revers de main les critiques en les mettant sur le compte d'incurables obscurantistes ; ils oublient du même coup de s'interroger sur ce que la critique pouvait avoir de justifié. Si la dénonciation du rationalisme ne peut se faire qu'au nom d'une certaine raison, celle de l'irrationalisme est en revanche souvent irrationnelle. Toute critique de la raison se heurte en effet à une objection préalable : dans la mesure où elle prétend argumenter contre un certain état de choses, elle se joue encore dans le champ de la raison, elle ne peut se dire que dans le langage de celle-ci. Mais nous ne nous arrêterons pas à cette objection, qui ne vaut que pour ceux qui se placent dans une optique manichéiste. En cherchant à coincer la pensée entre le marteau et l'enclume, on sacrifie toutes les positions intermédiaires, toutes les médiations et les chances de compromis. Je cherche pour ma part à examiner quelques-unes des contraintes qui infléchissent la pensée soi-disant rationnelle, tendent à lui faire perdre le fil ou à miner ses prétentions ; en bref, tout ce qui fait de la raison, selon le mot d'Ambrose Bierce, la « propension au préjugé », l'acte de « peser les possibilités dans la balance du désir ».

La raison du plus fort

La raison s'est longtemps arrogé le monopole de l'histoire de la philosophie. Tel n'est plus le cas. Car les temps changent, et le statut de la raison avec eux. Dans un monde désormais multipolaire, malgré ceux qui pensent le contraire, le langage de la raison (la logique) est simplement utilisé comme *lingua franca* par des intellectuels bilingues – qui ont de ce fait l'avantage de pouvoir jouer sur ou selon plusieurs normes. À Martin Heidegger qui déclarait un jour à un interlocuteur japonais qu'après le nécessaire dialogue avec la pensée grecque doit advenir le dialogue avec la pensée asiatique, on pourrait répondre que c'est plutôt l'inverse : c'est le détour par la pensée chinoise (elle-même, on le sait maintenant, pensée du détour) ou d'autres pensées d'Asie qui, en éclairant certains de nos *a priori*, nous permettra peut-être de retrouver l'accès perdu (selon Heidegger) à la pensée grecque.

Merleau-Ponty appelait de ses vœux, pour succéder au « grand rationalisme » des Lumières, une raison élargie qui serait capable de pénétrer jusqu'à l'irrationnel de la magie et du don. Notons toutefois qu'il est question de pénétration – métaphore encore guerrière – et non d'ouverture. Merleau-Ponty vise avant tout à faire l'« éloge de la philosophie » (c'est le titre de son ouvrage). C'est néanmoins un progrès. Car c'est pour avoir trop tôt restreint son enquête que la philosophie a laissé se constituer un « autre » de la raison. Il faut cependant se méfier d'un rationalisme abusif, qui croit pouvoir tout expliquer, et s'imagine que l'altérité peut toujours se réduire au même, sans résidu. C'est oublier un peu vite la part d'ombre dans toute réalité. La « grande raison » doit savoir reconnaître ses limites, étendre certes le champ du connu, mais s'arrêter devant l'inconnu, en particulier ne pas enfouir les monuments des autres civilisations sous le sable de son discours identificateur. L'âge d'or de la philosophie, où la raison se confondait avec la connaissance de la causalité objective, est bien passé. On sait maintenant tout ce que cette raison doit à l'histoire, à un certain état de la société capitaliste et de la culture occidentale. Le philosophe se sait irréversiblement impliqué dans ce processus historique, sans point d'appui fixe d'où, comme Archimède, il pourrait soulever le monde en se jouant. Tout bien pesé, mieux vaut sans doute définitivement s'abstenir de tout « grand rationalisme », et accepter l'existence de rationalités éparses.

Il est un domaine de la rationalité occidentale qui s'est expressément consacré à la compréhension des autres cultures : l'anthropologie, discours – non pas tant sur l'homme en général, que sur une fraction de l'humanité, à savoir les autres hommes, ceux qui n'ont pas encore eu plein accès à ce qui est le privilège de l'homme occidental, la pleine rationalité, ou la philosophie. La définition ironique d'Ambrose Bierce, qui voit dans l'ethnologie « la science qui traite des diverses tribus de l'Homme, en tant que bandits, voleurs, escrocs, cancres, lunatiques, idiots et ethnologues », contient un certain fond de vérité. Pour s'en convaincre, il suffirait de relire la description que donne Michel Leiris dans *L'Afrique fantôme* de la mission ethnologique Dakar-Djibouti à laquelle il participa de 1931 à 1933. Il y aurait quelque chose de prédateur dans cette figure de proue qu'est la raison, comme dans le regard occidental sur les autres, sur ces hommes des autres cultures dont l'un des torts est de se trouver « en proie » au sacré.

Certes, l'entreprise ethnologique est née du désir des Lumières de réduire les différences humaines en réintégrant les cultures « primitives » dans le grand schéma évolutionniste – qui justifia également les entreprises missionnaire et coloniale. Cette anthropologie, si elle a souvent eu partie liée avec le colonialisme, a toutefois su affirmer la dignité de la « pensée sauvage » et contribué à réduire les préjugés racistes de l'Occident. Mais celui-ci continue à se réserver le domaine de la pensée « pure », rationnelle, tout en concédant aux autres cultures un certain droit de parole ou de regard dans le domaine esthétique.

C'est d'ailleurs pour mieux se démarquer de la pensée mythique, pour opérer une coupure épistémologique, que le discours anthropologique a cherché à s'inspirer du modèle scientifique. Mais la généalogie de la pensée scientifique est quelque peu problématique. Cette pensée, en effet, trouve ses origines dans la pensée religieuse. L'épistémologue Nayla Farouki relève l'existence d'affinités profondes entre la transcendance monothéiste et les principes de la philosophie et de la science, qu'elle appelle transcendantaux. La transcendance divine implique en effet que Dieu s'est retiré de la nature. Ce reflux découvre une plage de la réalité qui devient accessible à la science. La nature est dés-affectée : elle est devenue un immense terrain vague, qui n'est plus la source première de nos affects. Néanmoins, la science n'est pas simplement fille de la théologie. Quoique les deux mouvements se soient développés à partir d'une même tendance, une opposition profonde subsiste entre monothéisme et science moderne.

Paul Valéry recommandait de « museler la Raison », car le mot raison (dérivé de *ratio*, « mesure ») était selon lui synonyme de museler[1]. Les partisans de la raison, au nombre desquels il se comptait d'ailleurs, peuvent toujours répondre que penser contre elle, c'est encore penser avec elle. Cette évidence ne doit pas nous empêcher de faire la distinction entre rationalité et rationalisme, et de nous méfier des prétentions de ce dernier. La rationalité n'a plus de raison d'être étroitement cartésienne ou kantienne. Il existe, répétons-le, d'autres formes de rationalité, des façons non occidentales de philosopher, parfois assez voisines de la nôtre. Chacune a ses qualités et ses défauts. L'intuition dominante de la pensée occidentale pourrait bien être en même temps sa cécité, son point aveugle. Car toute clarté, en même temps qu'elle donne à voir, risque d'éblouir quand elle se fait trop crue.

Ce qu'on nomme philosopher se limite souvent à retracer l'histoire de la philosophie. Certes, on ne peut guère, sauf rares exceptions comme Wittgenstein, se considérer philosophe si l'on n'a pas payé tribut à la lignée ancestrale. N'y a-t-il pas d'ailleurs une part de magie dans la coutume philosophique d'invoquer les grands ancêtres ? D'ailleurs, Wittgenstein lui-même, qui ignore superbement cette histoire de la philosophie, est bien vite récupéré par elle (comme bien avant lui Socrate, le faux ignorant). Quoi qu'on en dise, la philosophie est avant tout une tradition. Toute table rase présuppose celle de Descartes. On ne peut faire comme s'il n'avait pas existé, non plus que quelques autres. Les ignorer, c'est encore s'en réclamer.

Il en va peut-être de la raison comme de tant d'autres notions : on croit parler de la même chose, et en retracer l'histoire, alors qu'en fait on parle de plusieurs objets distincts qui n'ont de commun que le nom. L'erreur des Lumières est de nous avoir fait croire en l'existence d'une Raison unique et indivisible, là où n'existaient que des formes particulières de rationalité – qui ne sont pas comme les fragments d'une amphore grecque à reconstruire, mais autant de créations nouvelles, de chemins dans l'inconnu. Comme le dit à peu près Confucius, c'est l'homme qui, en cheminant, fait le chemin, il ne se contente pas de le suivre.

Moments critiques

L'histoire de la philosophie est purement occidentale. C'est un grand récit, qui nous conduit de Socrate et ses obscurs prédécesseurs aux Lumières et à leurs brillants héritiers. Cette histoire ne serait-elle qu'une note de bas de page à Platon, comme on l'a dit un peu malicieusement ? Mais les notes de bas de page ont en général le mérite d'être brèves, alors qu'il s'agit plutôt en l'occurrence d'un interminable commentaire au platonisme, cette paradoxale « doctrine de Socrate ». Ce qui n'empêche pas certains de faire remonter jusqu'aux présocratiques, et notamment au couple Parménide-Héraclite, la rupture déterminante pour le destin d'une philosophie qui choisit l'être parménidien au détriment du devenir héraclitéen. Le choix inverse nous aurait peut-être privés de l'intérêt actuel pour le bouddhisme, autre philosophie du devenir.

Socrate, dit-on parfois, a « tué » Parménide, mais il n'en recueillit pas moins son héritage. On pourrait, en anticipant un peu, parler de la « double vérité » de Socrate : « De la pensée socratique, suivie dans les deux sens contraires qui chez Socrate étaient complémentaires, sont sorties les doctrines cyrénaïque et cynique [...]. Elles se prolongèrent dans l'épicurisme et le stoïcisme avec leurs deux principes opposés, relâchement et tension[1]. » La plupart des auteurs optent, dans leur représentation de Socrate, entre une vision « rationnelle » ou « sceptique », et une vision « inspirée ». Pour les uns, il est le précurseur des Lumières, l'apôtre de la raison et le découvreur de la subjectivité. On connaît la formule d'Érasme : « Saint Socrate, priez pour nous. » Pour Hegel, par exemple, il fait triompher « le principe de l'intériorité, l'indépendance absolue de la pensée en soi[1] ». C'est précisément ce que lui reproche Nietzsche, qui voit dans les excès de la logique socratique une « véritable monstruosité ». Pour les autres, au contraire, c'est le côté mystique de Socrate qui l'emporte. Dans *Euthyphron*, Socrate est accusé d'être un « faiseur de dieux » – lui qui, on le sait, obéissait en toutes choses à son *daimon*. Comme Jeanne d'Arc et tant d'autres mystiques, le père de la philosophie semble avoir entendu des voix, ou tout au moins une, celle de « son bon ange » (comme le dit non sans ironie Voltaire) – ce qui n'était pas pour plaire à des gens raisonnables comme Montaigne : « Rien ne m'est à digérer fascheux en la vie de Socrates que ses ecstases et ses demoneries[2]. » Bergson dans *Les Deux Sources de la morale et de la religion*, tout en notant ces deux aspects, fait lui aussi la part belle au « mysticisme » de Socrate.

Le platonisme est à la fois plus et moins que la « pensée de Socrate ». Cette formulation contradictoire nous mène à l'autre grand fondateur de la philosophie, Aristote, dont l'un des titres de gloire fut précisément la définition du principe de contradiction et de son corollaire, le principe du tiers-exclu. Selon le premier principe, on ne peut produire deux énoncés contraires à propos d'une même chose. D'où le second principe selon lequel entre deux énoncés, si l'un est juste, l'autre doit être faux. Nous reviendrons sur cette question. Qu'il suffise pour l'instant de constater qu'à l'aube de la pensée grecque, un choix s'est fait. Les « maîtres de vérité » ont laissé la place aux philosophes, l'ambivalence de la pensée mytho-logique est remplacée par la dichotomie entre *mythos* et *logos*, pensée fausse et pensée vraie. Ce choix a ouvert des perspectives grandioses et radicalement nouvelles, il a donné accès à un monde nouveau. Mais un continent entier, véritable Atlantide mentale, s'est englouti à mesure qu'émergeait l'Europe de la pensée. Ce choix critique (dans les deux sens du terme) a permis l'essor de nouvelles formes de discours comme la philosophie et la science. Mais cette vision du monde propre à la cité grecque a aussi engendré une cécité propre aux Grecs et à leurs héritiers. Certes, les bénéfices de ce tournant épistémologique ont été immenses, ils ont permis à long terme la Renaissance et les Lumières, puis l'avènement de la pensée scientifique. Mais on commence à en connaître le coût, et à regimber devant les arriérés. Dans certains secteurs du domaine scientifique, la règle sacro-sainte du tiers-exclu est de plus en plus ouvertement remise en question, ou en tout cas relativisée. Elle n'en continue pas moins de gouverner encore assez despotiquement la philosophie et l'éthique occidentales. C'est cet absolutisme philosophique qu'il faudrait remettre en cause, en s'inspirant si besoin est des cultures qui n'ont pas fait le choix critique entre mythe et logique, ou qui en tout cas ont opté pour une forme plus souple de rationalité.

A la vérité une et absolue du monothéisme, dont dérive entre autres celle de la raison occidentale, on ne peut guère opposer la vérité plurielle (ou les vérités) du polythéisme – puisqu'une opposition suppose encore que les termes se situent sur le même plan, ce qui n'est pas le cas. Il s'agit plutôt de prendre cette vérité de biais, par l'approche « oblique » de la pensée chinoise, ou par la « double vérité » de la pensée bouddhique. Aux échecs, c'est le cavalier que je préfère, pour sa démarche qui n'est ni frontale (comme celle de la tour), ni simplement oblique (comme celle du fou). Telle serait la démarche proprement bouddhique, entre la logique occidentale et l'obliquité chinoise. Mais toutes les pièces ont leur rôle à jouer.

Un autre moment critique dans l'histoire de la pensée occidentale est le *cogito ergo sum.* Avec Descartes se détermine, non seulement une certaine direction, un certain contenu de pensée, mais aussi un certain ton. C'est à partir de ce moment que la philosophie adopte le ton sans réplique, grand seigneur, dont elle ne se départira plus. Qu'on le veuille ou non, nous sommes tous cartésiens, il est impossible de « couper Descartes du jeu », comme le suggère un personnage de James Joyce dans *Finnegans Wake.* Toutefois, on pourrait dire aussi bien, d'un point de vue bouddhique : Je pense, donc je ne suis pas. Ou encore : ça pense, donc je ne suis pas – je suis pensé. Ce que je prends pour *ma* pensée a des sources multiples, et *je* ne suis au mieux (ou au pire) que l'une d'entre elles. L'individu occidental est peut-être cet être étrange qui est tellement possédé par sa pensée (si tant est qu'elle est sienne) qu'il n'est plus accessible aux autres formes de possession. Dans les rites balinais, le prêtre asperge d'eau bénite les villageois pour leur éviter de tomber en transe. Le touriste occidental, lui, ne risque rien, il est protégé par un charme autrement puissant, son appareil photo, qui opère l'objectivation rassurante de la réalité – une réalité où seul le visible est réel, et où les esprits n'ont plus droit de cité ni d'inciter. L'expérience du *cogito*, centrale pour notre culture occidentale, est-elle plus importante que celle de la possession, tout aussi centrale dans certaines cultures traditionnelles ? Et si l'une et l'autre n'étaient que les deux faces d'une même réalité ? Si penser était une certaine forme de possession (donc de dépossession) ? Il faut admirer l'effort de certains philosophes comme Wittgenstein pour penser par eux-mêmes, entendre leur propre voix au milieu du vacarme mental. Mais s'il n'y avait, à proprement parler, que des idées « reçues » ?

Toute la différence serait dans la manière de les recevoir, dans le choix qu'on opère entre elles.

L'intuition de Descartes – la certitude de la conscience – a été pervertie par sa réduction de cette conscience à un *cogito*, une pensée ego-centrée (et égocentrique), fascinée par la réalité extérieure qu'elle croit dominer. Il existe selon le bouddhisme une fine pointe de la pensée qui permet d'explorer les recoins les plus obscurs de la conscience (terme qui en l'occurrence inclut l'inconscient). La méditation bouddhique est une façon de plonger tout éveillé dans les processus inconscients, de rêver lucide – d'entrer en soi sans que les processus psychiques soient obnubilés par le sommeil. Tel est peut-être le *cogito* réel, une sorte d'attention flottante, une pensée « faible » qui s'éclipse dès que la pensée egocentrée, la pensée soi-disant forte, surgit à l'horizon de la conscience.

Puis Kant vint, nous apportant ses Lumières, et rejetant la métaphysique dans les ténèbres extérieures. L'histoire est trop connue pour qu'on s'y attarde. Prenons-le plutôt de biais, lui et ses *Critiques* frontales, dont la lecture est devenue un rite de passage obligé pour tous les candidats à l'agrégation de philosophie. Voilà qui dépasse l'entendement – cet entendement que Kant distinguait soigneusement de la raison, et qu'Ambrose Bierce définit ainsi : « Sécrétion cérébrale qui permet à celui qui l'a de distinguer une maison d'un cheval grâce au toit de la maison. Sa nature et ses lois ont été exposées de manière exhaustive par Locke, qui chevauchait une maison, et Kant, qui vivait dans un cheval. » C'est toutefois à Kant que revient le mérite d'avoir rendu aux phénomènes, tenus depuis Platon pour de simples apparences, leur valeur d'apparitions

– ce qui nous rapproche d'une certaine pensée bouddhique et sino-japonaise.

Il faudrait encore parler de Hegel et de ses prétentions au savoir absolu, mais le courage et l'envie m'en manquent. Notons cependant qu'il est l'un de ceux qui ont cherché à abolir le principe de contradiction, et que, par une superbe ironie du sort, sa maison de Heidelberg est devenue, non pas un lieu de mémoire, mais un parking à plusieurs niveaux, éminent symbole de la rationalité instrumentale.

Depuis que Wittgenstein a bouleversé le jeu de quilles philosophique, la philosophie nous apparaît comme un jeu de langage parmi d'autres. Malgré son intérêt formidable, ce jeu a tellement été joué que ses coups deviennent répétitifs, mécaniques. Dans ce qu'elle a de plus académique, la philosophie est moins une recherche de la vérité qu'un genre littéraire clos sur lui-même. Certes, il y a eu, de tous temps, des exceptions considérables, parfois influencées par le christianisme (Saint Augustin, Kierkegaard), souvent en réaction contre lui (Nietzsche).

Les remises en question d'un Nietzsche ou d'un Wittgenstein se font encore au nom de la philosophie. Tel n'est plus le cas de cette pensée que Pascal Quignard désigne sous le nom de « rhétorique spéculative ». Il s'agit selon lui d'une tradition lettrée antiphilosophique qui court sur toute l'histoire occidentale, tradition dont il date l'avènement théorique à Rome, au début du IIe siècle, avec les lettres de Fronton à son disciple Marc Aurèle[1]. Quignard lui-même se situe dans la lignée de cette tradition, lui qui braconne rhétoriquement sur les terrains de chasse traditionnellement réservés à la philosophie. Mais pourquoi s'en tenir, comme il le veut, à

« notre » Antiquité, et négliger celle des autres, ou les ressources que nous offrent d'autres cultures actuelles? À l'en croire, nous n'aurions pas besoin « d'aller nous adresser à l'Orient, au taoïsme chinois, au bouddhisme zen pour penser à plus de profondeur ou pour nous défaire des apories de la métaphysique des Grecs puis de la théologie des chrétiens, enfin du nihilisme des Modernes : une tradition constante, oubliée, marginale parce que intrépide, persécutée parce que récalcitrante, nous porte dans notre propre tradition, venant du fond des âges, précédant la métaphysique, la récusant une fois qu'elle se fut constituée [1] ». Dommage qu'il ne puisse éviter de recourir à l'argument du tiers-exclu, selon un vieux réflexe caractéristique de la pensée qu'il dénonce. Dans la pratique cependant, Quignard lui-même est beaucoup plus ouvert à la pensée d'Extrême-Asie que la plupart des écrivains occidentaux.

Qu'est-ce qui donne à la raison ce droit de regard sur toutes choses, y compris la déraison? A quoi rime cet arraisonnement de la folie, qui est parfois folie à raisonner? Face à ce qui tantôt se dérobe, tantôt fait souverainement irruption dans notre conscience et nous dérobe à nous-mêmes, la philosophie reste démunie. Elle souffre d'une sorte de mercantilisme, condamnée qu'elle est à échanger idées et concepts au cours officiel. Ainsi Paul Valéry lui-même, après tant d'autres, demande-t-il à l'expérience mystique d'être reproductible, exprimable en termes communs, démontrable – en un mot commodifiable. C'est peut-être ce qui fait dire à Yves Bonnefoy que Valéry « fut dans notre temps le seul poète maudit, à l'abri du malheur sans doute et de l'imagination du malheur mais condamné aux idées, aux mots (à la part intelligible du mot), faute d'avoir su aimer les choses[2] ».

Raison immanente, raison transcendante

Dans *Qu'est-ce que la philosophie?* Gilles Deleuze et Félix Guattari présentent toute l'histoire de la philosophie du point de vue de l'immanence. « La part de l'immanence, ou la part du feu, c'est à cela qu'on reconnaît le philosophe[1]. » Toute philosophie digne de ce nom est censée redéfinir le réel au détriment de la transcendance religieuse : « À la limite, n'est-ce pas chaque grand philosophe qui trace un nouveau plan d'immanence, apporte une nouvelle matière de l'être et dresse une nouvelle image de la pensée, au point qu'il n'y aurait pas deux grands philosophes sur le même plan[2] ? » C'est là ce qui distinguerait la philosophie des sagesses ou religions, que surplombe encore une transcendance.

La religion est définie par ces auteurs comme une « pensée par figures ». Les figures sont des « projections sur le plan », qui impliquent quelque chose de vertical ou de transcendant. Ce sont aussi bien les hexagrammes du *Yijing* que les *maṇḍala* tantriques. A la figure vient s'opposer le concept, qui n'implique nulle verticalité, nulle transcendance, simplement « des voisinages ou des raccordements sur horizon ». L'immanence dont se réclame la philosophie n'aurait donc pas grand-chose à voir avec celle qui est chère à la pensée chinoise, dans la mesure où cette dernière ne devient absolue que par projection en elle de la transcendance. Il n'est donc possible, à les en croire, de parler de philosophie chinoise, hindoue, juive, ou islamique que dans la mesure où dans ces cultures la pensée se fait sur un certain plan d'immanence; mais ce dernier, qui peut être peuplé de figures autant que de concepts, n'est pas purement philosophique. La philosophie reste une « chose grecque ». Bien plus :

« Seul l'Occident étend et propage ses foyers d'immanence[1]. »

Tandis que Gilles Deleuze et Félix Guattari opposent la philosophie (conçue comme pure immanence) à toute forme de transcendance, Nayla Farouki, dans *La Foi et la Raison*, s'efforce de montrer qu'un même mouvement « transcendantal » est à l'œuvre dans les concepts « transcendantaux » de la philosophie et le concept transcendantal par excellence, la « transcendance » divine des religions monothéistes. Elle souligne notamment que la recherche scientifique est fondée sur le désir de dépasser la réalité empirique pour atteindre une vérité « autre », absolue, qui permettrait de justifier le monde empirique. Mais l'imaginaire de la science, avec ses atomes invisibles, est aussi mythique (et requiert autant de croyance) que celui du mythe : l'existence de l'atome, comme celle du dieu, est admise par principe. Le passage du concept empirique au concept antithétique, puis au concept transcendantal (c'est-à-dire à la formalisation), offre des avantages évidents dans le domaine scientifique (et partant, empirique). Toutefois, il se révèle moins payant dans d'autres domaines comme la philosophie ou les sciences humaines. C'est ainsi que Claude Lévi-Strauss, tout en insistant sur la rationalité de la pensée sauvage, en suggérant même qu'une logique en essence identique est à l'œuvre dans la pensée mythique et dans la pensée scientifique, ne peut en fin de compte éviter de réduire les « sauvages » à des logiciens en herbe. En formalisant comme il le fait la pensée sauvage, il établit la grammaire du mythe comme langage, mais perd toute la richesse sémantique, contextuelle et dialogique, de la parole autochtone.

La raison désenchantée

Le « désenchantement du monde » est devenu une expression courante depuis qu'elle fut utilisée par le sociologue allemand Max Weber. On parle aussi périodiquement d'un réenchantement propre à satisfaire les nostalgiques. Mais si l'on ne réenchante pas comme on veut, on n'est jamais aussi désenchanté qu'on le croit. Ce désenchantement du monde n'est d'ailleurs pas un phénomène si massif qu'on a bien voulu le dire. Sociologiquement, il n'atteint qu'un certain niveau de la population. Comme le souligne Marcel Mauss, en réponse à une conférence de Paul Mus sur la cosmogonie « primitive » :

> On est donc en présence d'un concept du monde [...] qui se place autrement que nous ne le plaçons, ou, plus exactement, autrement que ne le placent ceux d'entre nous qui sont des dissociés, des cartésiens. Car la moindre diseuse de bonne aventure et même les jeunes polytechniciens et les couturières qui l'écoutent sont, eux aussi, dans un autre monde que les philosophes, même si c'est un monde classique; et quand la diseuse de bonne aventure cherche dans le marc de café ce qui va m'arriver, elle le cherche dans un monde qu'elle a organisé elle-même, et qu'elle a surtout organisé suivant une tradition déterminée[1].

Le philosophe Vincent Descombes, commentant le travail de l'ethnologue Jeanne Favret-Saada sur la sorcellerie dans le bocage, souligne que les interprétations rationalistes de la magie ont le tort de ne voir partout que les rapports entre l'homme et la nature, et de manquer les rapports entre les êtres humains – sous-jacents ou même inhérents aux rapports des hommes avec la nature. Au demeurant, « les lois de la nature dont se réclame le parti de la démystification du monde sont elles-mêmes une contre-mythologie destinée à éliminer la mythologie primitive. La mythologie de la raison remplace celle de la superstition[1]. »

Si la croyance en la sorcellerie marque les limites sociales et psychologiques de la rationalité scientifique dans certains secteurs d'une société en principe dominée par l'idéologie des Lumières, elle n'en représente pas moins, à sa manière, une certaine rationalisation de la nature. On a souvent insisté sur le côté technique de la magie. Les démonologues du XVIIe siècle le savaient bien, qui cherchaient à faire basculer la magie du côté du diable. La croyance magique a survécu même au diable, et son aspect technique explique qu'elle puisse faire, aujourd'hui encore, bon ménage avec une certaine science. En effet, la conception individualiste des Lumières n'a jamais pu tout à fait remplacer une conception du sujet inséré dans toutes sortes de réseaux communautaires, une compréhension systémique de la personnalité. Lorsqu'il s'agit d'expliquer les « séries noires » qui s'abattent sur lui, l'individu a besoin d'un principe d'explication plus satisfaisant que le hasard aveugle, il lui faut d'urgence trouver d'où vient le mal, pour pouvoir s'en protéger. Il a par ailleurs tendance à personnaliser l'événement : ce n'est pas tout à fait par hasard que les météorologues eux-mêmes sont conduits à baptiser de noms féminins les typhons ou tornades qui ravagent certains pays. Lorsqu'il décrit le tremblement de terre de 1906 qui dévasta San Francisco et ébranla l'université Stanford, à peine terminée, où il venait d'arriver, William James évoque ce séisme comme une personne qui lui en veut personnellement. J'ai fait la même expérience en 1989 à Stanford, puis en 1995 au Japon, quoique avec beaucoup moins d'enthousiasme que James. Le tremblement de terre a fait irruption dans ma vie comme une sorte d'ennemi intime. Tout le savoir sismologique du monde n'y changera rien, car j'ai encore, comme beaucoup sans doute, l'âme néolithique.

Parlant du sentiment d'« inquiétante étrangeté » *(das Unheimliche)* qui accompagne souvent la croyance en des forces occultes, et qui selon lui se constitue lorsque des complexes infantiles refoulés sont ranimés par une impression, ou lorsque des convictions primitives dépassées paraissent à nouveau confirmées, Freud écrit : « Aujourd'hui, nous avons *dépassé* ces modes de pensée, mais nous ne nous sentons pas très sûrs de ces nouvelles convictions ; les anciennes continuent à vivre en nous, à l'affût d'une confirmation. » Freud s'exclut bien vite du nombre de ceux qui sont affectés par un tel sentiment : « Sur quiconque en revanche a liquidé en lui, radicalement et définitivement, ces convictions animistes, l'inquiétante étrangeté de ce type n'a aucune prise[1]. » Si Freud en tant que théoricien de la psychanalyse se doit d'être immunisé contre de tels retours du refoulé, on sait que l'homme Freud, à plusieurs reprises, éprouva ce type de sentiment.

Qu'en est-il des philosophes, esprits en principe sereins ? L'essentiel de la philosophie occidentale, au-delà des oppositions plus ou moins dialectiques d'idées, consiste sans doute en la création d'une tradition continue, pensée intégrée dans un grand récit qui lui donne toute sa légitimité, ses lettres de noblesse (ou de démocratie). C'est en quelque sorte un mécanisme protecteur, qui rassure et cantonne la pensée (et l'être) à un domaine bien défini de l'univers physique et mental. Même Sade, Nietzsche, et quelques autres rebelles ont été en fin de compte apprivoisés par la tradition ultérieure. L'« autre » de la raison ne peut s'appréhender que dans le langage de la raison, du « même ».

Certes, le prodigieux développement d'instruments d'observation empirique a permis à la science de discerner de mieux en mieux le grain des choses, mais cette vision n'atteint jamais que la surface du réel. Même lorsque la sonde s'enfonce à l'intérieur du corps, elle ne rencontre jamais que des surfaces. Nous n'avons jamais accès par la connaissance objectivante au secret de la chose en soi, le réel nous reste opaque. Une autre forme de connaissance est-elle possible, qui serait elle-même de l'ordre du secret, et à ses ordres, comme le rêve est « aux ordres de la nuit » ? Serait-elle encore à proprement parler connaissance selon la définition « objective » du terme ? La « connaissance par les gouffres » chez Henri Michaux évoque la nescience du taoïsme ou du Chan. Mais peut-on parler de connaissance inconsciente, peut-on dévoiler les pensées inconscientes sans les transfigurer, les adultérer, comme ces anémones de mer qui perdent toute leur beauté une fois sorties de l'eau ? Existe-t-il entre conscience et inconscience, vision et non-vision, connaissance normale et connaissance « abyssale », un entre-deux qui offrirait l'espace d'une médiation possible ?

L'abstraction et le concept

> Ce qui est long de nature n'est pas considéré comme démesuré ; ce qui est court de nature n'est pas considéré comme insuffisant. C'est pourquoi les pattes de canard, bien que courtes, ne sauraient être allongées sans que le canard en souffre ; c'est pourquoi aussi les pattes très longues de la

> grue ne sauraient être raccourcies sans que la grue en pâtisse. Ainsi ce qui est long de nature ne doit pas être raccourci ; ce qui est court de nature ne doit pas être allongé[1].

Quels sont les avantages et les inconvénients réels de la pensée conceptuelle hors du domaine scientifique ? Ne faut-il pas se livrer à une critique en règle du concept qui, comme le dit Yves Bonnefoy, « donne à la pensée pour quitter la maison des choses le vaste pouvoir des mots [2] » ? Le raisonnement se construit autour d'une absence à soi-même et au monde, un peu comme un beignet autour de son trou central. Philosopher n'est possible, selon une intuition notée par Valéry, qu'à cause de « l'impossibilité de noter les intuitions ».

Dans ce qu'elle a de meilleur, la philosophie analytique est une technique redoutablement efficace pour « lutter contre la fascination qu'exercent sur nous certaines formes d'expression[3] ». Mais elle se retourne en son contraire lorsqu'elle tombe elle-même sous la fascination d'une certaine approche purement linguistique. Dans sa définition de la « resssemblance de famille », Wittgenstein porte un coup sévère au « désir de généralisation », ou « mépris pour les cas particuliers », qui caractérise les démarches scientifique et philosophique. Il attribue de nombreuses méprises philosophiques à la tendance à croire qu'il existe « un élément singulier commun à toutes les entités que désigne globalement le terme de généralisation [...] ; alors que tous les jeux sont groupés comme une famille dont tous les membres ont un air de ressemblance[4] ». Il en donne un de ces exemples dont il a le secret : « Si l'on me demande ce qu'ont en commun les diverses façons d'attendre quelqu'un pour le thé, je répondrai que toutes ces façons ne présentent aucune caractéristique qui leur soit spécifiquement commune, bien qu'elles se trouvent toutes avoir quelque chose qui les apparente. Tous ces exemples d'attente sont groupés comme les membres d'une même famille qui ont entre eux des traits de ressemblance que l'on ne définit pas clairement[1]. »

Il n'existe sans doute pas plus de vérité universelle que d'homme universel. N'a-t-on pas dit de Shakespeare qu'il ressemblait à tous les hommes, sauf en ceci qu'il ressemblait à tous les hommes ? Le concept ne peut saisir la présence de l'objet, son aura particulière. Si ce manque à sentir est une qualité dans le domaine scientifique, tel n'est pas le cas dans celui de la philosophie ou des sciences humaines. Comme le note l'anthropologue Clifford Geertz, à propos du fondateur du structuralisme anthropologique : « Les livres de Lévi-Strauss semblent exister derrière une vitre, discours refermés sur eux-mêmes, dans lesquels les jaguars, le sperme et la viande pourrissante sont admis pour devenir des oppositions, des inversions, des isomorphismes[2]. » De même, la mise en diagrammes et autres chartes lignagères, chères aux anthropologues, transforme le flou artistique des relations sociales vécues en figures géométriques aux bords tranchants.

Le fil de la logique

Le principal titre de gloire de la raison occidentale est d'avoir su formuler la logique. On sait que pour Hegel, la logique était « la forme absolue de la vérité ». Croire cela, c'est oublier que, dans le champ magnétique de la culture, les concepts, comme la limaille de fer, s'orientent selon les forces qui les traversent, et n'ont pas l'autonomie qu'on leur prête. La notion d'une vérité unique nous empêche de saisir la fluctuation permanente du réel. L'armature de la logique rigidifie un discours qui gagnerait à rester le plus fluide possible, et à l'occasion à recourir au paradoxe.

Revenu de la philosophie analytique, Bertrand Russell déclarait vers la fin de sa vie : « Discuter interminablement sur la signification que des imbéciles donnent à des imbécillités [...] n'est certainement pas très important. » Sans doute faut-il faire la part de l'exagération, mais il est vrai que les arguties logiques ont parfois l'allure de rituels d'exorcisme, de mise à l'écart ou de rappel à l'ordre d'une réalité foisonnante, récalcitrante. La question de l'inadéquation d'une certaine pensée logique au réel fait penser à cet épisode du *Rhinocéros* de Ionesco où, alors qu'un (ou plusieurs) rhinocéros circule(nt) dans la ville, un logicien vient répondre à l'angoisse des habitants par des syllogismes. Le logicien ressemble parfois lui aussi au Pangloss de Voltaire.

Il ne faut toutefois pas forcer le trait. On peut distinguer entre un usage tempéré de la logique, qui nous aide à mieux comprendre nos jeux de langage, et la philosophie analytique professionnelle, comme jeu de langage effréné. Les réflexions analytiques du dernier Wittgenstein, ou celles de Vincent Descombes permettent de mettre de l'ordre et d'exorciser les fantômes du romantisme philosophique. Il faut cependant refuser le côté proprement desséchant et impérialiste d'une certaine logique qui, au lieu de nous permettre de mieux comprendre la réalité dans toutes ses nuances et degrés, l'appauvrit, la déforme en la faisant passer sous ses fourches caudines. La vérité de la philosophie analytique réside peut-être plus dans le détail parfois maniaque de ses démonstrations que dans leur justesse. Certes, les discussions de grammairiens peuvent aussi avoir valeur thérapeutique. Valéry, dans les années sombres de la guerre, se consacre à l'étude de la logique pour résister à la morosité envahissante.

La logique, d'Aristote à Russell, en passant par Leibniz, est essentiellement une technique visant à produire une pensée linéaire, volontairement appauvrie pour devenir parfaitement opératoire – un peu comme ces ascètes qui font vœu de pauvreté absolue pour gagner le ciel. C'est l'art de diriger sa pensée sans la laisser à la merci des associations d'idées. On trouve une démarche semblable dans certains courants bouddhiques. « Penser ?... Penser ! c'est perdre le fil. » Ce mot de Valéry peut s'interpréter dans un double sens : à un niveau, la pensée est multiple, et déborde de toutes parts le fil du raisonnement logique ; ou bien inversement, à un autre niveau, la pensée, dans ce qu'elle a de trop pesant, nous fait perdre le fil ténu d'une conscience plus légère, aérienne. Le même Valéry jugeait « essentielle cette versatilité de la pensée qui sait perdre le fil », à laquelle il opposait la pensée toute abstraite « qui suit son fil et qui n'est que ce qu'elle suit[1] ».

A la structure rectiligne de la logique, on pourrait également opposer la pensée chinoise du détour et de l'oblique, si une telle opposition ne relevait encore de la logique du tiers-exclu. Mais, dira-t-on, la Chine n'a pas su faire la révolution scientifique. Cette objection n'a pas le poids qu'on veut lui donner. Car le retard chinois est dû moins à une quelconque déficience intellectuelle qu'à une résistance du tissu social. Si la connaissance scientifique – – qui démarre plus tôt en Chine qu'en Grèce et peut se targuer de succès supérieurs – n'a pas renversé le féodalisme chinois comme elle renversera le féodalisme européen, c'est paradoxalement parce que la Chine était socialement et politiquement mieux intégrée que l'Europe. L'idéologie « scientifique » chinoise avait fourni à la domination féodale une base « naturelle » à long terme plus solide que l'idéologie européenne du « droit divin » des rois. L'invention de la poudre, d'origine chinoise comme l'imprimerie, a pu sonner en Europe le glas des châteaux forts et des armées féodales, alors qu'en Chine elle alimentait surtout les pétards du Nouvel An. Mais le fait que la pensée scientifique linéaire se soit répandue en Europe « comme une traînée de poudre » n'implique pas sa supériorité intrinsèque sur la pensée concrète des Chinois, qui cherche à épouser les qualités changeantes du réel empirique, plutôt qu'à en dégager les principes abstraits. De manière significative, le terme chinois *li*, que l'on traduit en général par « principe », et qui est abondamment utilisé tant par les bouddhistes que par les confucianistes, ne désigne pas à l'origine un principe abstrait, mais les veines du jade.

Principe de contradiction et principe d'identité

La logique occidentale repose sur le principe de contradiction et sur celui du tiers-exclu. Le premier s'énonce ainsi : « Il est impossible que le même attribut appartienne et n'appartienne pas tout à la fois au même sujet, et sous le même rapport. » Ce principe de contradiction ne peut lui-même se démontrer, non plus que se réfuter. Il nécessite une adhésion inconditionnelle, car il est, dit Aristote, un « inconditionné ». Ledit principe ne vaut que pour le discours, et non pour la nature des choses, la réalité extra-linguistique. Comme le disait Valéry : « Il n'y a pas de contradiction sans diction, c'est-à-dire hors du discours[1]. » Il ne peut y avoir contradiction qu'entre un énoncé et un autre, non entre une chose et une autre. Malheureusement, on tend souvent à confondre les deux registres. Dans le discours ordinaire, note Vincent Descombes, dire oui *et* non est impossible, car la séquence oui-non n'a pas la même valeur que la séquence non-oui. Le oui qui vient *après* le non n'est plus le même oui qu'au début. La situation a été modifiée par le non – et inversement.

Derrière le principe de contradiction, ou plutôt sous-jacent à celui-ci, en apparaît un autre, le principe d'identité, de l'unité d'essence. C'est une croyance à l'existence solide des choses, fondée sur le bon sens, la *doxa*, ce que les bouddhistes appellent « vérité conventionnelle ». En somme, c'est toute la logique occidentale qui se trouve du même coup dériver d'une certaine métaphysique réaliste. Comme le note Guy Bugault : « Le principe de contradiction est une norme indivisiblement logique, ontologique, anthropologique[1]. » Signalons également son aspect juridique : quand vous signez un contrat, il faut qu'il n'y ait pas de doute sur la personne.

Si le principe de contradiction ne peut, en bonne logique, se réfuter, il peut néanmoins se relativiser. On trouve dans la tradition occidentale divers penseurs qui, de Nicolas de Cues à Hegel, ont cherché à en restreindre le champ à une forme inférieure de raison. Mais c'est sans doute dans le bouddhisme que cette intuition devient vraiment centrale, grâce à la récusation du principe sous-jacent d'identité, et à la mise en œuvre de la notion des deux vérités, relative et conventionnelle. En effet, dans la mesure où les choses perdent leur stabilité, où tout est en flux perpétuel, le principe de contradiction devient inopérant. En outre, même s'il reste en théorie pertinent dans le monde quotidien régi par la vérité conventionnelle, il perd toute raison d'être dans le domaine de l'absolu, qui relève de la vérité ultime. Certaines écoles Mahāyāna vont encore plus loin : puisque les deux niveaux de réalité (transcendance et immanence, *nirvāṇa* et *saṃsāra*) ne sont plus ontologiquement distincts, le monde réel, redéfini comme domaine de l'« immanence transcendante », passe maintenant hors de la juridiction du principe de contradiction. Toutes choses étant désormais perçues du point de vue de l'absolu, on peut simultanément nier et affirmer telle ou telle caractéristique à leur sujet. Toutefois, cette revendication d'une perspective absolue n'est pas tant l'expression d'une expérience mystique qu'un acte de foi quant à la réalité d'une telle perspective. Elle autorise une série d'exercices spirituels, de permutations logiques et épistémologiques qui, en incitant le pratiquant à « ne demeurer nulle part », doivent lui permettre d'atteindre l'absolu. C'est donc un parti pris pragmatique pour celui qui cherche à dépasser le niveau de la vérité conventionnelle, tout comme le principe de contradiction, loin d'être une loi absolue, n'est qu'un parti pris pragmatique pour celui qui entend demeurer à ce niveau.

Le principe du tiers-exclu

Le principe du tiers-exclu se dit en anglais *law of excluded middle*, ce qui nous rapproche, ou plutôt nous éloigne, de la voie du milieu bouddhique. Ce principe, dont l'application directe, selon le philosophe John Dewey, est « la source de plus de faux raisonnements dans le discours philosophique et dans les investigations morales ou sociales que tout autre sorte de sophisme[1] », s'énonce ainsi : « Il n'est pas possible qu'il y ait un intermédiaire entre des énoncés contradictoires, mais il faut nécessairement soit affirmer, soit nier, un prédicat quelconque d'un sujet. » Autrement dit, de deux propositions contradictoires, si l'une est vraie, l'autre est fausse. Elles ne peuvent être ni vraies à la fois, ni fausses. Il faut qu'une porte soit ouverte ou fermée, elle ne peut en bonne logique être entrouverte (à plus forte raison entre-fermée). De deux choses l'une : ou bien…, ou bien. On ne peut qu'être ou ne pas être, et Hamlet était sans le savoir aristotélicien. Mais son dilemme serait une fausse question pour un bouddhiste, habitué au tétralemme (A; B; à la fois A et B; ni A ni B). Le troisième terme de ce tétralemme énonce précisément la possibilité qu'une chose soit *à la fois* ainsi *et* non ainsi. Si la thèse de l'adversaire implique une contradiction, la thèse contradictoire (la nôtre donc) est *ipso facto* vérifiée. Mais c'est précisément sur ce point que la dialectique bouddhique fausse compagnie à la dialectique aristotélicienne. Ainsi, selon le philosophe bouddhiste Sengzhao (Ve siècle) : « Veillez, lorsque vous excluez une assertion, à ne pas inclure l'assertion du contraire. » La réfutation dialectique bouddhique ne s'arrête pas au dilemme, mais pratique constamment le tétralemme. En outre, elle ne le pratique que pour le dépasser. Le tétralemme est précisément conçu pour sortir du dilemme dans lequel nous enferme le principe du tiers-exclu. Aussi, de toute évidence, Aristote, qui le connaissait, ne l'affectionne-t-il guère, et il ne le mentionne que pour l'écarter et revenir à ses chers débats.

Mais la vie est autre chose qu'un sempiternel débat contradictoire. Dans la réalité, le tiers, qu'on croyait exclu, fait irruption et engendre toutes sortes de retours du refoulé. Il fait partie du donné, qu'on le veuille ou non. Le réel rebondit, et nous fait faux bond. Le principe du tiers-exclu appauvrit le réel en nous détournant, non seulement de l'erreur, mais aussi de ce qui nous paraît, sans réflexion, simplement « hors vérité », insignifiant. Comme on l'a noté, le réel est le domaine du plus ou moins (question de degré), non du vrai ou du faux, du jugement contradictoire propre au discours. Il en va des découpages arbitraires qu'opèrent le langage et la pensée dans le tissu du réel un peu comme de ces frontières du Nouveau Monde, tracées à la règle dans le mépris le plus total des réalités géographiques et humaines. D'où la nécessité d'apprendre à manier une « logique contradictorielle » qui, en relâchant son adhésion au tiers-exclu, puisse devenir plus inclusive et s'ouvrir à la turbulence du réel.

La règle du tiers-exclu peut être tournée rhétoriquement de diverses manières : par le chiasme, le paradoxe, la répétition, ou encore par une parole « volubile » (du latin *volubilitas*, « mouvement giratoire, qui tourne, roule, se déroule facilement; au cours facile, à la parole facile, rapide »). Au détour de cette métaphore, nous retrouvons la pensée chinoise du détour. Seul ce type de discours complexe peut rendre compte d'une réalité complexe, c'est-à-dire, étymologiquement, qui fait des plis, par opposition au simple (*simplex*, « ce qui ne fait qu'un pli »). Nous sommes également complexes, c'est-à-dire : « pliés avec », « étroitement liés » à ce réel, et par conséquent, « responsables » ou « complices ».

Raison et grammaire

Pensée bouddhique ou pensée occidentale sont des abstractions, des simplifications abusives, issues de ce désir de généralisation dénoncé par Wittgenstein. Ce sont en quelque sorte des personnages narratifs, dans une large mesure fictifs, qui tendent à masquer la multiplicité des réalités qu'ils nomment : il y a toutes sortes de pensées occidentales, orientales ou bouddhiques. Et cependant, ces pensées forment ou tendent à former un système, comme le fait remarquer Nietzsche lorsqu'il note « l'étrange air de famille » qu'ont entre elles les philosophies hindoues, grecques, allemandes : « Les divers concepts philosophiques ne présentent rien d'arbitraire, ils n'ont pas une croissance autonome, mais se développent apparentés les uns aux autres et en relations réciproques [...] Ils n'en font pas moins partie d'un système, au même titre que toutes les espèces de la faune d'un continent[1]. » On ne suivra pas Nietzsche lorsque ses propres préjugés l'incitent à attribuer ressemblances ou différences à des particularités physiologiques ou raciales. Il partage avec la philosophie analytique l'intuition que de nombreux problèmes philosophiques dérivent d'une mauvaise compréhension du langage. Mais, alors que les philosophes analytiques pensent que la grammaire est la solution, elle est pour Nietzsche la source même du problème. C'est parce qu'ils accordent trop de confiance à la grammaire et au système de la langue que les philosophes laissent échapper le réel lui-même. Pour saisir ce dernier, il faudrait pouvoir s'affranchir de la langue, ou tout au moins surplomber le langage, ou, comme le disent les maîtres Chan, « couper le chemin des paroles ».

Émile Benveniste montre que la philosophie grecque est déterminée (ou tout au moins informée) par la langue qu'elle parle. Les fameuses catégories d'Aristote, par exemple, ne sont rien de plus que les structures grammaticales du grec : là où le philosophe voyait des catégories de pensée, il n'y a que des catégories de langue. Toute la diversité de la métaphysique occidentale dérive des particularités de la langue grecque, en particulier de celles de la notion d'« être », à la fois verbe d'existence et copule logique. Mais cette langue est-elle vraiment privilégiée du point de vue philosophique, ou bien ne nous paraît-elle aussi riche que parce que, précisément, nous pensons encore à travers elle ? Cette prétendue richesse n'implique-t-elle pas en contrepartie une certaine pauvreté ? Les vérités que semble nous découvrir l'étymologie, l'accès que celle-ci, à en croire Heidegger, nous ouvre à la Vérité et à l'Être, ne sont-ils pas illusoires ? Ne creusent-elles pas le piège dans lequel la métaphysique et la grammaire nous font tomber ?

À en croire Benveniste, le fait que la pensée soit déterminée par la langue n'empêche pas de penser « autrement » : ainsi, les Chinois, malgré leurs catégories du *dao,* du yin et du yang, sont-ils capables de comprendre la logique occidentale et de mettre en œuvre les sciences qui en dérivent. Il est significatif toutefois qu'il n'ait pas envisagé l'exemple inverse : on aimerait savoir si les Occidentaux peuvent, malgré leurs catégories de pensée, saisir la pensée chinoise.

Raison et rhétorique

On peut mentir à quelqu'un (ou l'endormir) en lui disant toute la vérité, rien que la vérité. Ne dit-on pas que le diable s'y entend à citer la Bible ? Et l'on voit parfois dans la légende bouddhique Māra, le Malin, prendre l'apparence du Buddha pour tromper les fidèles. À l'inverse, comme le notent les philosophes allemands Max Horkheimer et Theodor Adorno dans *La Dialectique de la raison,* le caractère « irrationnel » de la foi peut également devenir un dispositif rationnel dont se servent ceux qui sont totalement « éclairés » pour établir leur ascendant sur les fidèles.

Nietzsche est l'un de ceux qui ont attiré l'attention sur la nature rhétorique du discours philosophique. Le terme « rhétorique », au sens large, désigne ici une compréhension dialogique du discours et de la vérité elle-même. La rhétorique implique un usage « performatif », et non seulement référentiel du langage. Au lieu de simplement décrire la réalité, le langage peut en effet la modifier. Dans certains cas, dire c'est faire, comme lorsqu'un juge déclare un accusé coupable. Le langage rhétorique, lui, agit aussi sur l'interlocuteur, mais en quelque sorte par la bande. Dans la mesure où il refuse de prêter attention à la rhétorique qui le sous-tend, tout discours positiviste, qu'il soit philosophique ou scientifique, se condamne à ne pas voir les transferts qui ont lieu entre ce discours et son « objet ». C'est ainsi qu'apparaît une dichotomie entre science et rhétorique, entre une rhétorique qui n'est que « de la rhétorique » et un discours scientifique qui succombe à une rhétorique myope de l'antirhétorique.

Nietzsche écrivait à propos du principe de contradiction : « Nous sommes incapables d'affirmer et de nier une seule et même chose : c'est une loi empirique subjective, non pas l'expression de quelque "nécessité", mais simplement une incapacité[1]. » Cela ne suffit pas pour affirmer que le principe de contradiction est aberrant, que la logique est inadéquate à la réalité, et que tout discours est performatif. La critique de la métaphysique semble impliquer pour Nietzsche la fin de l'illusion que le langage de la persuasion *(doxa)* puisse remplacer celui de la vérité *(epistémê)*. Le langage de la vérité n'a certes plus le statut glorieux qu'il avait auparavant, mais il n'est pas pour autant entièrement éliminé. Il en résulte qu'on ne peut jamais tout à fait passer d'un type de langage à un autre, la déconstruction laisse le lecteur en quelque sorte suspendu dans l'entre-deux. Les deux vérités, « épistémique » et « doxique », n'existent que l'une par l'autre, et chacune renvoie à l'autre. La déconstruction du discours, note le critique littéraire Paul de Man, montre certes l'erreur de la référence, mais elle le fait encore sur le mode référentiel. Elle n'arrive jamais tout à fait à transformer un discours en acte ou en opinion[1]. Le statut du discours reste indécidable : il n'est ni simplement *épistémê* ni simplement *doxa*, ni purement descriptif ou normatif, mais semble condamné à osciller entre les deux. Cette conception me paraît résonner avec la notion bouddhique de double vérité.

La raison dialogique

Le raisonnement logique, conceptuel, abstrait, n'est jamais aussi neutre qu'on le croit, il y entre toujours une part de rhétorique. Dans un de ses ouvrages, Jorge Luis Borges s'en prend à ceux qui transforment la métaphysique et les arts en une sorte de jeu combinatoire : « Ceux qui pratiquent ce jeu oublient qu'un livre est plus qu'une structure verbale ou une série de structures verbales ; c'est le dialogue qu'il établit avec son lecteur et l'intonation qu'il impose à sa voix, et les images changeantes et durables qu'il laisse dans sa mémoire[2]. » Ainsi par exemple, le discours de tel ou tel philosophe, en faisant de nous « l'interlocuteur dans un dialogue secret et continu avec le néant ou la divinité », flatte notre vanité et fomente l'illusion du moi. Tout discours philosophique est, en ce sens, immoral.

La philosophie a en principe vocation de nous remettre en question, de nous impliquer existentiellement. Mais l'on sait que, depuis le XVIIIe siècle, elle a perdu ses prétentions à fournir une règle de vie, et s'est cantonnée à un rôle de connaissance. Les grands moralistes du XVIIe siècle, malgré leur finesse psychologique, restent enfermés dans le cercle étroit de la *doxa*. Tel n'est pas le cas d'un Nietzsche ou d'un Kierkegaard, mais ceux-ci demeurent des exceptions.

La philosophie n'a sans doute pas tout à fait tort de se méfier des « maîtres de vérité ». En effet, comment peut-on chercher la vérité en renonçant à sa raison critique ? Mais une faille du même ordre se laisse déceler dans le discours philosophique. Par quel étrange parti pris peut-on faire semblant de croire que seule la vérité du discours importe, comme si la doctrine et le docteur n'étaient pas intimement liés ? Toute philosophie n'implique-t-elle pas la croyance en un individu et son charisme, toute école philosophique ne dérive-t-elle pas de la séduction exercée par un discours (fût-il le *Discours de la méthode*) ou un comportement ? Doit-on pour autant laisser la critique *ad hominem* remplacer la critique *ad doctrinam*, comme le fait Nietzsche lorsqu'il s'en prend aux « préjugés des philosophes » ? « Ceux-ci, écrit-il, font tous comme si le développement naturel d'une dialectique froide, pure et divinement impassible, leur avait découvert leur doctrine et permis d'y atteindre (à la différence des mystiques de tout rang qui, plus honnêtes et plus balourds, parlent d'inspiration) alors qu'au fond c'est une thèse préconçue, une idée de rencontre, une "illumination", le plus souvent un très profond désir mais quintessencié et soigneusement passé au tamis, qu'ils défendent avec des arguments découverts après coup. » On connaît ses diatribes à l'égard de Kant et de la « pensée königsbergienne », cette « joyeuse niaiserie allemande » : « Avec quelle tartuferie, aussi raide que vertueuse, le vieux Kant nous attire dans les chemins tortueux de sa dialectique, pour nous conduire, ou mieux nous induire, à son "impératif catégorique" ! » Dans *Par-delà le bien et le mal*, il s'en prend à la présomption kantienne de partir de définitions en matière esthétique, sans avoir l'expérience ou la sensibilité artistique requises. Il conclut ainsi son réquisitoire : « Dans chaque philosophie vient un moment où la "conviction" du philosophe entre en scène, ou, pour emprunter le langage d'un vieux mystère, *adventavit asinus, pulcher et fortissimus.* ("Voici l'âne qui s'est avancé, beau et très vigoureux")[1]. » Mais Nietzsche sait bien qu'à ce compte, nul ne trouve grâce, et qu'on pourrait lui retourner le compliment. Il reste que tout discours philosophique est par certains traits une confession.

Malgré la critique décapante quoique un peu injuste de Nietzsche, Kant n'en est pas moins devenu une sorte de vache sacrée. C'est d'ailleurs, ironie suprême, également vrai de Nietzsche lui-même, lui qui avait voulu s'en prendre à toutes les vaches sacrées de la tradition européenne. On ne peut critiquer Kant sans être kantien, de même que l'on ne peut dépasser Nietzsche sans passer par lui. Mais l'ingratitude et l'oubli actif des influences n'est-il pas l'essence même de la philosophie ? Le geste philosophique par excellence n'est-il pas le refus de la filiation ? C'est le moment sans cesse répété, à faibles doses, de la table rase cartésienne (ou du ras-le-bol) – renouvelé notamment à l'encontre de Descartes et de quelques autres, dans ce livre même.

> Pendant les soixante années de sa vie, Jiu Baiyu changea soixante fois d'opinion. Chaque fois il reniait ce qu'il avait admis comme vrai. Qui sait si la vérité de ses soixante ans ne représente pas exactement le contraire de celle qu'il admettait

> une année auparavant ? Tous les êtres naissent de quelque chose, mais personne ne voit leur racine. Ils ont tous leur sortie mais ils n'en voient pas la porte. Tout le monde respecte ce que son intelligence connaît, mais personne ne s'aperçoit que ce qu'il connaît repose sur ce que son intelligence ne peut connaître. N'est-ce pas là le grand doute ? Assez ! Assez ! On n'y échappe pas ! Où est la vérité[1] ?

Maturité et autonomie

La modernité a cherché à mener à bien le projet de l'*Aufklärung* (terme qu'il est toujours un peu délicat de traduire par « les Lumières »), qui selon Kant était de sortir l'humanité de son état de « minorité » pour la faire parvenir à la maturité. Dans un court texte intitulé « Qu'est-ce que les Lumières ? » *(Was ist die Aufklärung ?)*, Kant définissait la « minorité » comme un « certain état de notre volonté qui nous fait accepter l'autorité de quelqu'un d'autre pour nous conduire dans les domaines où il convient de faire usage de la raison[2] ». Dans sa relecture de ce texte, Michel Foucault insiste lui aussi sur la notion de « maturité », qui s'exprimerait par la formule : *Aude saper*, « aie le courage, l'audace de savoir ». Il distingue les Lumières comme mouvement historique de l'humanisme comme thématique générale, et insiste pour conserver l'attitude d'autonomie propre aux Lumières, non la fidélité à certains éléments doctrinaux de celles-ci. Il faudrait d'ailleurs distinguer plus clairement entre l'« élucidation » de l'*Aufklärung* allemande, l'*Enlightenment* anglais, et les Lumières françaises : autant de formes d'une rationalité occidentale qui, alors même qu'elles se veulent universelles, sont déjà éminemment nationales (et parfois nationalistes).

Il faut, selon Foucault, rester fidèle à Kant contre Kant lui-même. Il faut notamment refuser « tout ce qui se présente sous la forme d'une alternative simpliste et autoritaire » – c'est-à-dire, précisément, dans le contexte qui nous intéresse, toute une tradition philosophique occidentale fondée sur l'opposition « simpliste et autoritaire » de la raison et de la foi. C'est peut-être une telle fidélité que manifeste Freud lorsqu'il réfute point par point la prétention d'autonomie kantienne. Certes, tout l'effort d'élucidation *(Aufklärung)* de Freud se situe encore dans le droit fil de celui des Lumières. Mais c'est également lui qui remet en question la « maturité » occidentale, considérée trop vite comme acquise, et qui diagnostique l'équivoque de la raison. La maturité n'est pas encore advenue, et n'adviendra peut-être jamais, car l'inconscient est là qui veille.

Alors que Kant rêvait pour l'humanité d'un passage rapide à la majorité, Freud, près de deux siècles plus tard, ramène l'humanité au berceau ou au bercail en révélant que tous les hommes restent au fond des mineurs, qu'ils continuent à se bercer d'illusions. Ce qui ne l'empêche pas de se vanter de temps à autre d'avoir lui-même atteint la maturité. Il ne suffit pas de désirer la maturité pour l'obtenir, au contraire. Il en va un peu de la « minorité » philosophique comme de l'adolescence, dont on a dit qu'elle pouvait se définir comme une tentative prolongée d'éviter l'adolescence. L'immaturité serait non seulement la soumission à l'autorité, mais aussi le désir de faire l'économie de l'inconscient, de croire échapper à bon compte à l'irrationnel. Si le sommeil de la raison engendre les monstres, on peut peut-être dire que le sommeil de l'imagination engendre l'immaturité.

Sans souscrire nécessairement au contenu théorique

ou clinique de la psychanalyse, il semble que ce soit le mode de pensée qui offre à l'heure actuelle la meilleure alternative à la logique exclusiviste de tous les discours à prétention de scientificité, comme ceux des sciences humaines ou sociales. Certes, Freud reste trop scientifique et positiviste (surtout quand il parle de religion), mais c'est lui qui le premier a miné les dogmes de l'universalisme occidental et de l'individualisme triomphant, tels qu'ils avaient été classiquement formulés par Kant.

Jusqu'où la raison peut-elle aller vers la folie, pour la comprendre (au sens d'englober), sans se perdre ? Seraitelle la grenouille qui cherche à se faire aussi grosse que le bœuf – voire plus grosse, pour l'avaler ? Et si elle n'était au fond qu'un cas particulier de la folie, tout comme la musique, perçue d'une certaine distance, devient une forme de bruit ? La psychanalyse actuelle n'a pas encore su prendre la vraie mesure de l'irrationnel, elle s'attache à le réduire. Freud lui-même reste positiviste – malgré ses intuitions géniales (ou parfois fumeuses). Il n'accorde jamais de crédit (au propre comme au figuré) à ses malades. Toute négation de leur part est dénégation, toute affirmation est illusion. Sa définition de l'illusion a toutefois le mérite de mettre en valeur la « duplicité » essentielle de toute vérité : une vérité peut devenir illusion, voire mensonge, lorsqu'elle répond à certains besoins psychiques. La science ou la logique, quelle que soit leur valeur « en soi », peuvent au même titre que la religion devenir des illusions « pour soi », leur vérité risquant toujours d'être pervertie par le rôle qu'on lui fait jouer. Si Freud a frayé certaines voies nouvelles, il en a fermé d'autres, tombant parfois dans ses propres pièges : après avoir révélé l'illusion à la base de la culture, il se créa ses propres illusions dans son désir de faire école, et chercha lui-même à faire illusion pour donner à la psychanalyse ses lettres de noblesse scientifique.

La Raison et les raisons

Nous avons vu que l'avènement de la raison grecque avait marqué le déclin du mythe. Alors que celui-ci se caractérisait par une ambiguïté féconde, la philosophie en vint à séparer nettement les plans pour couper court à toute confusion possible. Le mythe perdit du coup toute prétention à dire la vérité, il ne fut plus que vaines paroles, délires d'une imagination trop fertile pour être honnête.

De même, la pensée des Lumières refuse de reconnaître le bien-fondé des arguments de ses opposants. Tous ceux qui la critiquent sont dans l'erreur, car, remarque Descombes, « à la raison on ne peut opposer que de mauvaises raisons[1] ». Malgré ceux qui, comme Foucault, ont dénoncé ce type de chantage, on le retrouve un peu partout, notamment dès qu'il est question de spiritualité ou du New Age. Pourtant, ces efflorescences problématiques, si aisément dévoyées, manifestent également un légitime esprit de résistance, et sans doute n'auraient-elles pas pris une telle ampleur si la raison émancipatrice ne s'était pervertie en raison technique, instrument de domination. Il est donc urgent d'admettre la coexistence de formes de rationalité particulières, bien distinctes d'une raison idéale dont la forme canonique serait la logique[2].

Depuis Max Horkheimer et Theodor Adorno, nous sommes familiers de la « dialectique de la raison », cette raison dont les bonnes intentions semblent avoir pavé notre enfer moderne, et qui, croyant mettre fin aux mythes porteurs de violence, a fini par se faire violence à elle-même. Elle est, selon ces auteurs, totalitaire en son principe – ennemie du *totaliter aliter* (tout autre). La multiplicité du réel a laissé la place à une dualité, au face à face d'une double unité, celle de la nature et celle du sujet[1].

La logique est rien moins qu'égalitaire, et la philosophie est tout à fait fondée à adopter ce ton « grand seigneur » qu'on lui connaît. À Athènes, l'égalité des citoyens a vu le jour au même moment, et dans le même mouvement, que la servitude des esclaves. Au XVIIe siècle, le théoricien du libéralisme John Locke, quand il vantait la liberté humaine, restreignait encore le terme d'« hommes libres » aux « gentlemen anglais ». Ce sous-entendu devint explicite lorsque l'Angleterre dut affronter les revendications de ses sujets indiens. Même de nos jours, malgré les grandes déclarations de principe en faveur des Droits de l'Homme, on oublie commodément que la société de consommation libérale repose, dans son histoire comme dans sa pratique actuelle, sur l'asservissement économique et politique des sociétés du tiers-monde. Il peut être utile à ce propos de rappeler les origines sociales, voire ethniques, de la liberté universaliste, telles que les révèle l'étymologie. Selon Émile Benveniste, le mot « libre » ne signifie pas à l'origine « débarrassé de quelque chose », il indique « l'appartenance à une souche ethnique désignée par une métaphore de croissance végétale. Cette appartenance confère un privilège que l'étranger et l'esclave ne connaissent jamais[2]. » Rien de surprenant donc si l'impératif moral universaliste de la philosophie rationaliste est la forme intériorisée de l'ancienne subordination sociale.

Jean-Joseph Goux a cherché à montrer que l'émergence d'un certain type de rationalité (la rationalité scientifique) était contemporaine d'un certain mode d'échange, dans lequel apparaît l'équivalent universel, que ce soit l'argent ou le concept. Il s'agit, dans le commerce monétaire comme dans l'algèbre, d'une mise en suspens du sens. Dans un passage fameux, Nietzsche définissait les vérités comme des métaphores usées, « blanches », semblables à des pièces d'argent dont l'effigie s'est effacée. Il prônait un retour à l'effigie originale, au sens métaphorique, par abandon de l'abstraction conceptuelle. Il faut faire rejaillir la métaphore vive dans nos vies, si nous ne voulons pas transformer notre pensée en ce que Mallarmé appelait la « denrée mentale* ».

« La logique, disait Marx, est l'argent de l'esprit, la valeur-pensée spéculative de l'homme et de la nature, dont l'essence est indifférente à tout caractère déterminé réel, et par conséquent irréelle; une pensée aliénée et abstraite qui ignore la nature réelle et l'homme[1] ». Il existerait, à en croire J.-J. Goux, une affinité entre la raison occidentale, telle qu'on la fait remonter aux philosophes grecs, et l'institution d'un « équivalent général »[2]. L'argent est devenu le principe égalisateur, homogénéisateur de la raison. Ce que la raison a effectué sur le plan des idées, l'argent l'a fait sur le plan matériel, aboutissant à une même homogénéisation du réel. À cette abstraction croissante du réel, on peut réagir en revendiquant la singularité de l'objet. Mais bientôt, c'est au nom de cette singularité même que l'objet devient « denrée » – certes estampillée d'une noblesse factice – pour le désir égalisateur. Il y a désormais un marché des

* La prédominance de la pensée abstraite est attestée dans le titre même du présent livre, qui devait initialement s'intituler *À travers champs*. La métaphore fut jugée trop obscure et peu propice à la transformation du livre en denrée mentale.

objets singuliers (dont les officines sont Drouot ou Sotheby's), tout comme il y a un marché des ustensiles stéréotypés. Bientôt, l'ustensile lui-même proclame sa singularité sur les affiches publicitaires, et l'original est submergé par des contrefaçons toutes plus singulières les unes que les autres – comme la statuette indienne que recherchent Tintin et Milou dans *L'Oreille cassée*.

Le libre-échange généralisé des idées entraîne paradoxalement la disparition de la *doxa* locale, de l'opinion partagée par certains, mais néanmoins singulière, car incapable de revendiquer l'universalité de la vérité. La *doxa* était la vérité d'au-delà des Pyrénées, mais les Pyrénées ont été aplanies sur la mappemonde de la raison. La vérité des supermarchés de la raison est partout la même. Max Weber a su montrer le lien entre le développement du capitalisme et la montée de la rationalité dans le protestantisme. Avec l'avènement du régime démocratique, toute transcendance, divine ou royale, disparaît. À l'exécution de Louis XVI en France fait écho en Europe ce que Nietzsche appellera la mort de Dieu.

La raison et l'irrationnel

Dans le livre qui l'imposa au public, Michel Foucault décrivait le grand partage entre la raison et la folie, ainsi que le « grand renfermement » de cette dernière. Sa thèse a été souvent discutée, pour des raisons d'ordre historique, mais aussi épistémologique. Le philosophe allemand Jürgen Habermas, notamment, critique la prétention qu'a eue Foucault de parler, dans le langage de la raison, au nom de l'« autre » de la raison. Vincent Descombes, cependant, souligne le manichéisme logique de Habermas, qui confond deux notions de l'autre – l'autre *(alterum)* comme terme d'un couple, et l'autre *(aliud)* dans le sens d'indéterminé, transcendant tout couple. Ainsi, l'autre de la raison n'est pas seulement la folie (dont la raison ne saurait parler), mais ce qui, en amont de la distinction, transcende à la fois « raison » et « folie », et devrait pouvoir s'exprimer à travers l'une et l'autre. Descombes, quant à lui, préfère éviter cet emploi indéterminé et s'en tenir à des usages particuliers. On devrait, selon lui, toujours préciser : l'autre *quoi*? Il n'existe pas d'irrationalité en général. Les divers « autres » de la raison : mythe, foi, etc. ne constituent pas un « autre » générique qu'on pourrait appeler l'« irrationnel ». On peut simplement dire que telle ou telle croyance est irrationnelle lorsqu'elle se révèle incompatible avec l'ensemble des autres croyances d'un individu. Or ces croyances ne sont jamais données dans la pratique comme un système clos et aisément objectivable. Cela est d'autant plus vrai dans le cas d'une mentalité ou d'une culture[1].

Même point de vue chez Ludwig Wittgenstein, qui, dans ses *Remarques sur Le Rameau d'or*, s'en prend à la manière dont James Frazer, l'un des fondateurs de l'ethnographie anglaise, traite les conceptions magiques et religieuses des hommes comme des *erreurs*. « Ainsi donc, saint Augustin était dans l'erreur lorsqu'il invoque Dieu à chaque page des *Confessions*? Mais – peut-on dire – s'il n'était pas dans l'erreur, le saint bouddhiste – ou n'importe quel autre – l'était tout de même, lui dont la religion exprime de tout autres conceptions. Mais *aucun* d'entre eux n'était dans l'erreur, excepté là où il mettait en place une théorie. » Car, ajoute Wittgenstein, « un symbole religieux ne se fonde sur aucune *opinion*. Et c'est seulement à l'opinion que l'erreur correspond[2] ».

D'ailleurs, il ne suffit pas de nier l'irrationnel pour s'en débarrasser. Les croyances irrationnelles ne sont pas simplement refoulées, elles se déplacent d'étrange façon, et ne se laissent pas facilement saisir. On croit les avoir réduites en soi, mais on continue à les entretenir en les mettant au compte d'autrui. Nous continuons ainsi à croire au Père Noël grâce à nos enfants, à travers eux. Un cas typique est celui de Casanova qui, alors qu'il jouait au magicien un jour d'orage, fut pris de panique lorsque la foudre tomba tout près. Convaincu d'avoir véritablement invoqué des forces maléfiques, il crut ne devoir son salut qu'au fait de n'être pas sorti du cercle magique qu'il avait tracé sur le sol. Un autre exemple paradigmatique d'arroseur arrosé, rapporté par Lévi-Strauss, est celui de Quesalid, un indien du Nord-Ouest américain, esprit fort qu'irritaient les superstitions de ses congénères. S'étant fait passer pour un chaman dans le but de révéler les supercheries de ceux-ci, il finit par se prendre à son propre piège et par croire en cette magie qu'il avait voulu ridiculiser.

Les théoriciens fumeux ou en herbe (du diable, naturellement) qui ont cru faire un sort à la magie en la décrivant comme une pseudo-science et une réelle ineptie (ou au mieux une illusion utile), ne se sont pas rendu compte qu'ils se trompaient grossièrement de cible : que, là où ils voyaient de faux rapport entre l'homme et la nature, il aurait fallu voir de vrais rapports entre humains. Car, dans le monde des hommes, la magie peut réellement tuer, le pouvoir d'un homme sur un autre est bien réel. C'est tout le mérite de Jeanne Favret-Saada, dans sa lumineuse étude sur un phénomène aussi ténébreux que la sorcellerie, d'avoir mis en évidence ces rapports de force, et la persistance d'un archipel enchanté au sein de notre monde désenchanté.

Au demeurant, même lorsque, dans un domaine quelconque de la pensée, la cohérence interne des raisonnements semble avérée, cela ne doit pas faire croire que l'entreprise tout entière soit véritablement fondée. Il n'y a rien qui puisse démontrer le bien-fondé du rationalisme, mais rien non plus qui puisse prouver son erreur. L'idée que la croyance en la raison est en son principe irrationnelle apparaît déjà chez le penseur taoïste Zhuangzi. Dans le même ordre d'idées, Paul Mus écrivait : « Derrière bien des disciplines qui ont voulu se passer de métaphysique, il y avait une métaphysique, celle des idées claires[1]. » Le discours de Habermas ou, plus généralement, de la philosophie analytique, me semble relever de cette métaphysique des idées claires et de la communication parfaite.

Le cercle de la raison, comme un cercle magique, ou ce que les bouddhistes nomment un *maṇḍala*, est soumis à certaines lois. Kant est l'un de ceux qui ont tracé ce cercle, hors duquel on ne doit pas sortir sous peine d'être disqualifié, hors jeu. C'était donc un jeu ! Mais hors du jeu, la vie continue, et, à moins d'un miracle, les joueurs n'en sauront rien. Ils n'atteindront que le ciel de leur marelle philosophique – « cerisiers roses et pommiers blancs ». Le bouddhisme, lui, a entrepris d'explorer le monde des « pommiers roses et cerisiers blancs » – le monde où nous vivons, selon la cosmologie bouddhique, s'appelle d'ailleurs *Jambudvīpa* (l'« Ile aux pommiers roses »).

La philosophie, en tant que pensée critique, doit se porter aux limites de la pensée et de l'être. Le repli sur la sphère des évidences, des certitudes et des tautologies est une démission, car il laisse le champ libre aux gnoses diverses, se privant de la possibilité de récuser ou de départager celles-ci. Cantonner la philosophie à la grammaire, dans une répétition quasi obsessive des mêmes structures, fait penser à l'obsession du détail analysée par Freud à propos du rituel. Paradoxalement, une meilleure compréhension de la pensée rituelle sera peut-être utile pour sortir de cette tour d'ivoire. Cela ne veut pas dire, bien entendu, qu'on peut se dispenser de la grammaire philosophique.

La raison occidentale (pensée rationnelle, logique, philosophie) se pose en s'opposant, selon le principe du tiers-exclu. Elle a ainsi rejeté dans les ténèbres extérieures diverses réalités humaines telles que l'imagination et le rêve, la littérature et le mythe; enfin la « pensée du dehors » – autrement dit le rituel. Ce sont ces divers domaines, prétendument irrationnels, que la rationalité bouddhique va nous permettre d'explorer, sans sortir entièrement de notre « réserve » philosophique.

Bouddhisme et pensée chinoise

Si l'on considère la tradition bouddhique dans son expansion géographique et doctrinale, et non plus seulement dans sa proximité idéale aux sources indiennes, on s'aperçoit qu'elle a subi, de la part des historiens, un sérieux préjudice. Comme on l'a noté, le bouddhisme, né dans le nord de l'Inde vers le Ve siècle avant notre ère, s'est répandu dans toute l'Asie au cours des dix siècles suivants. Or, à l'exception du Chan/Zen, la tradition bouddhique sino-japonaise a été jusqu'à présent étrangement négligée, tant par les sinologues que par les « bouddhologues ».

Personne ne songe à refuser au christianisme droit de cité dans la culture occidentale sous prétexte qu'il est né en Orient. C'est pourtant ce qu'on fait couramment lorsqu'on examine les rapports du bouddhisme et de la culture chinoise. Si le bouddhisme chinois n'est pas à lui seul toute la pensée chinoise, il n'eût rien été sans elle, ni elle sans lui. Il est imprégné de confucianisme et de taoïsme, tandis que ces derniers, dans leur parcours historique, ne peuvent s'expliquer sans l'influence bouddhique. Tout comme la pensée occidentale s'est nourrie des apports gréco-romains et judéo-chrétiens, la pensée bouddhique a su assimiler deux cultures aussi opposées qu'on puisse l'imaginer, celles de l'Inde et de la Chine – sans parler des cultures périphériques et à bien des égards originales, comme celles du Tibet ou du Japon. Pour comprendre cette pensée globale et globalisante, mais aussi les résistances locales qu'elle a suscitées, et qui à la fois la compliquent et la revivifient, c'est donc l'Asie tout entière qu'il faut considérer.

On distingue d'ordinaire dans la pensée extrême-asiatique trois grandes doctrines : le bouddhisme, le taoïsme et le confucianisme. Pour être plus complet, il faudrait leur ajouter trois autres formes de pensée qui, au carrefour de ces idéologies constituées, ont modifié de fond en comble le paysage intellectuel et religieux de l'Asie : le tantrisme du Vajrayāna, le Chan, et la pensée cosmologique du yin et du yang (en chinois *yin yang dao*, en japonais *onmyōdō*). Ces trois formes de pensée dérivent des trois doctrines en question, mais ne s'y réduisent pas, car elles ont su former des combinaisons tout à fait originales. Le bouddhisme Chan, par exemple, a entretenu des rapports féconds, quoique non dénués de rivalité, avec le confucianisme et le taoïsme. Quant au tantrisme bouddhique, même si en tant qu'école (le Zhen'yan, école des « mots vrais », ou *mantra*) il ne fleurit que brièvement sous les Tang (du VIIe au IXe siècle), il a néanmoins exercé sur les cultures chinoise et japonaise – et en retour reçu d'elles – une influence considérable. Enfin, l'influence de la pensée cosmologique du yin et du yang a été aussi grande sur le bouddhisme sino-japonais que sur le confucianisme et le taoïsme. On ne peut donc plus se contenter de réduire la pensée chinoise au confucianisme, voire au duo que celui-ci forme, sur le modèle du yin-yang, avec le taoïsme. Il faut en finir avec les visions monochromes d'un bouddhisme conçu comme une philosophie indienne autonome, ou d'un confucianisme passant pour *la* pensée chinoise. On pourrait à cette fin imaginer la pensée chinoise comme un tissu dont la chaîne serait constituée de fils de trois sortes ou couleurs : confucianisme, taoïsme et bouddhisme (*jing*, textes sacrés, classiques confucéens ou *sūtra* bouddhiques, veut dire précisément chaîne) ; tandis que la trame serait, elle aussi, constituée de fils formant trois motifs (bandes) : tantrisme, Chan, et pensée cosmologique du *yin* et du *yang*. Ce modèle ne vaut toutefois qu'à partir du VIIe siècle, puisque avant cela, la trame est purement cosmologique.

Lorsque le bouddhisme fut introduit en Chine vers le début de notre ère, il fut d'abord pris pour une variante de taoïsme, religion autochtone que la tradition fait remonter au légendaire Laozi. A partir du IVe siècle, les différences devinrent évidentes, et la rivalité entre les deux religions s'accrut rapidement. La controverse atteignit son point culminant avec la théorie fantaisiste de la conversion des barbares: Laozi serait parti pour l'Occident afin de convertir les barbares sous le nom de Buddha. En fait, pour les punir de leur manque initial de foi, il les aurait condamnés au célibat (un subterfuge pour les priver de descendance). Le bouddhisme indien ne serait donc qu'une version barbare du taoïsme, un alliage douteux dont les orfèvres chinois n'auraient que faire. Les bouddhistes contre-attaquèrent en déclarant que Laozi et Confucius étaient en réalité des disciples du Buddha, envoyés par celui-ci en Chine pour préparer le terrain à la doctrine bouddhique. Cette controverse, dont l'apparence futile ne doit pas nous masquer les enjeux importants, se poursuivit pendant des siècles. Elle ne devait se terminer qu'au XIIe siècle, avec la victoire du bouddhisme.

Au cours de son implantation en Chine, le bouddhisme dut faire face à diverses autres difficultés, notamment la question de l'indépendance des moines. A la différence de l'Inde, où le clergé (hindou et bouddhique) était reconnu comme ultime pouvoir dans le domaine spirituel, en Chine, l'empereur, qualifié de Fils du Ciel, se tenait au sommet des deux hiérarchies, spirituelle et temporelle, et les moines lui devaient entière obéissance. Cette soumission ne se fit pas, on s'en doute, sans réticences, et de nombreux pamphlets monastiques affirmèrent, textes canoniques à l'appui, que « les moines n'ont pas à se prosterner devant l'empereur ». Bataille perdue d'avance : dès le Ve siècle, le bouddhisme, domestiqué, passait sous le contrôle étroit de l'appareil étatique. Ce que les empereurs recherchaient dans cette religion étrangère n'était pas tant la délivrance des liens qui les retenaient en ce monde qu'un accroissement de leur pouvoir ici-bas.

Malgré sa popularité, le bouddhisme resta toujours pour les confucianistes marqué du stigmate de religion étrangère, et fut à cause d'eux périodiquement l'objet de persécutions gouvernementales. Sous l'empereur Wuzong notamment, en 845, plus de deux mille moines et nonnes furent défroqués, et un grand nombre de temples et de statues détruits. Plus près de nous, dans un tout autre contexte politique, la Révolution culturelle a fait de terribles ravages. Mais le bouddhisme, quoique gravement atteint dans ses œuvres vives, était suffisamment ancré dans les mœurs, et il a survécu à toutes les tempêtes idéologiques et politiques.

Les aventures de l'immanence

On connaît mieux, grâce aux travaux de François Jullien, la pensée chinoise[1]. Ses travaux ont le double mérite de mettre en valeur certains aspects particulièrement intéressants de la tradition confucéenne, définie comme pensée de l'immanence, de l'allusion et du détour, et de donner à cette tradition des lettres de noblesse philosophiques, sans verser dans un comparatisme facile. Toutefois, le danger serait de croire qu'il s'agit là de *toute* la pensée chinoise, répétant ainsi le geste d'exclusion à l'égard du bouddhisme, du taoïsme et de la religion populaire, qui caractérise le confucianisme.

Selon une conception répandue, il n'y aurait en Chine à proprement parler ni philosophie ni religion. On n'y trouverait aucune des oppositions conceptuelles (du type théorie et pratique, cause et effet, fin et moyens, monde des Idées et monde sensible) qu'ont su élaborer la Grèce, puis l'Europe. Mais surtout, la Chine ignorerait toute transcendance divine, elle nous offrirait l'exemple unique d'une « immanence totale et sans reste ».

Les influences réciproques entre le bouddhisme et les autres pensées chinoises (confucianisme, taoïsme) devraient nous empêcher d'assimiler trop vite la « pensée chinoise » à un système philosophique quasi immuable (même et surtout si son objet principal est le changement), et par conséquent de céder aux effets idéologiques de cette pensée. La subtilité de la pensée de Confucius et de ses héritiers ne doit pas nous faire oublier tout ce que l'orthodoxie confucéenne, qui domina la société chinoise pendant près de vingt siècles, a pu avoir de sclérosant. Les descendants de Voltaire que nous sommes auraient tort de laisser les affinités qui portaient les philosophes vers le confucianisme continuer à nous masquer le pluralisme de la pensée chinoise.

A la définition socratique, fondement de la philosophie

occidentale, s'oppose ce que François Jullien nomme la « modulation » confucéenne. Alors que la notion de vérité unique suppose quelque essence immuable, la variation des propos permet d'obtenir une meilleure adéquation à la réalité changeante. La « parole fluctuante » permet d'embrasser la réalité sous tous ses angles, d'épouser le mouvement spontané des choses. Jullien montre aussi les effets pervers du détour et de la périphrase, lorsque la prudence politique devient pour le locuteur une seconde nature qui l'empêche de parler franchement. Par ailleurs, si toute poésie tend à devenir politique, la politique n'en devient pas pour autant poétique. On pressent tout ce que ces discours « harmonieux » et cette apologie du naturel peuvent cacher de violence idéologique. C'est contre cette atmosphère étouffante que cherchait à réagir le « franc-parler » de maîtres Chan comme Linji Yixuan (IXe siècle), avant que ce franc-parler ne fût lui-même « récupéré » par une exégèse politiquement et spirituellement correcte.

En tant qu'objet de savoir et d'étonnement, la pensée chinoise a joui de longue date d'un privilège en Europe. En dépit de différences manifestes avec la pensée occidentale, elle ne nous est au fond pas si étrangère qu'on veut bien le dire. Disons plutôt qu'elle a été anciennement « reconnue » comme autre, et du même coup apprivoisée comme figure de l'altérité. Les missionnaires jésuites avaient déjà entrepris de réduire cette altérité en traduisant les auteurs chinois en latin, faisant ainsi de Confucius (personnage mieux connu avant Ricci sous son vrai nom Kongfuzi) *le* « philosophe » des Chinois *(Sinarum philosophus)*.

L'intérêt exclusif porté au confucianisme par les Jésuites et à leur suite par la sinologie occidentale a privilégié un certain type de discours qui monopolise l'accès au savoir et à la vérité, et du même coup contribué à éclipser d'autres pensées aussi pertinentes, masquant la réalité intellectuelle et culturelle chinoise plutôt qu'il ne la révélait.

L'éminente « taologue » Isabelle Robinet attire l'attention sur ce problème lorsqu'elle déplore « le travers auquel succombent les historiens occidentaux de la pensée chinoise [...] à savoir qu'ils privilégient à des degrés divers le confucianisme indûment et en font le centre et la pierre de touche de cette pensée, au point que les autres courants sont vidés en partie de leur contenu [...] Il s'ensuit que dans l'histoire de cette pensée on n'accorde pas la place qui devrait lui revenir au taoïsme, réduit à Laozi et à Zhuangzi, si bien qu'il n'y est jamais pris en compte, alors que sa dimension philosophique, qui n'a toujours pas été étudiée pour ce qu'elle est, est toujours restée vivante tout au long de cette histoire dont elle présente précisément une face autre et complémentaire[1]. » On pourrait ajouter que cette complémentarité fait elle aussi partie des idées reçues sur la pensée chinoise, et qu'elle contribue à masquer les autres composantes de cette pensée, sa pluralité essentielle. En tant que tradition lettrée, le bouddhisme chinois s'inscrit lui aussi à certains égards en contrepoint de la tradition confucéenne, à certains autres de la tradition taoïste.

La subtilité allusive des *Entretiens* de Confucius est en grande partie le fait d'une tradition orale. Sur cette tradition orale plutôt laconique sont venus se greffer les commentaires écrits, développant des complexités sans fin. La subtile sagesse de Confucius avait-elle été déposée consciemment par celui-ci dans ses œuvres, en attente du disciple idéal, ou y a-t-elle été lue rétrospectivement par la tradition confucéenne ? Il est toujours délicat de s'en référer à l'intention présumée de l'auteur. Autrement dit, la canonisation du Sage n'a-t-elle pas conduit à chercher (donc à trouver) dans le texte plus de subtilité qu'il n'y en avait ? C'est d'ailleurs le propre de toute tradition exégétique, qui crée du sens en croyant le dévoiler. Cet accès indirect de l'exégèse en est-il vraiment un, et si oui, débouche-t-il sur ce qu'il croit découvrir, ou sur tout autre chose – comme Christophe Colomb découvrant l'Amérique en lieu et place des Indes. Cela n'enlève pas forcément toute valeur à la découverte, ni toute vertu au détour.

On retrouve, en dehors du confucianisme, une tendance analogue dans les délires « subtils » des commentaires de propos des maîtres Chan, comme le *Biyan lu (Recueil de la Falaise verte).* Ce recueil est une anthologie de « cas » (*gong'an*, en japonais *kōan*), ces fameuses énigmes que l'adepte Chan doit résoudre (ou plutôt dissoudre) pour atteindre l'éveil. La sinisation du bouddhisme n'a sans doute été nulle part aussi poussée que dans le Chan « littéraire » de l'époque des Song (Xe-XIIIe siècle), avec notamment le recours à des vers classiques (chinois ou bouddhiques) ou à des poèmes Chan, parfois rassemblés en des anthologies dans lesquelles les disciples puisaient librement pour exprimer leur réalisation devant le maître. On n'a pas manqué de souligner le caractère artificiel, et comme perverti, d'une telle réponse livresque par rapport à une réponse spontanée. Toutefois, dans les meilleurs cas, il ne s'agissait pas tant pour le disciple de se rabattre mécaniquement sur une réponse toute faite, que de susciter en lui-même, par la valeur d'incitation du poème, l'état d'éveil et de le faire partager à autrui. Une pratique semblable paraît remonter à Confucius, qui incitait ses disciples à puiser librement dans le *Livre des Odes*, une prestigieuse anthologie poétique. Toutefois, il est indéniable que cette pratique a tendu assez vite à devenir stéréotypée. Mieux vaut donc éviter de tenir pour représentative de la pensée chinoise dans son ensemble ces raffinements parfois laborieux de lettrés.

D'autre part, on ne saurait situer en Occident l'émergence de l'imagination sans ignorer divers courants religieux chinois (et non chinois) pour lesquels le monde des images *(xiang)*, intermédiaire entre le relatif et l'absolu, restait une réalité accessible par la méditation visuelle et les symboles. François Jullien souligne à juste titre le rôle du bouddhisme dans l'ouverture croissante des Chinois à l'imaginaire, tel qu'il s'exprime notamment dans le roman[1]. Dans diverses écoles bouddhiques, la visualisation de buddhas ou de divinités ou êtres « démoniques » représentant des énergies supérieures jouait un rôle important. Du coup, l'opposition entre Chine et Occident reste trop frontale, en quelque sorte métaphysique. Selon Jullien, la transcendance du Ciel par rapport à l'homme ne procède en Chine d'aucune extériorité : elle n'est que la totalité de l'immanence à l'échelle du monde entier. Si la pensée chinoise, du fait de son goût pour l'immanence, n'a pas produit d'autre plan métaphysique (comme le plan des essences bouddhiques ou celui des Idées platoniciennes), on trouve néanmoins en Chine un au-delà religieux qui est bien une forme de transcendance. Vers l'époque où Confucius discourait sur le *ren* (humanité), les empereurs entraînaient dans la mort des centaines d'esclaves (dont on a retrouvé dans les tombes les corps décapités) qui devaient continuer à les servir dans l'au-delà. C'est bien d'un autre plan ontologique qu'il s'agit. De même, le théâtre chinois, à l'origine (et aujourd'hui encore sur le parvis des temples), est essentiellement représentation divine, communication avec l'autre monde, manifestation de l'« autre scène ». Dans le bouddhisme, le monde se compose des trois sphères (ou plans) du désir, de la forme (ou matière), et du sans forme (ou immatériel – qui n'est cependant pas encore tout à fait transcendant). Le *nirvāṇa* que recherchaient certains bouddhistes chinois est le passage au-delà de ces trois plans.

Jullien montre bien comment la tradition littéraire « chinoise » (lisez confucéenne) a choisi l'interprétation « référentielle » au détriment de l'interprétation « symbolique », telle qu'on la trouve en Occident. Là où un commentateur occidental déchiffre, au-delà du sens apparent, une vérité plus abstraite, métaphysique, le commentateur chinois cherche l'allusion à une situation politique précise. Mais on trouverait facilement des contre-exemples. Dans le Chan, chez Linji Yixuan par exemple, on voit des poèmes apparemment « politiques » interprétés allégoriquement dans un sens purement spirituel. Cela conduit à se demander si le parti pris chinois de l'immanence n'est pas en partie lié au corpus choisi (confucéen, taoïste, bouddhique ou autre) par les sinologues. Le bouddhisme semble avoir introduit en Chine la transcendance dont on nous affirme qu'elle n'y existe pas. Il s'agit peut-être également d'une question de terminologie. Car, comme le note Isabelle Robinet : « Dans la mesure où l'on entend transcendance au sens généralement admis de reconnaissance de quelque chose dont on ne fait pas le tour, dont on ignore ce que c'est, ou de quelque chose qui se situe au-delà des frontières connues, voire connaissables…, il faudrait que les Chinois soient bien arrogants pour ignorer la transcendance. Simplement, certains d'entre eux s'intéressent à la nescience (ou inconnaissance), d'autres pas. » Cette « pensée chinoise » est dans son ensemble essentiellement une philosophie de lettrés, ce qui la rend susceptible d'une lecture idéologique. Sans doute faut-il pas mal de loisirs pour s'entretenir du « procès » du monde. La pensée chinoise du « naturel » est une façon d'ancrer un certain rapport social de forces dans les grandes lois de l'univers, au lieu de recourir, comme les Japonais, à la mythologie et au sacré.

D'autre part, un rapide coup d'œil vers l'« autre » de la Chine, en l'occurrence le Japon, nous révèle ce que l'altérité de celle-ci conservait encore de trop identique, d'apprivoisé. Quoi de plus étranger à une sensibilité occidentale que la mythologie japonaise du *Kojiki* (*Recueil de choses anciennes*, début du VIIIe siècle), surtout quand elle-ci devient idéologie nationale *(kokugaku)* vers le XVIIe siècle ? Mais, au nom d'un esprit de finesse purement japonais, cette idéologie rejetait précisément la pensée chinoise (bouddhisme inclus), ce qu'elle appelle le *karagokoro* (« esprit chinois »), comme étrangère et trop rationaliste. On trouve toujours plus subtil que soi, et la subtilité chinoise paraissait bien plate à certains Japonais. Pour ce qui est du rationalisme chinois, ceux-ci n'avaient pas tout à fait tort. Il faut relever, par exemple, la logique qui préside à l'élaboration des hexagrammes du *Yijing* (ou *Livre des Mutations*) et la dérive rationalisante de leur interprétation – au point que Leibniz y trouvait des affinités avec sa propre pensée. Dès qu'elle s'éloigne de la divination pure (donc d'une certaine transcendance divine) pour « naturaliser » le cosmos, la pensée du *Yijing* impose un schéma rationnel abstrait – complexe et subtil certes, mais éminemment logique. Le *Yijing* a d'ailleurs trouvé tout naturellement sa place parmi les logiciels de jeu.

Zhuangzi et le Chan

Tout en développant les potentialités du Mahāyāna, le bouddhisme chinois s'ouvrit largement à l'influence de divers courants non bouddhiques, notamment à la pensée du taoïste Zhuangzi. Il ne faut sans doute pas trop exagérer la distance entre Zhuangzi et Confucius. Une des différences entre les deux personnages, sinon entre leurs pensées, est que, alors que Confucius recherche, sans grand succès d'ailleurs, la compagnie des puissants (pour les conseiller) ou de bons disciples, la compagnie ordinaire de Zhuangzi fait penser à une cour des miracles : brigands, boiteux, manchots, bouchers, idiots, vagabonds. On retrouve le même genre d'individus un peu louches dans le Chan. Zhuangzi tourne souvent en ridicule Confucius et sa doctrine, à laquelle il reproche de se limiter au monde visible, sans chercher à comprendre d'où celui-ci tire son origine. Toutefois, certains de ses dialogues, mettant en scène Confucius et son disciple favori, Yanhui, donnent une image plus nuancée du Sage. Dans l'un d'eux, après que Yanhui lui eut exposé son projet de réformer une tyrannie locale, et expliqué par quelle méthode (la vertu et l'imitation des Anciens), Confucius répond que ce projet est condamné à échouer, car il ne fait aucune place à l'« abstinence de l'esprit ». Pressé par Yanhui de définir celle-ci, il dit : « Concentre-toi, n'écoute pas par tes oreilles mais par ton esprit, n'écoute pas par ton esprit mais par ton souffle. Les oreilles se bornent à écouter, l'esprit se borne à représenter. Le souffle qui est le vide peut se conformer aux objets extérieurs. C'est sur le vide que se fixe le Dao. Le vide, c'est l'abstinence de l'esprit[1]. »

Cette abstinence de l'esprit proprement taoïste, malgré la caution de Confucius, se retrouve dans une autre anecdote de Zhuangzi, relative au prince Wenhui et à son boucher. Quand celui-ci dépeçait un bœuf, il enfonçait son couteau selon un rythme qui évoquait celui de musiques célèbres. Le voyant un jour à l'œuvre, le prince s'extasie et l'interroge sur son art. Le boucher dépose son couteau et répond :

> J'aime le Dao et ainsi je progresse dans mon art. Au début de ma carrière, je ne voyais que le bœuf. Après trois ans d'exercice, je ne voyais plus le bœuf. Maintenant c'est mon esprit qui opère plus que mes yeux. Mes sens n'agissent plus, mais seulement mon esprit. Je connais la conformation naturelle du bœuf et ne m'attaque qu'aux interstices. Si je ne détériore pas les veines, les artères, les muscles et les nerfs, à plus forte raison les grands os ! Un bon boucher use un couteau par mois parce qu'il le brise sur les os. Le même couteau m'a servi depuis dix-neuf ans. Il a dépecé plusieurs milliers de bœufs et son tranchant paraît toujours comme s'il était aiguisé de neuf[1]… »

Pour Zhuangzi, le sage est celui qui accède à la plus haute vérité, à ce par quoi les choses viennent à l'existence. La notion de « ce par quoi » *(suoyi)* joue également un rôle important dans le confucianisme, mais seuls les taoïstes, à la suite de Zhuangzi, soulignent l'importance de la nescience, ou inconnaissance, pour y parvenir. La connaissance ordinaire, telle que la prônent les confucianistes, ne saurait comprendre ce qui la rend possible. Cette voie négative allait constituer une veine profonde de la pensée chinoise et influencer notamment la non-pensée du Chan.

Un des apologues les plus célèbres de Zhuangzi est celui de Hundun (Indistinction, le Chaos primordial) :

le seigneur du centre, Hundun, avait deux amis, le souverain de la mer du Nord et celui de la mer du Sud. Un jour, ces deux personnages, s'étant rencontrés au pays de Hundun, qui les avait traités avec beaucoup de bienveillance, voulurent le récompenser de son bon accueil et se dirent : « L'homme a sept orifices pour voir, écouter, manger, respirer. Hundun n'en a aucun. Nous allons lui en percer. S'étant mis à l'œuvre, ils lui firent un orifice par jour. Au septième jour Hundun mourut[1]. » Du chaos était né le cosmos, du corps sans organe le corps symbolique. Il existe dans le Chan/Zen un type de *stūpa* (monument funéraire) dit ovoïde ou sans jointure qui symbolise le corps du défunt rendu parfait par la mort (assimilée à l'éveil), le chaos auquel il a fait retour. Le maître Chan Zhongfeng Mingben (1263-1323) compare l'enseignement du Chan à Hundun :

> Quelqu'un vint et donna un coup sur la tête du Chan, un autre sur les pieds du Chan ; un troisième dans le cœur du Chan. Finalement, quelqu'un d'autre vint et mit trois points par-dessus les trois marques (ainsi faites). A y regarder de près, le Chan ainsi orné n'a plus aucune ressemblance avec sa face originelle. Par la suite, d'autres vinrent et ajoutèrent de nouvelles marques à celles qui s'y trouvaient déjà. Parfois ils les plaçaient au mauvais endroit, et ils commencèrent à se critiquer les uns les autres et à donner des noms à ces marques, les appelant « Chan du *Tathāgata ou Buddha*) », « Chan des patriarches », « Chan littéraire », « Chan hérétique », « Chan des Auditeurs », « Chan mondain », [...] « Chan des cris et coups de bâton[2]. »

Mingben critique ici les tentatives pour classifier les

enseignements du Chan en un système doctrinal, une hiérarchie, au lieu de montrer que le Chan, en son essence proprement chaotique, excède toute hiérarchie. Mais sa comparaison du Chan avec le chaos primordial manque en partie sa cible, car le Chan dont il est ici question a déjà des yeux, des pieds, etc., alors que cette différenciation organique du corps originellement « sans organes » est dans la parabole de Zhuangzi la cause même de la mort de Hundun. Mingben tombe sous le coup de sa propre critique, dans la mesure où son discours laisse des marques sur le corps lisse du Chan. La métaphore corporelle trouve un étrange développement chez un maître Zen ultérieur, Manzan Dōhaku (XVIIIe siècle). Ce dernier compare les neuf écoles bouddhiques de son époque aux neuf orifices du corps, et le Zen au cœur central. Il omet toutefois de préciser quelles écoles correspondaient selon lui aux orifices inférieurs.

À côté du Chan, l'autre forme de bouddhisme qui, tout en restant très indienne, eut la plus grande influence sur la culture chinoise, est sans doute le tantrisme (ou « Véhicule de Diamant », Vajrayāna). C'est d'ailleurs en grande partie par son intermédiaire que la culture indienne s'est diffusée à travers l'Asie, jusqu'au Japon, qui lui emprunta son système phonétique. L'école du Zhen'yan, ou école des Mantras, devint même sous les Tang l'orthodoxie bouddhique chinoise, avant de se heurter à l'anticléricalisme confucéen. Contrairement au Chan, elle ne se remit jamais de la grande persécution de 845. Le tantrisme ne disparut cependant pas aussi vite, ni aussi complètement, de la scène chinoise qu'on le pense d'ordinaire. Il fut réintroduit dans sa version tibéto-mongole sous la dynastie des

Yuan au XIIIe siècle. C'est ce bouddhisme lamaïque que put observer le jeune Marco Polo. En outre, une partie des rites et des croyances tantriques fut assimilée par la religion populaire et le taoïsme. Rien d'étonnant à cela, puisque les pratiques tantriques présentaient de nombreuses affinités avec les pratiques sexuelles taoïstes, notamment l'alchimie et l'« art de préserver l'essence vitale ». Les deux doctrines firent l'objet des mêmes attaques de la part d'un confucianisme prude et rationaliste, soucieux de détruire les superstitions. Mais les idéologues confucéens se heurtaient sur ce point à la fascination des souverains chinois pour les pouvoirs spirituels et magiques. Même s'il a pratiquement disparu de la scène religieuse en tant qu'école, le tantrisme continue à affirmer sa présence dans le taoïsme et ses rituels, dans le théâtre chinois, et jusque dans la religion populaire.

Il faudrait pouvoir s'étendre sur la contribution chinoise à la philosophie bouddhique (ou l'inverse : la contribution bouddhique à la philosophie chinoise), et notamment la production philosophique considérable des diverses écoles bouddhiques chinoises. On pourrait ensuite passer aux contributions japonaises. Il faudrait également faire une place aux contributions littéraires ou mythologiques : les « fous » du Chan ou du tantrisme, la pensée dialogique, le motif de la transgression. Mais ce serait l'objet d'un autre livre.

De l'empire du Milieu à l'empire de soi-même

> Au fond, ce n'est ni l'Europe ni la Chine que je suis venu chercher ici, mais une vision de la Chine. Celle-là, je la tiens et j'y mords à pleines dents.
>
> (Victor SEGALEN)

Si François Jullien tend à réduire la pensée chinoise au confucianisme et à faire l'impasse sur le bouddhisme, c'est surtout par enthousiasme pour une tradition particulière, et parce qu'il est de ces érudits dont on peut dire, en citant Mencius, qu'ils sont comme l'eau, laquelle, tant qu'elle n'a pas rempli les cavités sur son passage, ne coule pas plus loin. Mais dans son « oubli » du bouddhisme chinois, la sinologie actuelle est l'héritière d'une longue tradition chinoise qui, dans la mouvance du confucianisme (et du taoïsme), considérait cette doctrine comme une vulgaire hérésie, ou pire, une religion barbare. Cette tradition a trouvé en Occident des chantres particulièrement éloquents, dont le moindre n'est pas Victor Segalen.

Dans un chapitre de *Chine : la grande statuaire* consacré à l'art des Wei, Segalen s'étend complaisamment sur ce qu'il appelle « l'hérésie bouddhique » et son influence délétère sur ce royaume. Les mêmes analyses sont reprises dans un autre ouvrage, *Résultats archéologiques en Chine occidentale*, où le royaume des Wei se voit reproché de s'être mis en marge de l'histoire chinoise en accueillant « l'hérésie capitale de la Chine, la faute, l'esclavage… Le bouddhisme ». Visitant le haut lieu bouddhique de Yungang, il n'y trouve que « répétition d'un type monotone ». Longmen, autre grand site rupestre bouddhique, n'échappe pas à ses sarcasmes : « En somme, dans cette grotte, tout ce qui est bouddhique pur est *laid*. Ce qui est décor est fort intéressant. Ce qui est Chine laïque est *beau*. » Le site même n'est à l'en croire qu'un monumental gâchis : « La montagne, la pure montagne avec ses coupes, ses lois, son "ordre" architecturé, n'était plus qu'une éponge vidée, un terrain putréfié par le travail de l'homme[1]. »

Même jugement sur la statuaire bouddhique non

monumentale, que les Occidentaux prisent en la croyant à tort chinoise : « On attribua à ces produits de l'apostolat hindou une valeur autochtone. Comme, pour la première fois, elles représentaient l'homme dans la pierre, on regarda surtout ce qui est l'apanage de l'homme : le visage. On leur fut reconnaissant d'introduire dans l'"art chinois" la face humaine. Mais ces faces de bouddhas inexpressives par nature et par dogme, ne pouvant les dire belles dans la matière, on leur donna la beauté de l'esprit : on les doua de "spiritualité". Ce fut l'extase. Les marchands firent le reste[1]. » D'une critique esthétique de l'art bouddhique, Segalen passe à une critique du bouddhisme en général, dont il oppose la décadence présente au pur enseignement de son fondateur. Dans ses « Notes pour un essai sur la sculpture chinoise », il écrit :

> Considérer le Bouddhisme en Chine comme une maladie de la pensée chinoise ; comme une maladie des Formes chinoises. – Doubles emprunts, triples emprunts, cascadant les uns sur les autres. – L'origine pure en est le canon du Sud. – Puis les légendes du Nord ont déjà déchaîné tous les dieux aux attributs contournés. La grande salade se brasse bien déjà. On n'y comprendra plus rien, bientôt ; ou, pis encore, on y comprendra tout : ce sera une religion. Une religion du style « pour faibles », une pilule pour les déshérités[2] !

Déjà, dans son *Journal des Iles*, lors de son passage à Ceylan (Sri Lanka) en 1904, Segalen, outré par la dévotion des Cinghalais envers la relique de la dent du Buddha, notait : « Du maître je redescends, car c'est vraiment une chute, au culte, aux manifestations populacières, aux reliques. » Et il concluait : « Désormais donc je séparerai violemment le conglomérat informe des mythes, cycles, dénombrement d'années, des nombreux Bouddhas épisodiques, de tout cela qui encombre et écrase l'œuvre du Maître. Dommage vraiment qu'il n'existe qu'un seul mot : *Bouddhisme*, pour signifier de telles diversités, et que ce mot lui-même soit comique, trapu, ventru, pansu et béat. Alors je me dirai désormais : l'Enseignement de Siddharta : l'homme-qui-atteint-son-but[1]. » Durant ce séjour à Ceylan, Segalen avait rédigé un drame en cinq actes, « Siddhârta », qu'il proposa à Debussy, mais le projet échoua. Une telle dichotomie entre bouddhisme « originaire » et « superstitions » populaires fait violence à la réalité vivante du bouddhisme historique, au nom d'un idéal épuré et tout angélique. Car il n'y pas, il n'y a jamais eu de bouddhisme en dehors de ceux qui le pratiquent, et dans la réalité des faits ce qui nous semble relever de la « superstition » (par exemple le culte des reliques) fut avant tout l'œuvre de moines lettrés.

Le dégoût manifesté par Segalen pour la mièvrerie bouddhique s'éclaire d'un jour différent à la lecture du journal d'Augusto Gilbert de Voisins, l'ami qui l'accompagnait lors de son équipée archéologique en 1909. Ayant repéré dans un temple abandonné un magnifique Buddha de bois, les deux amis délibèrent :

> — Cette statue, il nous la faut ! nous ne la laisserons pas, comme un simple vase de bronze ! nous ne partirons pas sans elle ! nous en faisons le serment par un choix de paroles qui engagent l'honneur et nous lient. – Cela est fort bien, mais comment s'y prendre ? L'emporter ? la voler ? – Il nous serait impossible de soulever même ce bloc de bois ! – Soit ! nous lui couperons donc la tête ? On

> va chercher aussitôt une hache dans les bagages et nous entreprenons l'œuvre sacrilège. De toutes mes forces, j'assène le premier coup sur la nuque dorée et c'est à peine si j'entame ce bois séculaire. Vainement, nous nous évertuons. Segalen frappe à tour de bras, sans plus de succès; il s'essouffle, je m'exaspère, nos mains brûlent et le travail n'avance pas. Cela dure près d'une demi-heure et sans doute allons-nous renoncer, quand, pour nous mettre tout à fait à notre aise, deux paysans qui passaient sur la route entrent, soudain, attirés par le bruit.
>
> Nous nous sentîmes fort gênés, le cynisme ayant ses limites; nous le montrions, je pense, par des figures très confuses. Souiller un temple en dégradant la statue de son dieu, c'est là une action pour laquelle il n'est guère d'excuses, mais les arrivants, bien loin de témoigner leur courroux, leur indignation, se conduisirent, tout à rebours, d'une façon qui nous stupéfia : ils offrirent de nous aider! – D'abord, ils nous firent comprendre qu'il était oiseux de décapiter, debout, ce Buddha trop lourd. Ils le couchèrent sur le ventre, la tête sur un billot, glissèrent des cales sous ses côtes, le fixèrent par des tampons de paille, et, finalement, riant de notre maladresse, nous prirent la hache des mains. Quelques coups bien dirigés, des craquements, une atroce déchirure et ce fut fait, la décollation était consommée[1].

Les deux complices s'enfuient, emportant la tête dans leur sacoche. En cours de route, Segalen imagine une histoire, à partir de l'incident, et dont la fin atroce, nous dit Augusto Gilbert de Voisins, semble le soulager de son sentiment de culpabilité. Segalen reprend effectivement la scène de la décapitation dans une nouvelle des *Imaginaires* intitulée « La Tête », où il donne le beau rôle à un personnage autobiographique, Robert. La scène, insérée dans une histoire d'amour entre deux personnages, Robert et Annie, se termine de façon tout à fait rocambolesque. Robert raconte à sa compagne qu'au retour de cette randonnée, à la nuit tombante, une chute de cheval fit que la tête tomba, roulant sur la pente avant de disparaître dans un ravin. Lorsque Robert se pencha sur celui-ci, il aperçut la Face souriante qui montait doucement vers lui. Elle devint peu à peu virtuelle et finalement, se retournant, s'identifia avec son propre visage, lui communiquant la connaissance suprême. C'est cette connaissance que Robert propose maintenant de partager avec la femme qui l'écoute, captivée.

L'incident de la statue décapitée est également raconté dans une lettre (datée du 29 août 1909) de Segalen à sa femme (l'Annie de la nouvelle), lettre écrite au terme d'une « journée délicieuse ». Dans les lettres suivantes, il n'est plus question que de la nouvelle dont cet incident fut la cause. Segalen envisage même à un moment d'écrire un « roman bouddhiste se passant dans un milieu contemporain », la découverte du bouddhisme par deux amants, et la sublimation de leur amour en renoncement. Titre provisoire et superbe : *Initiation de N. S. le Bouddha*, qui deviendra un peu plus tard *Imitation du Bouddha*, avec un retournement de situation qui en dit long sur un Segalen tiraillé entre spiritualité et sexualité : « Sa fin devient poignante : s'ils ne renoncent pas à leur grand amour, ils vont démériter, tomber dans des vies plus basses, descendre peut-être jusqu'aux enfers bouddhiques qu'ils imaginent pour la première fois... N'importe, ils y descendront en s'aimant[1]. »

On pourrait relever au passage les écarts significatifs entre la version « journalistique » de A. G. de Voisins et les versions romanesques et épistolaires de Segalen, la sublimation de la culpabilité par un sublime facile, la transformation du sacrilège en transgression supérieure qui débouche sur la fusion du coupable et de la victime en une illumination ultime. Mais on retiendra surtout l'idéalisation du Buddha indien et de sa pure « spiritualité », qui s'accompagne dans la réalité d'un mépris profond et d'une profanation sans remords du bouddhisme chinois dans ses aspects cultuels. Car, dans la mesure où ce bouddhisme chinois est perçu comme n'étant ni proprement chinois, ni proprement bouddhique (puisqu'il n'est plus indien), comme n'étant par conséquent plus sacré, on ne peut pas non plus le profaner. Il n'est rien, ou devrait n'être rien – il n'y a donc aucun mal à le vouer, de manière passive ou active, à l'oubli, à l'inexistence dont il n'aurait jamais dû sortir. On voit les ravages que peut exercer une certaine conception trop conservatrice et idéaliste du bouddhisme.

Une pensée hybride

Le bouddhisme « philosophique »

La philosophie se définit d'ordinaire comme un discours rationnel, autonome, indépendant de toute autorité religieuse, ce qui n'est pas le cas de la pensée bouddhique. Pourtant, Nāgārjuna (IIe-IIIe siècle), Candrakirti (VIIIe siècle) ou les autres logiciens bouddhiques supportent la comparaison avec leurs homologues occidentaux. Certes, le bouddhisme reste une quête spirituelle, et on cherche souvent à discréditer les penseurs bouddhiques parce qu'ils avancent sur un terrain où les « vrais » philosophes refuseraient de s'aventurer. Mais dans ce cas, il faudrait admettre que Socrate et Platon n'étaient pas vraiment des philosophes, ni Augustin, Spinoza, Pascal, Nietzsche, Kierkegaard, ou Bergson. Il faut récuser ce système du deux poids, deux mesures, ou bien, comme nous allons le faire ici, y inclure les deux vérités bouddhiques. La notion de double vérité devrait nous conduire à dépasser le vieux dilemme de la foi et de la raison, et permettre de redécouvrir la « pensée du dehors » bouddhique, à savoir la « raison des gestes » et la pensée rituelle.

La pensée du Buddha, tout comme celle de Descartes selon Maurice Merleau-Ponty, « est une de ces institutions qui, à mesure qu'elles durent, ne cessent de s'accroître et de transformer en elles-mêmes les événements avec lesquels elles sont confrontées, jusqu'à ce que, insensiblement, le mouvement s'inverse, et que l'excès des situations et des rapports inassimilables pour elles sur ceux qu'elles peuvent absorber les altère, et suscite une autre forme qui pourtant n'aurait pas été sans elles[1]. »

Les premiers historiens européens ont cherché à retrouver le Buddha historique sous les embellissements de la tradition. Mais ce Buddha « minimal » n'est qu'une fiction, occidentale de surcroît, qui n'a même pas la légitimité des fictions autochtones et affiche à leur égard une arrogance typiquement orientaliste. Il faut sortir d'une certaine tradition érudite qui prétend remonter aux sources, croyant de ce fait en savoir plus long que les bouddhistes eux-mêmes sur la personnalité réelle du Buddha et sur ce que le bouddhisme serait vraiment. En reconstruisant la vie du fondateur et sa doctrine originelle, les orientalistes du XIXe siècle faisaient d'une pierre deux coups : d'une part ils montraient à quel point les peuples bouddhiques qu'ils venaient de coloniser avaient déchu, dans leurs grossières superstitions, de leur philosophie première, à quel point donc ils avaient maintenant besoin des Lumières européennes; dans le cas de l'Inde, ils établissaient par exemple un contraste entre le rationalisme bouddhique et le ritualisme hindou. D'autre part, ils trouvaient dans l'éthique rationnelle du bouddhisme une religion selon leur cœur : le Buddha devenait le modèle du libre-penseur qui n'hésite pas à s'opposer aux traditions séculaires, rejetant tous les déterminismes sociaux, et le bouddhisme une religion de l'individu, dont le rationalisme formait un contraste éclairant avec le christianisme (en particulier, le catholicisme ritualiste).

À vrai dire, les historiens occidentaux ne sont pas toujours seuls responsables sur ce point, car on retrouve dans les élites religieuses autochtones une tendance semblable à nier tout ce qui, dans la tradition bouddhique, semble un tant soit peu mythologique, rituel ou métaphysique, et à insister au contraire sur les aspects proprement rationnels, philosophiques, psychologiques ou éthiques, du bouddhisme. Ces auteurs modernistes, issus pour la plupart des classes moyennes cultivées, cherchent en toute bonne foi à redéfinir le bouddhisme comme une religion de la raison et à rejeter la cosmologie et le culte bouddhiques comme des superstitions éculées. L'apologie du bouddhisme « philosophique » est tout à fait justifiable lorsqu'il s'agit de faire reconnaître le bouddhisme comme un mouvement de pensée à part entière. Toutefois, elle devient problématique lorsqu'elle prétend s'en tenir à une approche étroitement rationaliste, démythologisante et anti-ritualiste, méconnaissant ainsi ce que le bouddhisme est, ce qu'il a toujours été. Elle n'oublie qu'une seule chose, c'est que mythologie, métaphysique et rituel forment un tout vivant, et que sans eux, les « trois joyaux » bouddhiques – le Buddha, le *Dharma* (Loi ou doctrine), et le *Saṅgha* (communauté) – perdent leur valeur aux yeux mêmes des fidèles. Le bouddhisme, ainsi reconstruit (ou plutôt dénaturé), est devenu un objet de musée.

La question de savoir si le bouddhisme est en son essence (à supposer qu'une telle essence existe) une doctrine « philosophique » repose bien évidemment sur le type de matériaux utilisé. Sur ce point, Paul Mus a bien montré que la recherche, dès lors qu'elle menait de front l'étude des monuments et des textes, pouvait fournir toutes sortes de données concernant certains aspects non secondaires (mythes, symboles, rituels) de la religion, qui confirment la ressemblance entre le bouddhisme et les autres religions. Inversement, en lisant les documents textuels, non plus comme des réservoirs de « sagesse orientale », mais comme des « monuments » reflétant une certaine forme de culture, on est conduit à replacer le bouddhisme dans son contexte culturel et sociopolitique.

Une approche objective du bouddhisme ne doit pas reculer devant les aspects gênants. Dans la réalité vivante du bouddhisme, le philosophique et le religieux, le rationnel et le magique, le profane et le sacré vont de pair, voire se confondent – n'en déplaise à notre esprit logique. Le bouddhisme en tant que voie du milieu entre les extrêmes dépasse justement la traditionnelle opposition entre philosophie et religion. Il n'est pas seulement une philosophie, ou seulement une religion, mais *à la fois* l'une *et* l'autre, ou bien encore *ni* l'une *ni* l'autre. Car on peut être religieusement philosophique, ou philosophiquement religieux. Mais les implications de cette logique quadrilatérale ne sont pas toujours suffisamment claires. Pour éviter certaines des impasses auxquelles nous conduit l'accent exclusif sur la « philosophie » bouddhique indienne, il nous faut construire notre objet autrement, en mettant notamment l'accent sur les influences chinoises et japonaises. « L'Inde l'a produit, l'Inde l'expliquera », disait Mus en parlant du bouddhisme. Eh bien non, l'Inde ne suffit plus à l'expliquer, même s'il ne peut se comprendre sans elle.

La philosophie, ce prétendu « amour de la sagesse », est parfois une peur de la vérité, une fuite devant le réel, un exemple de ce que les Chinois appellent « aimer les dragons en peinture ». L'expression renvoie à l'anecdote sur ce peintre chinois qui n'aimait rien tant que peindre des dragons et y avait acquis une telle habileté que ses dragons paraissaient vivants. Ayant appris la chose, un roi-dragon décida, pour le récompenser, de se manifester à ses yeux. Mais cette vision bouleversa tellement notre peintre qu'au lieu d'en profiter pour reprendre ses tableaux d'après nature, il s'enfuit sans demander son reste. Son intérêt pour les dragons n'était qu'une illusion. Mais un tel intérêt, même s'il n'est que conventionnel et illusoire, peut à l'occasion mener vers le réel, il est la seule chance d'attirer un dragon.

La philosophie ou la sagesse, comme le rêve, peuvent aussi être les gardiens du sommeil. Malgré son rejet de toute métaphysique, le philosophe reste fasciné par ce jeu de société qu'on nomme philosophie. L'éveillé, au contraire, est celui qui a touché le fond, qui s'est établi sur le socle granitique du réel. Il n'est plus dupe de la fascination des philosophes pour la philosophie, ni de celle des sages pour la sagesse. Il ne joue plus – ou plutôt, s'il joue, c'est en « connaissance de cause ». Mais cela ne revient-il pas à dire qu'il ne sait plus vraiment jouer, car il a perdu pour toujours le goût du jeu, l'immersion dans le jeu, l'*illusio*? Un saint triste, bouddhique ou non, est un triste saint. Que dire alors d'un buddha? Aussi le buddha émacié du premier bouddhisme, contempteur du monde, a-t-il cédé le pas aux buddhas souriants du Mahāyāna, et, encore un pas, au buddha hilare et ventru de la tradition sino-japonaise (en chinois Budai, en japonais Hotei). Alors que ses collègues indiens restent la plupart du temps assis en méditation, on voit souvent Budai flâner sur la place du marché, au milieu du tumulte mondain. C'est là aussi un des thèmes chers au taoïsme : les immortels taoïstes sont des habitués de la grand-place, et rien ne les distingue de l'homme du commun, sauf, à qui a des yeux pour voir, leurs pupilles carrées.

La religion et le sacré bouddhiques

Le moment est venu de changer de cap. Il faut maintenant affirmer l'importance du bouddhisme comme système religieux et culturel, mais surtout, au-delà de cet aspect, la nécessité d'une approche inclusive. La plupart de ceux qui ont abordé la doctrine bouddhique en philosophes n'y ont vu, précisément, que de la philosophie. D'autres, abandonnant par réaction toute rationalité philosophique, se sont attachés à mettre en valeur le caractère irrationnel, mystique, de certaines formes de bouddhisme, et n'y ont vu que du feu. Cette tendance explique l'attrait qu'ont exercé le Zen ou le tantrisme tibétain dans la contre-culture des années soixante et chez ses épigones du New Age. Dans les deux cas de figure, le bouddhisme ainsi recréé dans les cénacles occidentaux n'a souvent que peu à voir avec la réalité. Pour une religion, le bouddhisme est plutôt philosophique, mais, pour une philosophie, il est extrêmement religieux. Comme disait Anicet Bourgeois : « Pour une année où il y a des pommes, il n'y a pas de pommes ; mais pour une année où il n'y a pas de pommes, y a des pommes. » Même les plus grands philosophes ou logiciens bouddhiques, comme Nāgārjuna ou Candrakīrti, inscrivent leur « réduction par l'absurde* » dans un contexte religieux – ce qui, évidemment, constitue un vice de raisonnement rédhibitoire, presque une faute de goût, aux yeux de nos philosophes et logiciens. On s'ef-

* Réfutation d'une thèse en montrant l'absurdité de ses conséquences nécessaires et leurs effets pervers.

force d'oublier activement cet aspect de leur pensée, comme on s'efforça longtemps d'occulter le *daimon* de Socrate, ou la fascination d'un Kepler pour la « musique des sphères » et autres thèmes occultistes.

L'alternative scolaire – philosophie ou religion ? – n'a guère de sens en ce qui concerne un bouddhisme par nature pluriel. Philosophie et religion ne peuvent être maintenues séparées que selon une perspective ethnocentrique, dont précisément la pensée non dualiste du bouddhisme nous permet de nous détacher. Il faut d'ailleurs bien voir que cette question n'est pas tout à fait neutre, elle implique souvent un déni du religieux. Si je continue de la poser, au lieu de simplement la déposer, c'est parce qu'il nous reste encore à penser certaines de ses implications, qui continuent à faire obstacle à une meilleure compréhension du bouddhisme.

En 1904, les moines de Sri Lanka (alors Ceylan) adressèrent la pétition suivante au roi d'Angleterre Édouard VII : « D'après les lois du Buddha, le laïcat ne fait pas partie de la religion. Les membres du saṅgha sont les seuls représentants vivants du bouddhisme sur terre. » Cette déclaration, ou d'autres du même type, a été battue en brèche tout au long de l'histoire du bouddhisme. Il faut dire aussi que la frontière entre moines et laïcs est bien moins étanche que dans le christianisme. Un moine bouddhique peut aisément renoncer au monachisme. En Thaïlande, par exemple, l'entrée dans les ordres est perçue comme un rite de passage obligatoire pour tous les jeunes hommes, mais elle est dans la plupart des cas temporaire. Il n'y a aucune honte à se défroquer. Au Japon, les moines se marient et ont une sexualité parfois très active, et on trouve entre moines orthodoxes et laïcs toutes sortes de statuts intermédiaires. Le bouddhisme est certes une religion cléricale et à tendance ésotérique marquée. Mais il faut noter toutefois l'importance croissante des laïcs dans le Mahāyāna, et notamment dans le Chan. Cet idéal laïc, représenté par Vimalakīrti, le « maître de maison » idéal, se heurte parfois aux résistances du clergé.

L'intérêt actuel pour le bouddhisme ferait-il partie de ce qu'on nomme un peu vite le « retour du religieux » – qui n'est pas, tant s'en faut, le retour des religions constituées ? L'aspect quelque peu théâtral de ces fausses sorties et de ces prétendus retours (du type « mort de l'homme » et « retour de l'individualisme ») suggère qu'on est encore dans le domaine du mythe plutôt que dans celui de l'histoire. Même si certaines de ses manifestations spécifiques peuvent sembler périmées dans leur outillage conceptuel traditionnel, le phénomène religieux semble défrayer la chronique d'une mort annoncée. Il se porte dans l'ensemble plutôt bien, dans la mesure où il relève de structures épistémologiques qui sont encore à l'œuvre dans notre modernité, qui même la définissent. Les religions non chrétiennes, et les cultes de toutes sortes avec lesquels on les amalgame parfois, reprennent (dirait-on si l'on était bigot) du poil de la Bête – ce qui ne fait guère l'affaire d'un christianisme qui prêche trop souvent l'œcuménisme du bout des lèvres.

L'expérience mystique et le sacré

Avant de décider dans quelle mesure le bouddhisme est religieux, voire constitue *une* religion, il importe de s'entendre à peu près sur ces catégories de *religion*, de *religieux* et de *sacré*. La diversité des phénomènes que recouvre le terme « sacré » ressort bien de la « définition » qu'en donne Ambrose Bierce dans son

Dictionnaire du Diable : « Dédié à quelque but religieux ; qui a un caractère divin ; inspirant des pensées ou émotions solennelles ; comme, le dalaï-lama du Thibet ; le Moogum de M'bwango ; le temple des Singes à Ceylan ; la Vache en Inde ; le Crocodile, le Chat et l'Oignon de l'Egypte ancienne ; le Mufti de Moosh ; le poil du chien qui mordit Noë, etc. »

La religion, ou les religions ? Le phénomène religieux, éminemment singulier, est aussi irréductiblement pluriel. Son domaine, longtemps sacré et secret, est devenu un terrain plutôt vague, terre d'élection des vagues à l'âme et des sciences imprécises, où l'historien et le philosophe des religions cherchent à planter leur drapeau, talonnés par le psychanalyste, l'anthropologue ou le sociologue. Les théories des religions sont heureusement moins nombreuses que les théoriciens. L'étude comparée des religions a fini par accréditer l'idée que les religions sont avant tout des faits culturels, des constructions symboliques, des systèmes de représentations qui méritent d'être étudiés en tant que tels. L'intérêt somme toute récent pour le rituel et pour le mythe a été accru par un agnosticisme diffus, sorte de polythéisme des valeurs qui implique un recul de la foi et rend possible un certain détachement. On peut désormais affirmer la valeur du phénomène religieux, précisément parce que la religion n'a plus guère de prise sur notre société. L'athéisme militant, prométhéen, caractéristique de la pensée scientifique ou philosophique du siècle passé, est du même coup ressenti comme une faute de goût. L'attraction intellectuelle pour « les » religions n'est que l'autre face de notre distanciation vis-à-vis de « la » religion de l'Occident, le christianisme. Le regain d'intérêt pour le spirituel implique une sécularisation. La connaissance désintéressée du phénomène religieux découle de ce désintérêt premier, lointain effet des Lumières, dont elle a perdu la vigueur combative, pour n'en conserver que le désir louable (mais assez abstrait) de comprendre l'humain.

Racines indo-européennes

Commençons comme il se doit par l'étymologie. Force est de constater que, n'en déplaise à ceux qui avancent l'hypothèse d'un *homo religiosus*, il n'existe pas dans les langues indo-européennes de terme commun pour « religion ». En tant qu'institution, la religion n'était pas encore nettement séparée des autres (droit, etc.). Le religieux était partout, il n'était pas encore perçu comme sphère séparée, sacrée. C'est le même phénomène qui faisait dire aux missionnaires chrétiens qu'il n'y avait pas de religion en Chine. Pour nous cependant, comme le note Jacques Derrida, penser « religion », c'est penser le « romain ».

Benveniste a remis en question la vieille étymologie (quasi religieuse) qui reliait *religio* à *ligare* (lier), au profit d'une autre plus ancienne, déjà avancée par Cicéron, qui explique *religio* par *legere*, « cueillir, rassembler[1] ». Loin de désigner la « religion » dans son ensemble, *religio* désigne à l'origine l'attitude scrupuleuse du devin à l'égard de l'oracle. Il s'agit donc d'« une hésitation qui retient, un scrupule qui empêche ». D'où *religere*, « recollecter », c'est-à-dire « reprendre pour un nouveau choix, revenir sur une démarche antérieure ». C'est là, conclut Benveniste, une bonne définition du « scrupule » religieux. En ce sens, on peut dire que Socrate, avec les scrupules que lui dicte son *daimon*, est l'homme parfaitement religieux au sens romain. Mais comment expliquer le succès de l'autre étymologie, dérivée de *religare*, qui souligne dans la religion le lien – avec le divin ou avec les autres hommes ? Selon Benveniste, « c'est que le contenu même de la *religio* a changé. Pour un chrétien, ce qui caractérise, par rapport aux cultes païens, la nouvelle foi, c'est le lien de la piété, cette dépendance du fidèle vis-à-vis de Dieu, cette *obligation* au sens propre du mot. Le concept de *religio* est remodelé sur l'idée que l'homme se fait alors de sa relation avec Dieu ; idée toute différente de la vieille *religio* romaine et qui prépare l'acception moderne[1] ».

La notion de sacré, dans les langues indo-européennes étudiées par Benveniste, a un champ sémantique bien différent de celle de religion, et là encore on est frappé par la diversité des termes qui en désignent tel ou tel aspect. On y trouve le sens de gonflement, plénitude, et par extension prospérité. L'être ou l'objet sacré est l'être gonflé d'une force débordante ou surnaturelle, exubérante et fécondante, donneuse de vie. En latin, en revanche, les choses changent. C'est là que se manifeste l'opposition entre sacré et profane, si évidente pour nous depuis les travaux d'Émile Durkheim et de Mircea Eliade que nous tendons à en faire une polarité universelle. Du latin découle également l'ambiguïté du sacré *(sacer)*, « consacré aux dieux et chargé d'une souillure ineffaçable, auguste et maudit, digne de vénération et suscitant l'horreur ». Cette ambivalence oppose « sacré » *(sacer)* à « saint » *(sanctus)*, entendu comme résultat d'une sanction humaine, imposée par la loi[2]. La notion latine de « sacré », impliquant retranchement, mise au secret, séparation par une enceinte, avec son opposition au profane (ce qui est « en dehors du temple », *profanum*) ne recouvre pas la notion grecque, exprimée surtout par le terme *hierós*. Ce dernier désigne « une propriété tantôt permanente, tantôt incidente qui peut résulter d'un influx divin, d'une circonstance ou d'une intervention divine ». Le condamné à mort est aussi *sacer* que la victime sacrificielle, mais il n'est pas *hierós.* La diversité sémantique nous empêche donc d'accéder à une « préhistoire commune du sacré ». Toutefois, derrière la diversité des termes, on retrouve dans toutes les langues indo-européennes la même opposition entre d'une part, « ce qui est rempli d'une puissance divine », de l'autre, « ce qui est interdit au contact des hommes[1] ».

C'est le second sens qui domine dans la notion de sacrifice. L'analyse durkheimienne du sacré, dans *Les Formes élémentaires de la vie religieuse* (1912), doit beaucoup à l'étude de Henri Hubert et Marcel Mauss sur le sacrifice – elle-même inspirée par une monographie de Sylvain Lévi sur le sacrifice védique (fondé sur les *Veda*, écritures saintes de l'hindouisme). Cette filiation explique la part du lion qu'obtient le rituel védique dans la tentative de Hubert et Mauss de dégager un mécanisme général du sacrifice. Il est impossible d'entrer ici dans cette question extrêmement complexe. Disons simplement que leur analyse vaut surtout pour son objet principal, le sacrifice védique ; elle est déjà moins pertinente lorsqu'elle essaie d'étendre les données indo-européennes au sacrifice hébreu (et implicitement au christianisme), et elle s'égare dans ses généralisations anthropologiques. Une généralisation prudente est toutefois possible dans le cas du rituel bouddhique. Selon une opinion répandue, le bouddhisme indien se définit par un rejet tranchant du rituel védique. En quoi il n'est d'ailleurs pas si original que cela, puisqu'un même refus caractérise le védantisme, mouvement philosophique hindou qui reste dans la mouvance de la religion védique. L'ascète hindou est celui qui a « éteint ses feux », qui ne pratique donc plus le rituel du feu domestique. Mais, comme l'a bien montré l'indianiste Charles Malamoud, il s'est « cuit » lui-même, il a consumé ses passions et s'est offert en sacrifice. Il ne s'agit donc pas d'une négation du sacrifice, mais de son intériorisation, d'un rejet des sacrifices extérieurs au profit du sacrifice intérieur, dans le feu de la conscience. La même démarche caractérise le renonçant bouddhique, et en particulier le pratiquant du tantrisme. Là où certains ont cru voir une critique rationaliste du ritualisme védique, il faut donc voir plutôt sa sublimation. Même si dans certains cas cette sublimation débouche sur une négation pure et simple, un matérialisme de bon aloi, il s'agit là somme toute de tendances marginales.

Denier du culte ou culte du denier?

Kant, on l'a vu, considérait la soumission à un livre ou à un maître comme des formes typiques d'immaturité. Si la première forme de soumission est plus évidemment le fait des « religions du livre », elle se retrouve également ailleurs : toute religion est en son essence canonique. L'obéissance inconditionnelle à un personnage ou à une règle rappelle immédiatement certaines catastrophes récentes, dont les médias ont parlé d'abondance. Une des caractéristiques des cultes ou sectes est la dépossession de soi au profit d'un maître spirituel, un *guru* (littéralement « homme de poids »). Dans le bouddhisme, chacun est en principe responsable de son propre salut, et il n'existe pas, comme dans d'autres formes religieuses, de « transport spirituel à dos d'âne ». Dans la pratique, la vertu d'humilité entretenue chez les disciples se prête cependant assez bien à un culte de la personnalité qui semble aux antipodes de la maturité kantienne. Par quel étrange retournement de situation cette hétéronomie radicale pourrait-elle déboucher sur l'autonomie ? De jeunes plants ont besoin d'un tuteur, dira-t-on, ou bien : tout comme à l'armée, il faut d'abord avoir obéi pour être un jour capable de commander. À cela, les partisans de l'autonomie radicale répondent qu'il n'est jamais trop tôt pour penser indépendamment, et que la mise en dépôt de sa liberté risque de conduire, dans le cas de maîtres peu scrupuleux, à une banqueroute radicale. On ne prend pas d'actions en Bourse sur la vérité ou la liberté. Il n'existe malheureusement pas de critères objectifs pour discerner un vrai *guru* d'un charlatan. Même dans le Chan, les rapports de pouvoir ont de tout temps existé. Alors qu'en psychanalyse la cure ne peut en principe se produire sans un certain transfert sur la personne du psychanalyste, dans le domaine spirituel, les *guru* ont leurs partisans et détracteurs, même chez les maîtres. Ainsi Krishnamurti, qui passa sa vie à chercher à convaincre ses fidèles de ne pas l'idéaliser ; ou Linji, qui recommandait à ses disciples de ne pas se laisser berner par les prétendus maîtres – mais il s'agit bien sûr des autres, pas de lui. Comme Krishnamurti, Linji parle du haut de sa chaire – par compassion peut-être, mais non sans condescendance : qui sait s'il n'y entre pas une part de pouvoir ?

Les missionnaires chrétiens en Chine ne trouvèrent pas de religion, seulement un ensemble, à leurs yeux hétéroclite, de superstitions et de pratiques magiques (que l'on ne qualifiait pas encore, comme aujourd'hui, de religion populaire), ou encore des doctrines morales et métaphysiques – le confucianisme et le taoïsme « philosophique ». De ce dernier, dont ils méprisaient la contrepartie religieuse, ils ne retinrent que ce qui leur paraissait être un écho lointain ou une préfiguration de la vraie religion, la croyance en un principe unique et transcendant, le *dao.*

C'est un peu pour les mêmes raisons que l'on entend encore dire que le bouddhisme n'est pas une religion, mais qu'il y a d'un côté des superstitions et de la magie, marques de décadence ; de l'autre, au cœur de la doctrine, une philosophie et une morale. On retrouve ici le même geste pour séparer le bon grain de l'ivraie que chez James Frazer, Émile Durkheim, et tous ceux qui ont en vain cherché à distinguer la religion de la magie. Tout en prenant le contre-pied de Kant en cherchant à démontrer l'origine sociale de nos catégories de pensée, Durkheim demeure profondément kantien dans sa conception de la religion comme un phénomène essentiellement moral. Ce faisant, il projette sur d'autres temps ou lieux une conception de la morale qui est celle de la bourgeoisie des Lumières. Lorsqu'il décrit les rites des aborigènes australiens dans *Les Formes élémentaires de la vie religieuse*, il cherche en fait à comprendre les mécanismes les plus simples de cohésion sociale pour en tirer des leçons destinées à réformer la société moderne. Durkheim, écrit l'historien américain Dominick LaCapra, « devint le Platon des Blackfellows australiens pour émerger comme le Docteur Angélique de la société consensuelle[1] ».

La « sortie de la religion »

L'idée que la religion implique au fond une sécularisation se retrouve chez divers auteurs. Mais c'est sans doute dans un ouvrage de Marcel Gauchet, *Le Désenchantement du monde*, qu'elle trouve son application la plus poussée. Dans son titre comme dans la démarche de sa pensée,

Gauchet s'inspire de Max Weber, lequel voyait dans le protestantisme une étape essentielle de ce processus de « désenchantement » *(Entzauberung)* du monde qui avait débuté avec le judaïsme ancien et qui, de concert avec la pensée scientifique grecque, rejetait comme autant de superstitions tous les moyens magiques d'atteindre au salut[1].

Le désenchantement commence quand le Dieu transcendant se désimplique du monde, comme c'est le cas avec le monothéisme (ce que Nietzsche appelait le « monotono-théisme »). La thèse principale de Marcel Gauchet opère un renversement copernicien. Il affirme en effet que l'avènement des « religions universelles », loin de représenter un progrès sur le plan religieux (comme le croyait par exemple le Bergson des *Deux Sources*), constitue au contraire autant d'étapes du relâchement, de la dissolution, de la remise en question du religieux. L'apogée du religieux se situerait dans les sociétés primitives, et non dans la société occidentale prémoderne. La religion universelle par excellence, le christianisme, est précisément celle au travers de laquelle a pu s'opérer la « sortie de la religion ».

Gauchet pose au départ de ce mouvement un événement plus ou moins historique, une sorte de grande secousse sociopolitique qui aurait mis fin au monde mythique, en ouvrant une différence irréversible au sein du mythe, puis entre le mythe et la raison. Les réponses à cet événement premier sont de deux sortes : celles qui s'efforcent, en pure perte d'ailleurs, de combler le fossé; et celles qui au contraire, comme le christianisme, le creusent. Le bouddhisme offrirait, dans ce schéma, l'exemple d'un compromis entre « altérité au monde et sauvetage de l'Un ». Il cherche à combler l'écart de deux manières, opposées quant au principe : soit en ménageant toutes sortes de médiations (gradualisme), soit en tenant cet écart pour nul et non avenu (subitisme). Au bouddhisme rationaliste et démythologisant s'oppose ainsi un bouddhisme ésotérique dont la distinction entre les virtuoses religieux et la masse des fidèles est censée refléter la « duplicité » constitutive du réel.

Les rapports du bouddhisme au mythe et à la raison sont aussi complexes et conflictuels que ceux des monothéismes. Le christianisme, par exemple, n'est religion de la distance entre les hommes et le divin que dans la mesure où l'on s'en tient à la formulation abstraite de la théologie, sans prendre en compte les manifestations de la piété populaire. Du côté protestant, on sait que Luther, tout en réclamant à cor et à cri la démythologisation (et démystification) du christianisme, refusait d'accorder la moindre place à la raison dans le domaine de la foi. Max Weber a cependant su mettre en valeur les tendances rationalistes du protestantisme. Alors que le sociologue allemand cherche dans l'éthique protestante les origines du capitalisme, c'est au sein même du catholicisme que Bernard Groethuysen voit émerger l'« esprit bourgeois ». C'est au XVIIe siècle, à l'heure de la controverse mystique, que la « sortie de la religion » s'est amorcée en France. Une des étapes principales de cette évolution est la controverse qui opposa les jansénistes aux jésuites sur la question de la nature de Dieu. Le Dieu tout-puissant des jansénistes dut céder le pas à un Dieu nouveau, celui des jésuites, qui s'accommodait mieux de la raison et de l'orgueil humains[1].

On sait le rôle important que les missionnaires jésuites jouèrent dans la propagation de la foi en Asie. Certains de leurs détracteurs se sont offusqués de ce que Matteo Ricci et ses successeurs soient parvenus à gagner l'estime (sinon la foi) des élites chinoises, non pas tant par la prédication des vérités saintes que par l'étalage de leurs connaissances scientifiques. La fameuse « querelle des rites » visait à discréditer la Compagnie de Jésus en révélant les compromis des missionnaires avec les coutumes chinoises : car les jésuites s'habillaient et se comportaient en tout point comme des lettrés confucéens, et arboraient le même mépris que ceux-ci à l'égard du bouddhisme. Toutefois, il s'agissait pour les défenseurs de la foi pure d'un combat d'arrière-garde. Les jésuites montraient en effet la voie du futur : tout en se réclamant du christianisme, ils le vidaient d'une partie de son contenu. Les philosophes ne s'y sont pas trompés qui, malgré leur anticléricalisme féroce, étaient de fervents lecteurs des lettres « édifiantes et curieuses » des missionnaires jésuites de Chine, dont ils partageaient le mépris des superstitions et de l'idolâtrie.

La sécularisation des sociétés occidentales a entraîné une diversification de l'offre religieuse. Il n'y a plus besoin, comme à l'époque de Durkheim et Bergson, d'« expliquer » la religion, car celle-ci s'est en quelque sorte dissoute sous l'effet de la connaissance historique et anthropologique : plus rien ne permet, d'une culture à l'autre, de discerner en toute certitude ce qui est religieux de ce qui ne l'est pas, encore moins de rassembler ces prétendus éléments communs pour en faire « la » religion, objet de prédilection d'un immuable *homo religiosus*. Le vague mysticisme qu'on parvient ainsi à construire n'a plus grande valeur explicative. Le recul du christianisme – dont la théologie s'est coupée du monde scientifique de la causalité, et la morale des réalités sociales – a laissé le champ libre à toutes sortes d'idéologies. Même si l'on ne veut voir dans le bouddhisme qu'une idéologie douce, celle-ci est peut-être l'une des mieux à même de combler l'écart entre le matériel et le spirituel creusé par le christianisme et élargi par le cartésianisme.

Le « retour du religieux »

Si pour Marcel Gauchet le monde moderne est porté par un mouvement qui entraîne la sortie inéluctable du religieux, Jacques Derrida, pour sa part, estime que la logique du religieux est en résonance avec celle de la technologie moderne. Dans « Foi et savoir », sa réflexion se développe dans le cadre formé par deux ouvrages, l'un de Kant *(La Religion dans les limites de la simple raison)*, l'autre de Bergson *(Les Deux Sources de la morale et de la religion)*. Cette réflexion a entre autres mérites celui de lier la question de la rationalité occidentale et de la « double vérité » de la religion. Derrida reprend le problème, posé par Kant, d'une compréhension rationnelle de la religion et du religieux. Il s'interroge sur le prétendu « retour du religieux » et les réactions violentes qu'il suscite de la part d'esprits « éclairés », ceux « qui croyaient ingénument qu'une alternative opposait d'un côté la Religion, de l'autre la Raison, les Lumières, la Science, la Critique (la critique marxiste, la généalogie nietzschéenne, la psychanalyse freudienne et leur héritage), comme si l'une ne pouvait qu'en finir avec l'autre[1] ».

Il ne s'agit pas en l'occurrence d'une simple alternative, d'un choix que chacun pourrait faire une fois pour toutes « en son âme et conscience ». Derrida examine notamment les rapports de la religion et de la pensée abstraite, ou ce qu'il appelle, de manière significative, le « mal d'abstraction ». Ces rapports ne sont pas simples, car la religion est par rapport à toutes les formes d'abstraction « à la fois dans l'antagonisme réactif et la surenchère réaffirmatrice[1] ».

Bien avant Bergson, Kant avait noté qu'il n'existe que deux sortes de religion, dont on peut regretter qu'elles soient si souvent confondues : d'une part, la religion de simple culte, religion dogmatique, éminemment intéressée, proprement immorale, à la recherche des « faveurs de Dieu » et de profits mondains; d'autre part, la religion morale, fondée sur une « foi réfléchissante », et préoccupée essentiellement de la bonne conduite de la vie. Seule cette dernière serait en parfait accord avec la raison pure pratique et l'impératif moral catégorique. Rien d'étonnant à ce que Nietzsche ait renvoyé dos à dos la morale kantienne et la morale chrétienne! Kant est pourtant en bonne compagnie dans sa définition « morale » de la religion et son choix du christianisme comme la « religion morale » par excellence. C'est également, relève Derrida, le point de vue de Voltaire : « Un peu à la manière de Kant, en somme, Voltaire semble penser que le christianisme est la seule religion "morale", puisqu'elle est la première à devoir et à pouvoir donner l'exemple. D'où l'ingénuité, parfois la niaiserie de ceux qui sloganisent Voltaire et se mettent sous son drapeau dans le combat de la modernité critique. » Quelle n'eût pas été la surprise de Kant et de Bergson d'apprendre qu'ils étaient au fond voltairiens...

Notons en passant que cette réduction de la religion à la morale, qui transforme tout le reste en superstition, est également typique de diverses formes de récupération du bouddhisme. Comme un christianisme réduit au Sermon sur la montagne, le bouddhisme est trop souvent réduit à une morale ou à un rationalisme désabusé. C'est surtout vrai du néobouddhisme répandu de nos jours par les partisans d'une doctrine mieux adaptée au monde moderne et épurée de tous ses éléments cosmologiques. Le Buddha serait ce sage éminemment pragmatique, qui prônait la tolérance et une sorte de stoïcisme avant la lettre. Toutefois, si la morale est une des composantes de la doctrine bouddhique, elle n'est ni la seule ni la principale. La conception moralisante de la religion implique que toute forme d'ésotérisme, *a fortiori* de religion orgiaque, ne soit qu'une résurgence de la magie et des bas instincts, une intrusion des forces démoniques (voire démoniaques) dans l'aire sacrée, sanctifiée. Mais le bouddhisme, dans son histoire, est massivement ésotérique. Allons même plus loin : il est fondamentalement « superstitieux » (au sens étymologique de *superstes*, celui qui survit, qui a vu et peut témoigner). La dévaluation rationalisante de la *superstitio* vient des Romains, qui, voltairiens avant la lettre, refusaient tout crédit aux cultes anciens. Le christianisme romain n'a fait sur ce point que reprendre les arguments et les préjugés de ses prédécesseurs à l'égard du paganisme.

Derrida, lui aussi, insiste sur la duplicité des origines de la religion. Mais il ne sépare pas, comme ses prédécesseurs, les deux sources : « Car ici l'origine est la duplicité même, l'une et l'autre[1]. » Il insiste sur le caractère elliptique, le double foyer de la religion, la double postulation contradictoire qui implique, d'une part le respect absolu de la vie, de l'autre, le sacrifice.

Monothéisme, athéisme, polythéisme

Dieu est mort, affirmait Nietzsche, qui ajoutait que la religion suivrait, quoique peut-être beaucoup plus tard. Il illustrait d'ailleurs son propos par le fait que le bouddhisme, comme ombre portée du Buddha, aït survécu plus de deux millénaires à son fondateur. Mais on ne peut exclure que la mort de Dieu et le prétendu retour du religieux ne soient que les deux aspects d'un même phénomène.

La foi comme l'incroyance sont des phénomènes éminemment sociaux, des *a priori* épistémologiques qui dépassent l'individu (voire le façonnent). Nous sommes, qu'on le veuille ou non, à l'ère du soupçon – mais cela ne suffit pas à faire du soupçon une vérité. Le doute que Nietzsche appliquait à l'adhésion irréfléchie pour la vérité vaut également pour le soupçon lui-même, mais un doute redoublé ne donne pas une certitude.

Saint Bernard disait : « Il n'y a pas de moyen terme, ou brûler toujours avec les impies, ou jouir toujours avec les saints. » C'est là une application du principe du tiers-exclu qui en vaut bien une autre. Dans cet univers manichéiste du « ou bien..., ou bien », les limbes où trouvaient refuge ceux qui ne sont ni impies ni saints ont disparu. Mais, dans l'hypothèse bouddhique d'un absolu non duel, il n'est même pas besoin de se repentir pour obtenir le salut. L'identité des contraires est bien exprimée dans « L'hérétique », une nouvelle de Jorge Luis Borges dans laquelle un Inquisiteur et son ennemi juré, l'hérétique, se révèlent n'être qu'une seule et même personne aux yeux de Dieu. De la même façon, athéisme et monothéisme, malgré leur opposition « radicale » et irréductible, sont peut-être deux cas de figure d'un même phénomène, caractérisé par le passage au plan de l'abstraction radicale, de la transcendance ou de la raison. On trouve dans les deux cas un même refus de toute médiation, un même idéalisme constitutionnel. Nayla Farouki, dans *La Foi et la Raison*, a su mettre en évidence les affinités profondes qui existent entre la rationalité occidentale et le monothéisme. Elle en tire toutefois des conclusions assez différentes des miennes. Car si, comme le soulignait Nietzsche, « le despotisme fraye toujours la voie à quelque monothéisme », l'inverse me paraît également vrai. Cependant, entre le tout ou rien du monothéisme et de l'athéisme, se dessine la voie moyenne du polythéisme.

Tout comme les trois grands monothéismes, le bouddhisme se présente à l'origine comme une religion de la transcendance. En effet, le *nirvāṇa* est sans commune mesure avec la sphère des naissances et des morts. De ce point de vue, la logique bouddhique semble s'opposer aux logiques païennes qui, même si elles admettent une solution de continuité entre l'ici-bas et l'au-delà, n'en font pas une coupure absolue. Toutefois, à la différence des autres grandes religions, le bouddhisme Mahāyāna en est venu à poser également l'identité (ni moniste ni dualiste) du relatif et de l'absolu, du *saṃsāra* et du *nirvāṇa*. Du même coup, il devenait une religion de l'« immanence transcendante ».

En dehors de ces modèles essentiellement théoriques, on trouve également dans la pratique religieuse du bouddhisme populaire une articulation du visible et de l'invisible, du profane et du sacré, qui en fait deux régions d'un réel au relief varié, deux secteurs topologiquement distincts mais reliés par d'innombrables passages. Le bouddhisme relève donc aussi en fin de compte d'une logique « païenne » ou polythéiste. Il a su redescendre de ses grands principes universalistes et abstraits vers une sacralité concrète, locale, immanente. Il est parvenu de la sorte à réaliser un compromis entre deux conceptions très différentes du sacré, et à retrouver des structures anthropologiques profondes, sous-jacentes aux diverses cultures asiatiques.

Religion, mystique et psychanalyse

Si la distinction bergsonienne entre les deux types de religion ou de morale fait problème, une autre distinction problématique est celle, héritée du christianisme, entre « vraie » mystique (ou mystique religieuse, de surcroît monothéiste), et mystique « sauvage » ou « naturelle » (fusion avec la nature, mais sans Dieu). C'est vers cette dernière que se tourne Henri Michaux, avec son expérience critique de la drogue – ce « misérable miracle » qui ne lui permet pas moins d'accéder à une véritable « connaissance par les gouffres ». Mais cette connaissance n'est qu'un aperçu, qui devra se compléter par une ascèse, dont la meilleure forme serait celle de certaines religions orientales comme l'hindouisme : « Ce qui, comme un cadeau, est venu sans efforts, et même par abandon des efforts, devra se retrouver par l'effort, par renonciation aux facilités et au naturel, voie du transcendantal. » Michaux dresse un contraste intéressant entre les monothéismes occidentaux et l'hindouisme. Mais ce qui l'attire dans ce dernier, c'est précisément son caractère prométhéen, une qualité à première vue bien occidentale (même si elle a surtout tendu à s'exprimer hors du domaine proprement religieux) :

> Par bien des côtés, elle [la religion hindoue] est à part, et vouée à un renouveau (une fois éliminés la plupart de ses dieux désormais inutiles). Pourquoi?
> Surtout parce qu'elle est *prométhéenne.* Elle part de l'homme conquérant des forces cachées. Pas seulement par le Yoga. Dans la plupart des livres sacrés se rencontre, égal des dieux, l'ascète, chercheur en lui des forces inapparentes de l'être[1].

Michaux insiste donc sur la volonté d'autonomie qui caractérise selon lui l'hindouisme (et que d'autres ont surtout attribuée au bouddhisme). C'est là ce qui expliquerait les affinités qui semblent exister entre la pensée indienne traditionnelle et celle de l'Occident moderne. Cette interprétation, du moins en ce qui concerne le bouddhisme, relève en partie d'un contre-sens, et je ne la mentionne que parce qu'elle est représentative. À l'exception de mouvements comme le Chan, la libération bouddhique n'a au fond que peu à voir avec l'autonomie individuelle, au sens moderne et occidental. Le bouddhisme n'est pas une doctrine « prométhéenne », et ne saurait en devenir une sans se renier. Même s'il implique un certain volontarisme (à la différence, par exemple, de l'éloge de la « spontanéité » tel qu'on le trouve dans certains courants de pensée chinois), il ne procède pas par effraction du réel, et n'enfonce que des portes entrouvertes (ou illusoires). L'idéal bouddhique, tel du moins que le définit le Mahāyāna, est de s'accorder avec l'« ainsité » des choses, la vacuité du réel. Ce n'est pas pour autant un mysticisme fusionnel.

Tous les mysticismes font la part belle au vide, mais tous les vides ne sont pas les mêmes : le vide bouddhique n'est pas celui d'un mystique chrétien comme Maître Eckhart. De même, on ne peut réduire à une seule et même réalité tous les monothéismes : le Dieu des chrétiens n'est pas Allah, quoi qu'en disent les intellectuels syncrétistes et autres théo-sophistes ; et il n'est pas non plus le *dao* des taoïstes, ni le Brahman des hindous. Pour reprendre la distinction de Nayla Farouki entre concepts antithétiques (qui se forment par simple antithèse de concepts empiriques (comme par exemple « immortalité » par opposition à « mortalité ») et concepts transcendantaux (construits de manière purement logique, sans égards pour le monde empirique), le concept de vide est-il antithétique, ou purement transcendantal (ou les deux) ? Il y a un vide qui est simple négation du plein, de la réalité objective, et un vide absolu, antérieur à toute détermination – tout comme il y a dans le taoïsme un non-être incommensurable à l'être et un non-être qui est source de l'être.

L'illusion freudienne

La mystique « sauvage » comme la religion établie ont trouvé en Freud un de leurs plus fervents critiques. Celui-ci aborde la question religieuse dans plusieurs ouvrages écrits vers la fin de sa vie, au terme d'un tumultueux parcours qui l'avait conduit de l'étude du système nerveux de l'anguille (1877) et de l'écrevisse (1882), et de la découverte des effets thérapeutiques de la morphine, à l'excavation des fondements de la civilisation humaine – en passant par la découverte de l'inconscient.

Dans *L'Avenir d'une illusion* (1927), Freud s'attache à démontrer le caractère foncièrement illusoire de toute religion. Il se demande ce qui fait la force de dogmes comme le *credo quia absurdum*, ou de la philosophie du « comme si » – toutes ces pratiques que nous observons sans y croire, mais en faisant « comme si » nous y croyions. Il suggère (ou plutôt affirme) que ces illusions sont l'accomplissement de souhaits anciens, et qu'il importe donc peu qu'elles soient fondées dans la réalité. Il évite ainsi d'aborder directement la question de leur vérité : vraies ou fausses, cela ne change en rien leur fonction psychologique.

En définitive, l'illusion religieuse lui apparaît comme la « névrose de contrainte universelle de l'humanité », névrose qui, comme celle de l'enfant, serait issue du complexe d'Œdipe, de la relation au père. Avec cette conclusion, il retombe dans les schémas évolutionnistes qui dominaient à l'époque : la religion, phénomène de croissance de l'humanité, est condamnée à disparaître avec la maturité de l'espèce. En succombant à cette névrose universelle, l'individu religieux parviendrait à éviter les névroses individuelles. Mais à quel prix : par « fixation violente d'un infantilisme psychique et inclusion dans un délire de masse ».

Quant à l'hypothèse, *horresco referens*, que la science puisse, elle aussi, être une illusion, Freud, après l'avoir envisagée pour la forme, lui oppose un ferme *Vade retro* : nous croyons, dit-il en substance à ses interlocuteurs imaginaires, que la science peut nous apprendre sur le réel quelque chose qui nous permettra d'accroître notre puissance et d'améliorer notre existence. Si cette croyance est une illusion, alors nous sommes dans la même situation que vous, mais, conclut-il aussitôt, tel n'est pas le cas, car la science nous a déjà suffisamment fourni la preuve du contraire par ses succès nombreux et significatifs. La circularité de son argument est significative : il n'aborde ni la question du sens ou de la vérité, ni celle de la fonction psychologique de la croyance scientifique, et se contente d'invoquer les résultats objectifs de la science. Et, comme pour se convaincre, il répète : « Non, notre science n'est pas une illusion. Mais ce serait une illusion de croire que nous pourrions recevoir d'ailleurs ce qu'elle ne peut nous donner[1]. » Nietzsche, de ce point de vue, fait montre de plus de perspicacité, lui qui pensait que « chaque époque a sa propre, sa divine naïveté, que d'autres époques lui envieront ». Non sans paradoxe pour quelqu'un qui s'est rendu célèbre par ses diatribes contre le christianisme, il ajoutait : « – et combien il y a de naïveté vénérable, puérile et infiniment balourde dans la croyance du savant à sa supériorité, dans la bonne conscience de sa tolérance, dans l'assurance aveugle et simplette qui lui fait traiter instinctivement l'homme religieux comme un type médiocre et inférieur d'humanité, qu'il aurait lui-même dépassé et surpassé[1]. »

Le sentiment océanique

Au reçu de *L'Avenir d'une illusion*, Romain Rolland écrivit à Freud que, tout en admettant le caractère illusoire de la religion, il regrettait que l'auteur ait oublié de prendre en compte certaines formes non institutionnalisées de religiosité, comme ce « sentiment océanique » dont il était lui-même coutumier et qu'il croyait partager avec des millions d'humains. Sur la base de ce sentiment, ajoutait-il, on peut se dire religieux alors qu'on récuse toute croyance et toute illusion. Freud fut frappé par le terme en question, qui, écrit-il dans une lettre datée de 1929, ne lui a laissé aucun repos. C'est même ce malaise qui l'incite à écrire *Le Malaise dans la culture*, dont il envoie en 1931 un exemplaire de la seconde édition à Romain Rolland, avec la dédicace : « A son grand ami océanique, l'animal terrestre S. Freud ». Dès le début de l'ouvrage, il avoue ne pas pouvoir découvrir en lui ce sentiment « océanique[2] ».

Au premier abord, un tel sentiment semble remettre en question la réalité du moi et son autonomie, et s'accorde assez bien avec la doctrine bouddhique, qui voit dans ce moi l'illusion fondamentale. Freud admet lui aussi que l'autonomie du moi soit un leurre, dans la mesure où le moi conscient s'ouvre vers l'intérieur sur l'inconscient; mais il maintient que, vers l'extérieur, le moi doit s'affirmer face au monde en traçant des frontières très nettes. Cette progressive démarcation caractérise le processus psychique par lequel l'enfant dépasse son « narcissisme primaire », son sentiment originel d'embrasser le monde entier, pour parvenir après bien des refoulements à accepter le « principe de réalité ». Freud admet cependant que cet état psychique originel, ce moi primaire, puisse s'être préservé, enfoui sous les strates psychiques ultérieures. Le sentiment océanique serait le désir de faire retour à ce narcissisme primaire, et son rattachement à la religion ne constituerait en somme qu'un phénomène secondaire.

Freud invoque également le témoignage d'un autre de ses amis qui lui assure que la pratique du yoga permet de redécouvrir des « états immémoriaux, et depuis longtemps recouverts, de la vie d'âme ». Mais c'est pour mieux s'en démarquer : « Il ne serait pas difficile d'établir ici des relations avec maintes obscures modifications de la vie d'âme, comme la transe et l'extase. Mais je me sens quant à moi poussé à reprendre à mon compte les paroles du Plongeur de Schiller pour m'écrier : "Qu'il se réjouisse, celui qui respire en haut/ dans la lumière rose!" » Freud se sent, dit-il, « poussé » – mais par quoi, justement? Il s'avoue contraint de se détourner de ces profondeurs, sans s'interroger sur une telle contrainte, fondée sur une crainte tout aussi profonde de transgresser quelque tabou ancestral. La suite du poème est significative : « Car en dessous, c'est l'épouvante,/ Et l'homme ne doit pas tenter les dieux/ Ni jamais, au grand jamais, désirer voir/ Ce qu'ils daignent couvrir de nuit et de terreur[1]. » Or c'est précisément une plongée de ce genre que Freud s'efforça toute sa vie d'opérer par des moyens analytiques. Dès lors, comment expliquer son mouvement de recul? À quoi rime cet empressement à nier, par une rhétorique scientifique (assortie de références poétiques) dont il est le premier à savoir ce qu'elle peut cacher, toute réalité au sentiment océanique ? Une telle dénégation constitue de toute évidence une tactique d'évitement qui relève précisément de la psychanalyse (ou, dirait un bouddhiste, une incapacité qui relève peut-être du karma).

Comme le note l'indianiste Michel Hulin, il existe entre Freud et Romain Rolland une étrange complicité pleine d'arrière-pensées[1]. Les protestations d'amitié de Freud détonnent sur le ton critique de ses lettres. Lorsqu'il écrit à Romain Rolland : « Combien me sont étrangers les mondes dans lesquels vous évoluez ! La mystique m'est aussi fermée que la musique », celui-ci n'est pas tout à fait dupe, et répond : « Je puis à peine penser que la mystique et la musique vous sont étrangères [...] je crois plutôt que vous vous en méfiez, pour l'intégrité de la raison critique dont vous maniez l'instrument[2]. » Romain Rolland avait bien senti que sa notion d'une religiosité « océanique » dérangeait Freud au plus haut point. Renvoyant la balle, il s'interroge à son tour sur la résistance de Freud : « Vous, docteurs de l'Inconscient, au lieu de vous faire, pour mieux le posséder, citoyens de cet empire illimité, vous n'y entrez jamais qu'en étrangers, imbus d'une idée préconçue de la supériorité de la partie dont vous venez [...] La méfiance que manifestent certains maîtres de la psychanalyse pour le libre jeu naturel de l'esprit, qui jouit de sa propre possession [...] trahit, à leur insu, une sorte d'ascétisme et de renoncement religieux à rebours[3]. »

L'interprétation à laquelle recourt Freud lui permet tout d'abord de se donner bonne conscience : s'il n'éprouve pas la sensation océanique, c'est simplement, à l'en croire, qu'il a conservé dans son organisation psychique moins de vestiges infantiles. Le phénomène mystique devient pour lui une simple fuite vers le « vert paradis des amours enfantines ». À la différence des taoïstes, qui voyaient dans le nourrisson l'image d'un état d'avant la chute dans la culture, Freud n'accorde aucune valeur de vérité à ces états infantiles. Il récuse l'idée d'un retour possible à ce moi originel, au terme d'un processus initiatique visant à désapprendre – comme dans ces conceptions bouddhiques et taoïstes qui visent à reconstituer en soi-même un embryon immortel et androgyne, en annulant la différence sexuelle. Pour Freud-le-circoncis, le désir de régression vers le sein ou la matrice maternels n'est qu'une coupable illusion. Même si, de nos jours, on peut remédier médicalement à la circoncision physique, cet événement rituel qui introduit l'enfant dans la société patriarcale et préfigure le sevrage maternel, la circoncision psychique, le clivage du moi, est irrémédiable. Le sujet clivé n'en revient pas. Freud aurait pu adresser la même critique à une conception assez répandue en milieu athée, selon laquelle l'homme ne fait que projeter en dehors de lui-même les forces de son propre moi, imaginant ainsi Dieu à son image. Pour Ludwig Feuerbach, par exemple, il s'agit de prendre conscience de cette projection afin de rassembler les éléments du puzzle de la conscience et d'opérer la réintégration du sujet. Pourtant, dans certaines définitions du « principe du Nirvana », Freud semble avoir envisagé que la psychanalyse pouvait mener à une sorte d'accomplissement, un passage au-delà du réel, de l'imaginaire et de l'illusion, par lequel le sujet se trouverait, comme le note André Akoun, « libéré de toute substance, de toute pesanteur, de toute figure quelle qu'elle soit[1] »

Il y a bien, en définitive, un « différend » des interprétations sur la religion. Aux tenants du « tout est social » s'opposent ceux de l'« expérience intérieure » de la transcendance. Pour ne reprendre qu'un exemple, l'analyse de Marcel Gauchet en termes d'« hétéronomie » auto-imposée, et son grand récit de la « sortie de la religion » comme un progrès vers l'autonomie, font parfaitement sens dans un certain cadre (non religieux) de pensée. Une telle analyse s'inscrit dans un système, dont elle ne saurait démordre. Mais elle paraîtra sans doute absurde à un esprit religieux qui perçoit l'hétéronomie comme inscrite dans l'ordre des choses, et l'autonomie comme l'ultime arrogance. Celui-ci pourrait reprocher au philosophe ce que Claudel reprochait au Buddha, son « incestueuse » autonomie. Le désir d'autonomie, dans ce contexte, est perçu comme une arrogance prométhéenne ou œdipéenne, dont on devra subir aveuglément les conséquences. Dans le cadre religieux, la seule autonomie possible est celle qui passe par l'hétéronomie voulue et acceptée, l'obéissance, ou l'harmonie avec une loi supérieure.

Les grandes écoles

Les bouddhistes ont toujours cherché à maîtriser la diversité de leur histoire doctrinale au moyen de schémas classificateurs, allant jusqu'à faire du bouddhisme une doctrine qui se serait développée *more geometrico*, de manière parfaitement logique. C'est ainsi que l'historien japonais Takakusu Junjirō présente les diverses écoles de ce qu'il appelle le « rationalisme négatif » comme s'inscrivant tout naturellement (et même chronologiquement) dans les quatre rubriques du « tétralemme » – les quatre propositions de la logique bouddhique, à savoir : – A ; – non-A ; – à la fois A et non-A ; – ni A ni non-A. Le bouddhisme indien se partagerait donc selon lui en écoles qui : 1) affirment l'être ; 2) affirment le non-être ; 3) affirment à la fois l'être et le non-être ; 4) n'affirment ni l'être ni le non-être. De toute évidence, ce genre de schéma n'est qu'une vue de l'esprit. L'intérêt même du tétralemme bouddhique est d'indiquer que la réalité ne relève en dernière analyse d'aucune de ces quatre rubriques.

La traditionnelle distinction entre Hīnayāna (Petit Véhicule) et Mahāyāna (Grand Véhicule) est censée refléter toute une série d'oppositions telles que doctrine ancienne et doctrine nouvelle, conservateurs et progressistes, moines et laïcs, tendances athées et théistes, philosophiques et dévotionnelles, réalistes et idéalistes. Elle suppose en outre l'existence de deux entités bien distinctes, dont on s'évertue à retracer les origines et l'évolution sans avoir la preuve qu'elles aient jamais existé sur le terrain. Malgré tous les défauts d'une telle distinction aux yeux de l'historien, elle a néanmoins le mérite d'exprimer une opposition structurelle pertinente. Cette structure, sur laquelle nous reviendrons, est celle de la double vérité, conventionnelle et ultime. Mais elle n'a que l'apparence d'une classification doctrinale : elle vise en fait un tout autre but – troubler, déranger, mobiliser, mettre en branle la Roue de la Loi, transformer une dichotomie sectaire en une dialectique de dépassement. Au risque de tomber dans le même piège que les historiens traditionnels, mais pour répondre au besoin de clarté du lecteur, je présenterai, tout à fait conventionnellement, la doctrine bouddhique sous trois chefs : le réalisme, l'idéalisme, et la doctrine de la vacuité.

Repères dans le vide

> « L'éveil et le *Nirvāṇa* sont comme pieux à attacher les ânes » (Linji Yixuan).

Il est bon de garder à l'esprit ce que le premier bouddhisme doit à ses origines indo-européennes. La doctrine bouddhique est le *dharma*, mot sanskrit qui correspond à « loi » – terme utilisé en Inde dans le droit, la technique, la religion et la philosophie. Ce terme dérive d'une racine indo-européenne *dhar-* (tenir), et signifie selon les cas « coutume, règle, usage ». Il exprime le concept d'« ordre » – ordre qui, selon Émile Benveniste, comme le *dao* chinois, « règle l'ordonnance de l'univers, le mouvement des astres, la périodicité des saisons et des années, ainsi que les rapports des hommes et des dieux, enfin des hommes entre eux[1] ».

Sur le plan doctrinal, la division traditionnelle de l'histoire bouddhique en trois périodes, marquées respectivement par l'émergence du Hīnayāna (Petit Véhicule), du Mahāyāna, et du Vajrāyāna (Véhicule de *Vajra*, autrement dit le tantrisme), a l'inconvénient de forcer le trait en masquant les similitudes entre ces mouvements. Elle dissimule en outre certains jugements de valeur, portés par divers modèles téléologiques. L'appellation Hīnayāna est à l'origine un sobriquet utilisé par les bouddhistes chinois pour désigner les tenants de la tendance opposée, et ceux-ci ne se concevaient vraisemblablement pas comme des partisans d'un « petit véhicule ». Elle permet cependant, mieux que tous les termes proposés pour la remplacer, et à condition de la délester de ses connotations péjoratives, de bien délimiter cette tendance dans ses rapports aux autres tendances rivales. Selon le modèle aujourd'hui encore le plus répandu, le Hīnayāna est essentiellement un système moral (quasi kantien) prônant l'autonomie de l'individu et le rejet de tout ritualisme. Par rapport à ce bouddhisme « originel », le Mahāyāna, et à plus forte raison le Vajrāyāna, ne seraient que des déviations piétistes, ritualistes, et souvent laxistes. La réalité est plus complexe, et l'on trouve dès le début certaines des tendances qui caractériseront plus tard le Mahāyāna. Un second modèle, caractéristique des études sur le bouddhisme sino-japonais, voit dans le Hīnayāna, certes une doctrine morale, mais aussi un rationalisme plutôt stérile et satisfait. Par contraste, le Mahāyāna, et notamment le bouddhisme de l'école de la Terre Pure, affirmant la possibilité de renaître dans le paradis du Buddha Amitābha (ou Amida), constitueraient une forme religieuse plus authentique et démocratique. Une variante de ce modèle est utilisée pour expliquer l'évolution du bouddhisme japonais – des écoles plus ou moins hīnayānistes de l'époque Nara (VIIIe siècle) au tantrisme ritualiste de l'époque Heian (IXe-XIIe siècle), pour aboutir enfin au « nouveau bouddhisme » populaire de l'époque Kamakura (XIIe-XIVe siècle). Un troisième modèle est utilisé par tous ceux qui voient dans le Vajrāyāna le sommet de la pensée bouddhique, terme d'une évolution qui va de l'individualisme austère du Hīnayāna à la compassion du Mahāyāna, instrument d'un salut encore trop lointain – pour aboutir à la sotériologie supérieure du Vajrāyāna, selon laquelle on peut devenir buddha « en ce corps même ». De toute évidence, aucun de ces modèles évolutionnistes ne saurait suffire à retracer l'histoire complexe du bouddhisme, tradition éminemment plurielle et diffuse, défiant toute évolution linéaire.

Le « réalisme » du premier bouddhisme

Au bouddhisme ésotérique, grand amateur d'art symbolique et initiatique, s'oppose d'entrée de jeu un bouddhisme « réaliste » dont la vision négative du monde des sens (et de son émanation tentatrice, la femme) aurait pu inspirer ces vers de Charles Cros : « Proclamons les princip's de l'art/ Et qu'tout l'monde s'entende :/ Les contours des femm's c'est du lard,/ La chair c'est d'la viande. » Pour que ce genre de proclamation ne reste pas purement théorique, les bouddhistes indiens s'entraînaient à la « contemplation de l'impur » en observant les diverses phases de décomposition des cadavres abandonnés dans les charniers. De nos jours encore, on sait à quel point la mort est présente en Inde, offerte en pâture aux regards et au feu dans des sites crématoires comme les ghats de Bénarès.

Que dire, en quelques mots, de ce premier bouddhisme philosophique, tel qu'il s'élabore en particulier dans la scolastique de l'Abhidharma ? On ne peut, semble-t-il, éviter de mentionner les quatre « nobles vérités ». Trop souvent, on ne parle que d'elles, ce qui n'est pas rendre service à la pensée bouddhique. En effet, au premier abord, ces quatre vérités – de la souffrance, de l'origine de la souffrance, de la cessation de la souffrance, et du chemin menant à la cessation de la souffrance – n'ont rien de très original.

La première d'entre elles est comme de juste une vérité première. On ne savait que trop, dans l'Inde du Buddha, que l'existence est souffrance. Ce qui distingue le Buddha des autres penseurs indiens, c'est plutôt son analyse des causes de la souffrance, ou plutôt du mal-être, considéré comme une maladie, son remède pour y mettre fin, et l'état de santé qui en résulte (le *nirvāṇa*). La souffrance est liée à l'illusion en l'existence d'un moi *(ātman)* : premier départ, mais radical, d'avec une pensée hindoue qui voyait dans l'*ātman* une parcelle de la réalité ultime. Le moi bouddhique n'est plus qu'un ensemble d'agrégats physiques et psychiques : forme, sensations, perceptions, formations mentales, conscience. Nous reviendrons sur cette question de la subjectivité.

Toute souffrance prend sa source dans le désir, ou ce que les bouddhistes appellent, plus concrètement, la « soif » (soif de plaisir, mais aussi soif d'existence, et de non-existence) : la deuxième vérité, elle aussi, paraît aller de soi, mais les bouddhistes ont apporté un luxe de détails à la description du processus par lequel le désir cause la souffrance. À vrai dire, le désir lui-même résulte d'une cause plus profonde, l'ignorance. Celle-ci joue un peu le rôle d'une cause première, quoique le bouddhisme récuse en principe toute cause première. Car rien n'existe en soi : tout est conditionné, simultanément cause et effet d'autre chose. Telle est la formule célèbre de la « production en dépendance » *(pratītyasamutpāda)*, chaîne causale à douze maillons expliquant comment surgissent tour à tour tous les éléments de l'existence individuelle. Cette formule, qu'on a voulu attribuer au Buddha comme tant d'autres élaborations scolastiques, est à la base de la notion de *karma* (ou rétribution des actes).

« On meurt à quarante ans d'une balle qu'on s'est tiré dans la tête à vingt ans », écrit René Char. Un bouddhiste aurait dit : on meurt, à n'importe quel âge, d'une balle qu'on s'est tiré dans une vie passée. À vingt ans, on croit avoir la vie devant soi, et l'on dîne déjà en tête à tête avec la mort – cet hôte indésirable qui, disent les textes, nous visite seize fois dans l'espace d'un instant, d'une respiration. Mais la mort d'un individu n'est pas sa fin, elle sera suivie d'une, voire de multiples renaissances : en vertu du vieux principe du « qui a bu, boira », un moi illusoire dont l'existence passée avait été causée par la « soif » est condamné à renaître pour subir, et peut-être épuiser les effets de ses actes passés.

S'il est vrai que la souffrance est causée par le désir, il importe avant tout de trancher celui-ci à la racine. La métaphore « radicale » masque ce que ce processus a de graduel : la quatrième noble vérité insiste au contraire sur la complexité du processus. Elle décrit un chemin à huit voies (compréhension parfaite, pensée parfaite, etc.) qui sera par la suite plus souvent présenté selon les trois rubriques de la moralité, de la concentration, et de la sagesse. Au bout de ce chemin, le *nirvāṇa*, dont la réalité constitue la troisième vérité, et dont on ne peut en principe rien dire, sauf qu'il est délivrance de toute souffrance – sans être pour autant un néant. Car, c'est bien connu, les gens heureux n'ont pas d'histoire. Tout ce que le Buddha consent à dire à ses disciples, c'est qu'il y a « un non-né, un non-devenu, un non-fait, un non-causé ».

Il faut noter l'aspect oral et analytique de la première pensée bouddhique. Sur ce point-là, le bouddhisme reste bien indien. Henri Michaux, dans *Un barbare en Asie*, ironise sur la tendance indienne à couper les cheveux en quatre, à partir de l'exemple des douze maillons de la chaîne de la causalité bouddhique. Certes, la scolastique bouddhique n'a rien à envier sur ce point à la scolastique chrétienne. Le lecteur occidental est néanmoins frappé par le caractère ratiocinateur de l'Abhidharma, ou celui – presque surréaliste par son sens du détail insolite – du canon disciplinaire (le Vinaya). De même, l'énumération des quatre vérités, la présentation de la quatrième vérité sous forme de l'« octuple chemin », et quantité d'autres listes semblables, témoignent de la vigueur de la culture orale du Buddha ou de ses disciples. On retrouve d'ailleurs dans la plupart des cultures orales des comptines didactiques du type, « un, deux, trois, nous irons au bois ». Avec le passage de l'oralité à l'écrit, c'est peut-être la vérité même du bouddhisme qui a changé – et non pas seulement son expression, comme le voudraient les tenants d'une « essence » intemporelle du bouddhisme. Nous vivons encore dans une de ces cultures de l'écrit, mais le changement qui est en train de se produire en nous et autour de nous avec la révolution informatique (avec un retour apparent vers une certaine oralité dans l'audiovisuel) pourrait provoquer une nouvelle mutation de la vérité bouddhique.

On a déjà affaire ici à une double vérité, quoique le premier bouddhisme ne l'ait pas thématisée comme telle : si d'un certain point de vue, en effet, les quatre nobles vérités peuvent sembler simplistes, d'un autre elles se révèlent indépassables, et tous les développements ultérieurs du Mahāyāna peuvent alors apparaître comme autant de paroles vides, un rêve de songe creux ; non pas même une vérité conventionnelle, susceptible d'être dépassée, mais une déviation irréversible du point central, de l'œil du typhon, de l'intuition originelle – devenue point aveugle pour s'être imprimée trop tôt sur une rétine sensible.

L'« idéalisme » Yogācāra

Au sein du Mahāyāna, l'école dite Yogācāra, ou « pratique du Yoga », enseigne l'inexistence des choses, ou plutôt des éléments qui constituent la réalité objective, mais tient pour acquise la réalité de la conscience. Sa thèse majeure est que le monde extérieur n'existe pas, il n'est que notre représentation. D'où les autres appellations de cette école, *cittamatra* : « rien-que-pensée », ou *vijñānavāda*, « voie de la conscience ». Toute chose est semblable à un rêve, à une illusion d'optique, mais cette illusion est le produit même de notre conscience, « fleurs » créées dans l'espace par un trouble de la vision. Toutefois si le monde est un rêve, le dormeur, lui, est bien réel. Les représentations illusoires émanent d'un vaste réservoir psychique, la « conscience de tréfonds » *(ālayavijñāna)*, où elles se résorbent en fin de parcours. De cette conscience de tréfonds procèdent une conscience intellectuelle ou discriminante, polarisée en sujet et objet, puis cinq consciences sensorielles correspondant aux organes des sens.

L'esprit serait donc comme un artiste habile mais distrait, sorte de Pygmalion épris de sa création, ou de

Narcisse fasciné par son reflet. Le *Mahāyānaviṃśikā* dit : « Comme un peintre que terrifie l'effroyable monstre qu'il est en train de peindre,/ le vulgaire est épouvanté par le cycle des naissances et des morts *(saṃsāra)*[1]. » Ainsi, ce roc sculpté dans le jardin est-il un buddha, ou simplement un roc ? Ne savez-vous pas, dit un maître Chan, que le roc lui-même est dans votre esprit ? Si tel est le cas, persifle un autre maître Chan, rien d'étonnant à ce que vous vous sentiez la tête lourde ! Le sixième patriarche Huineng (mort en 713), passa un jour près de deux moines en train de débattre au pied d'une hampe porte-bannière, de la question de savoir si c'était la bannière ou le vent qui bougeait. Lorsque les moines lui demandèrent son avis, Huineng dit : « C'est votre esprit qui bouge. » Sa réponse peut s'interpréter dans un sens idéaliste, comme indiquant la réalité ultime de la conscience de tréfonds, ou simplement comme une manière de dire aux moines qu'ils perdaient leur temps avec des questions saugrenues.

Les textes Yogācāra utilisent diverses métaphores pour expliciter les fonctions des diverses consciences : alors que la conscience empirique « erre dans le domaine objectif comme le fer attiré par l'aimant », « la conscience mentale avec les cinq consciences [sensorielles] forge un monde visible et constitue la scène du théâtre[2] ». La conscience est aussi souvent comparée à l'espace :

> Si tout ceci n'est que conscience, où le monde prend-il appui ?
> Pourquoi voit-on les hommes aller et venir sur terre ?
> De même que l'oiseau se meut dans le ciel à sa guise,

> Sans point d'appui, sans s'arrêter, comme on se meut sur terre,
> Ainsi tous les vivants à l'aide de leurs pensées différenciatrices se meuvent dans leur propre conscience et y procèdent à la manière de l'oiseau dans les airs[1].

La délivrance, selon ce schéma, consiste à opérer un « renversement du support », à faire en quelque sorte pivoter la conscience sur elle-même. Comme le disent ces deux stances d'Asaṅga (IVe siècle) :

> Chez les êtres puérils ce qui n'a pas de réalité apparaît partout cachant la Réalité,
> Tandis que chez les bodhisattva, c'est la Réalité qui apparaît partout écartant la non-Réalité.
> Qu'on sache que la disparition du faux et l'apparition du vrai,
> C'est le renversement du support et c'est la libération, car on agit alors à sa guise.
> Ainsi se produit le « renversement du support ».
> Dès que l'on comprend que tout n'est que conscience, la pensée différenciatrice n'opère plus,
> Et dès que la pensée cesse de fonctionner, il y a renversement [du support], il n'y a plus de support[2].

En quoi un tel idéalisme peut-il nous concerner aujourd'hui ? Ce couple en conversation animée à la terrasse d'un café, avec un chien endormi à leurs pieds, sur fond de géraniums rouges et verts : projection de ma pensée, effet de mon karma ? Mais pourquoi diable (pardon, Buddha) irais-je projeter cela ? Que me sont-ils ? Dans quelles vies passées ai-je pu les rencontrer pour que mon esprit les convoque ici ce soir, dans la lueur pâle d'un soleil couchant, dans une petite ville de province perdue dans l'immensité du réel – scène si étrangement familière, et pour cause, puisque c'est moi qui suis censé l'organiser. Étrange pensée que celle-ci, qu'implante en moi l'idéalisme bouddhique. À quelle profondeur de ma conscience cette scène se joue-t-elle? Ces lumières sur leurs visages, sont-elles les mêmes qui ont éclairé d'autres visages, en d'autres siècles, d'autres lieux, où j'étais déjà – sans y être tout à fait, comme dans les scènes de mes rêves… Tout cela est bien difficile à croire – d'ailleurs, si j'y croyais vraiment, je ne l'écrirais sans doute pas, puisque écrire implique la croyance opposée en une réalité objective, en face de moi et de mon esprit. Difficile à rejeter pourtant. N'est-ce pas la même chose qui se produit dans les rêves? Les mêmes attitudes, la même multitude de détails « vrais » (même les plus « déments ») et de couleurs? Il paraît que certains personnages, dans mon rêve, ne rêvent qu'en noir et blanc. Il faudrait revoir cela…

Descartes et sa certitude veillent : je pense, donc je suis. Mais, dirait un bouddhiste, on peut être – et être endormi, « dormir, rêver peut-être… » Selon le Yogācāra, le rêve est illusion, seul le rêveur est réel. Mais le rêve, tout illusoire ou irréel qu'il soit, peut avoir des effets bien réels – comme en témoignent les pénitentiels bouddhiques (ou chrétiens d'ailleurs), si préoccupés de pollutions nocturnes… Le *cogito* n'implique pas la lucidité, pas même celle du rêve « lucide » – à plus forte raison celle de l'état de veille. S'il est vrai que le mal existe du fait des pensées erronées, et que je contribue à la production de telles pensées de violence, de jalousie, de désir et de haine, alors le temps est venu d'y mettre fin. Si le monde est le rêve d'un idiot, le cauchemar d'un dormeur, et si je suis ce dormeur – il est grand temps de m'éveiller. Tout le reste – même les bonnes pensées, paroles, et actions – ne ferait que nourrir le rêve, nourrir la bonne conscience (qui comme toute conscience limitée est mauvaise), perpétuer le sommeil de la « grande raison » qui a engendré ces monstres. Car l'affairement n'est qu'une forme d'effarement.

La Voie du Milieu (Mādhyamika)

Le Mādhyamika, école fondée sur la notion de voie du milieu, et que l'on fait remonter à Nāgārjuna (IIe-IIIe siècle), est essentiellement une critique des diverses positions philosophiques sur la réalité. Sa doctrine se définit comme une voie négative, qui cherche à indiquer (sans pouvoir jamais l'exprimer) le point de vue absolu en réduisant par l'absurde toutes les doctrines « relatives ». Pour Nāgārjuna, tout phénomène est vide, en tant que résultante de conditions déterminées. Mais la voie négative elle-même ne peut s'en tenir à la négation. Réaliser la vacuité n'est possible que lorsqu'on a rejeté toute affirmation et toute négation, en tant qu'elles relèvent de la vérité conventionnelle, pour atteindre la vérité ultime. C'est dans cette école qu'est thématisée la notion des « deux vérités », qui constitue la métaphore centrale (et elliptique) de ce livre.

Le point de vue Mādhyamika se retrouve dans diverses écritures canoniques. Pour n'en donner qu'un exemple, qui illustre le tétralemme bouddhique : « L'éveil peut-il s'obtenir à partir de l'être ? – Non. — À partir du non-être ? – Non. — À partir de l'être *et* du non-être ? – Non. — En ne partant *ni* de l'être *ni* du non-être ? – Non. — Comment dès lors en saisir le sens ? – Il n'est rien de saisissable. Saisir l'insaisissable, voilà ce qu'on nomme "obtenir l'éveil"[1]. »

Les tendances dialectiques déjà à l'œuvre chez Nāgārjuna furent amplifiées chez ses successeurs, des logiciens tels que Dignāga ou Candrakīrti. Il faut cependant se garder contre la réduction trop fréquente du Mādhyamika à une simple dialectique philosophique. La doctrine de Nāgārjuna et de ses successeurs est toujours au service d'une sotériologie, d'une pratique visant au salut. L'édifice logique du Mādhyamika, selon Paul Mus, « parachève, fournit l'appui total indispensable pour le saut de plan. N'allons pas chercher les fondements de cette logique discontinue dans les valeurs générales de la philosophie : ils se trouvent dans la pratique magique[1]. » Sans doute faut-il faire chez Paul Mus la part de l'exagération voulue. En bonne pratique Mādhyamika, mieux vaut révoquer conjointement l'interprétation purement « logique » et l'interprétation magique.

Nāgārjuna, dans ses controverses avec les représentants de la scolastique bouddhique (Abhidharma), tout comme Aristote dans ses débats avec les sophistes, recourt finalement à l'argument pragmatique : on peut dire ce qu'on veut, se payer de mots et de grandes théories, mais dans la pratique, le bon sens reprend ses droits. On ne peut pas tout se permettre. Toutefois, c'est exactement le même genre d'argument – fondé sur le bon sens, la vérité conventionnelle – qu'on pourrait opposer aux dogmes de l'absence de moi ou de la vacuité : l'agressivité d'autrui et du monde extérieur n'est peut-être que du vent, le vent de notre karma, mais un tel vent à écorner les bœufs vous tue parfois son homme.

Comme on l'a déjà vu, Aristote refuse le tétralemme pour en revenir au dilemme : hors du dilemme, point de salut. Nāgārjuna, en revanche, passe outre, non seulement au dilemme, mais au tétralemme lui-même, qu'il juge encore trop dichotomique[2]. En règle générale, il exclut le principe du tiers-exclu – bien que à l'occasion, dans l'ardeur d'un débat contradictoire, il l'utilise comme arme dialectique (ce qui n'est d'ailleurs en rien contradictoire avec la notion de double vérité). Notons également que Nāgārjuna ne parle pas de double vérité, même si ses successeurs (notamment Candrakīrti) le font. Il s'en tient à la notion de « deux vérités », pour éviter toute synthèse. Si je préfère utiliser l'expression « double vérité », même quand je parle du bouddhisme Mādhyamika issu de Nāgārjuna, c'est surtout parce qu'elle me permet de relier métaphoriquement cette problématique à celle du double, telle qu'elle s'est développée en Occident et dans le bouddhisme. Mais qu'il soit bien clair que, malgré la tentation évidente de systématiser la pensée bouddhiste, il n'est nullement question pour moi de tenter une synthèse entre les deux vérités (ou les deux aspects d'une double vérité irrémédiablement ouverte). Cette facilité de langage ne recouvre pas une option ontologique.

La vacuité chez Nāgārjuna est simplement « évacuation » des thèses de penseurs trop pleins d'eux-mêmes. Mais la plénitude, ou la vacuité « essentielle » (ce qui revient au même), comme le naturel, font retour, même chez ceux qui se réclament du maître indien. Ainsi, dans le Chan, elle devient un domaine vide de toute entité. Le sixième patriarche Huineng, cherchant à rendre compte du contenu de l'éveil, conclut : « Foncièrement, il n'y a pas la moindre chose. » La vacuité, ici, est devenue ontologique, comme dans le taoïsme – mais il ne s'agit pas d'un vide au sens nihiliste. C'est, comme le *dao* ou le chaos primordial chez Zhuangzi, un domaine où l'on peut « s'ébattre » en toute quiétude. On ne (se) débat plus, comme Nāgārjuna le fait encore, on s'ébat. Toutefois, cette vacuité ontologique se prête aisément à des interprétations métaphysiques, cosmologiques ou mythologiques, que Nāgārjuna pour sa part récuse.

Plus le pratiquant bouddhique est détaché, plus il est, en quelque sorte, « intéressé » (si l'on fait, comme Emmanuel Levinas, dériver ce terme de *inter-esse*, « être entre », réaliser que notre existence est « prise » dans un réseau serré de relations). C'est ce sens relationnel que donne Nāgārjuna à la vacuité, définie comme « production en dépendance ». En fin de compte, la dialectique négative de Nāgārjuna reste trop pure, et du même coup vide de tout affect réel. Elle recouvre le relatif, sans l'affecter en rien : avec ou sans elle, la vie continue, et cette dialectique contribue même à préserver le *statu quo* (à l'exception de l'éveil de quelques virtuoses). Pour qu'elle ait valeur libératrice, cette logique doit refuser de pousser jusqu'au bout sa formalisation. C'est ce que fait d'ailleurs Nāgārjuna en préfaçant ses stances philosophiques d'une stance dédicatoire religieuse. Il faut aussi que les deux vérités débordent sans cesse l'une de l'autre, l'une sur l'autre, produisant des niveaux intermédiaires – ce qu'il semble parfois nier.

La logique nāgārjunienne n'est pas, malgré les apparences, la même que la nôtre : en ceci notamment qu'au lieu de viser à fixer les termes de la relation, elle prend acte de leur changement incessant. Alors que dans la tautologie ou l'équation algébrique, tout doit revenir au même, dans la logique bouddhique, rien ne revient jamais au même. La différence fondamentale (en admettant qu'il y ait encore un « fondement ») est que le bouddhisme, dans ses grandes lignes, privilégie l'orthopraxie (la pratique correcte) par rapport à l'orthodoxie (l'opinion correcte) – et notamment, le rituel par rapport à la doctrine. La doctrine de la vacuité est avant tout une doctrine religieuse, une sotériologie.

Le Chan entre immanence et transcendance

Le Chan est à la confluence de divers courants de pensée, indiens et chinois. Les missionnaires jésuites n'y voyaient qu'une version chinoise du védantisme indien. En réalité, si du côté bouddhique la doctrine Chan est clairement l'héritière des écoles Yogācāra et Mādhyamika, elle hérite également de diverses tendances de la pensée chinoise. La « pensée du détour » est visible dans les dialogues du Chan, qui font souvent penser aux *Entretiens* de Confucius. Par ailleurs, la fantaisie, l'humour, les écarts de langage des maîtres Chan évoquent irrésistiblement Zhuangzi. Tel est donc le paradoxe d'une pensée trop fortement individualisée pour qu'on puisse la qualifier de syncrétique, mais qui soutient la gageure de faire tenir ensemble la vision transcendantale du bouddhisme indien – où l'on distingue clairement deux plans, le relatif et l'absolu, même si c'est pour les rabattre en fin de compte l'un sur l'autre – et la vision « immanente » de la pensée philosophique chinoise. Contrairement au bouddhisme indo-tibétain, le bouddhisme sino-japonais fait peu de cas de l'approche logique. Si un maître Chan comme Linji maintient l'échafaudage dialectique, il le glose de façon typiquement chinoise par des vers classiques, et ce faisant le déstabilise ; le poème prend le relais de la logique, la scolastique débouche sur l'énigme.

> Lors d'une consultation du soir, le maître donna l'instruction collective suivante : « Parfois supprimer l'homme sans supprimer l'objet.
> Parfois supprimer l'objet sans supprimer l'homme.
> Parfois supprimer à la fois l'homme et l'objet.
> Parfois ne supprimer ni l'homme ni l'objet. »

> Il y eut alors un moine qui demanda :
> « Qu'est-ce que supprimer l'homme sans supprimer l'objet ? »
> Le maître dit : « La chaleur du soleil fait naître sur le sol un tapis de brocart ;
> Les cheveux pendants de l'enfant sont blancs comme des fils de soie. »
> "Qu'est-ce que supprimer l'objet sans supprimer l'homme ?"
> "Les ordres du roi sont en vigueur dans l'univers entier ;
> Pour le général aux frontières, point de fumée ni de poussière."
> "Qu'est-ce que supprimer à la fois l'homme et l'objet ?"
> "Les préfectures de Ping et de Feng sont coupées de toutes nouvelles ;
> Elles restent à part, isolées dans leur coin."
> "Qu'est-ce que ne supprimer ni l'homme ni l'objet ?"
> "Le roi monte sur son palais fait de matières précieuses.
> Dans la campagne les vieillards se livrent aux chansons [1]."

Mais si le Chan marque à certains égards l'aboutissement de la philosophie bouddhique, il en représente aussi, par son anti-intellectualisme, une tentative de dépassement. On retrouve dans cette école une méfiance fondamentale à l'égard du langage et le souci d'une perception directe de la réalité. Les propos « à bâtons rompus » du Chan, comme le rire du Buddha, opposent une fin de non-recevoir à tous les efforts intellectuels pour comprendre le réel. Le rire, comme le silence, transcendent la parole. De nombreux textes font référence à ce rire du Buddha, rire immense qui secoue le monde dans ses fondations. Mais, nous dit-on, « c'est pour une raison grave qu'il rit de tout son corps ». Ce rire du Buddha indien, sans être un rire jaune, conserve quelque chose de tragique, que n'a plus celui du Buddha chinois ou tibétain. Le maître tibétain Drugpa Kunle, célèbre pour ses excentricités, disait : « Ma conduite a été conforme à ces paroles, sans but aucun ni attachement, un éclat de rire : vive la joie, vive la joie[1] ! » Le mythe d'origine du Chan célèbre en revanche le sourire du disciple du Buddha, Mahākāśyapa. Lorsque le Buddha voulut transmettre sa Loi, il prit une fleur et la montra à l'assemblée de ses disciples. Aucun d'eux ne comprit le sens de son action, sauf Mahākāśyapa, dont la face se fendit d'un large sourire. Le Buddha déclara alors : « Je détiens le Trésor de l'Œil de la Vraie Loi, l'esprit subtil et profond du *nirvāṇa*, et je le transmets maintenant à Mahākāśyapa. » Cet épisode devint la source et le modèle des transmissions de maître à disciple dans le Chan. Un sourire vaut mieux que de longs discours. La philosophie Chan devient le jeu des « bonzes-enfants ».

Le Chan « classique » continua néanmoins à se prétendre une tradition unique, qui « n'établit pas de lettre écrite », parce que fondée sur une « transmission spéciale en dehors des Ecritures », d'« esprit à esprit », et une pratique qui « vise directement l'esprit » et permet à chacun de « voir sa propre nature et de devenir Buddha ». Ainsi s'explique l'importance de la relation de maître à disciple, et de la lignée patriarcale. À la limite, c'est la légitimité de la transmission qui détermine l'authenticité de la pratique, et non l'inverse (comme dans le bouddhisme traditionnel). Ce souci généalogique est en l'occurrence typique du contexte chinois dans lequel le Chan se développa.

Paradoxalement, cette doctrine, qui prétend n'en être pas une, et se situer au-delà des mots, a elle-même produit une énorme littérature – qui occupe en volume près de la moitié du canon bouddhique sino-japonais. Cette littérature se compose principalement des « recueils de propos » des maîtres Chan, pour l'essentiel des *kōan* (chinois : *gong'an*, littéralement « cas juridiques » servant de précédents), sortes d'énigmes que le disciple doit résoudre de manière non intellectuelle, puisque la pensée est censée être la source de tous nos maux. Il s'agit d'énigmes du genre : « Quel est le son d'une seule main ? » ou « Quelle est votre face originelle avant la naissance? » Ces *kōan* forment l'essentiel de « dialogues » comme celui-ci, entre Linji Yixuan et un de ses disciples : « Lors d'une montée en salle, un moine demanda : "Qu'en est-il du fil de l'épée ?" Le maître dit : "Mauvais ! mauvais !" Le moine hésita ; le maître le battit. » Linji est resté célèbre pour son art d'appliquer la manière forte, rossant ses disciples à coups de bâton, et provoquant chez certains l'éveil subit, en sus des plaies et des bosses. Cette pratique des *kōan* en est venue à caractériser le Zen de l'école Rinzai (lecture japonaise de Linji, du nom de son fondateur), tandis que celle du *zazen* ou méditation assise (avec ou sans *kōan*) est tenue pour caractéristique de l'école Sōtō. Tel qu'il se pratique dans cette dernière, notamment au Japon, le *zazen* n'est pas tant une forme d'introspection qu'une imitation rituelle de l'éveil du Buddha. Ce n'est donc pas un *moyen* pour atteindre un *but* (l'éveil), mais la manifestation concrète de cet éveil, toujours déjà réalisé.

Qu'a-t-il manqué à un Bodhidharma, un Huineng, ou un Linji (les trois grandes figures du bouddhisme Chan) pour devenir l'équivalent d'un Socrate, jouer un rôle fondateur non seulement pour une doctrine particulière (le Chan/Zen), mais pour une culture tout entière ? L'ignorance de Bodhidharma et son mépris des coutumes valent bien l'ignorance socratique. « Qui est devant moi ?, lui demande l'empereur. – Je ne sais pas. » Un poème Chan exprime la même idée ainsi : « Comme une abeille venant à la fleur, Bodhidharma dit "Je ne sais pas". » Le patriarche indien fut plus radical dans sa démarche que Socrate, mais sut esquiver la vengeance des puissants (encore que, selon une tradition tenace, il ait été assassiné par des confrères jaloux). Huineng était carrément analphabète (et peut-être même pas tout à fait chinois) – ce qui ne l'empêcha pas de souffler le titre de sixième patriarche à l'érudit Shenxiu. Quant à Linji, lui, il n'eut pas la chance (ou la malchance), comme Socrate avec Platon, de voir son enseignement repris par un disciple trop zélé.

Le Zen n'a réussi à s'imposer au Japon au XIIIe siècle qu'après s'être imprégné de confucianisme. Le Chan qui atteignit l'archipel japonais au IXe siècle était trop rustique pour le délicat palais des aristocrates de Heian. Ce n'est qu'après s'être raffiné en Chine sous les Song, et avoir suscité l'intérêt d'une catégorie sociale japonaise moins cultivée – les guerriers (*bushi* ou *samurai*) – qu'il parvint à y prendre souche. Mais la « bonne volonté culturelle » de la nouvelle classe dirigeante a donné l'esthétisme du Nō, de l'art floral, du thé et de l'art des jardins. Les prétendus arts Zen constituent une sorte de trahison des clercs. Le Zen a en effet abandonné son sens de la réalité brute, immédiate – pour une réalité seconde, domestiquée. Aussi paradoxal que cela paraisse, ce sont généralement les intellectuels qui font le plus grand cas de l'intuition (peut-être, précisément, parce qu'ils en ont peu). Ainsi la nature des monastères Zen, si prisée des touristes, est-elle une nature morte, ou en tout cas moribonde.

Concepts « transcendantaux »

À partir du schéma un peu simpliste de la structure double de la pensée bouddhique, examinons quelques concepts majeurs, qu'on pourrait qualifier de transcendantaux. Le premier concept « transcendantal » bouddhique qui vient à l'esprit est bien sûr celui de *nirvāṇa*, initialement défini comme pure extinction, dont on ne peut rien dire, sinon qu'il ne comporte aucun des traits de ce monde. D'où l'image tenace du bouddhisme comme une forme de nihilisme. Comparée au *nirvāṇa*, la mort elle-même ne serait qu'un « peu profond ruisseau » injustement décrié. Le *nirvāṇa* n'est pas l'annihilation, mais la perception d'un monde où, selon les paroles de Rilke, « l'obscur et la clarté, la fleur comme le livre : tout est reposé ». Ou encore, selon la glose de Michel Leiris : « Nirvâna – vanités évanouies, il n'y a ni nuits ni rêves, ni avenir ni rives... »

Toutefois, la logique non dualiste du Mahāyāna ne pouvait se satisfaire du dualisme impliqué par l'opposition entre le *nirvāṇa* et le *saṃsāra*, ou cycle des naissances et des morts. Pour réduire ce clivage, on en vint à poser l'identité non duelle des deux termes : dorénavant, le *nirvāna est* le *saṃsāra*, et non plus quelque état supérieur de l'être ou du non-être ; l'éveil n'est autre que les passions ; le saint ne diffère en rien du profane. Selon le *Vimalakīrti-sūtra* : « Complaisance pour le *nirvāṇa* et répugnance pour le *saṃsāra* font deux. Mais l'absence de complaisance pour le *nirvāṇa* et de répugnance pour le *saṃsāra* constituent une non-dualité. Pourquoi ? Il faut être lié pour parler de libération, mais si l'on est absolument délié, pourquoi rechercherait-on la libération[1] ? » De même, selon le *Madhyamakakārikā* (Stances sur la Voie du Milieu) de Nāgārjuna :

> Durant sa vie, comme après son extinction, le Buddha est inconcevable : on ne peut dire qu'il existe, ni qu'il n'existe pas, ou les deux à la fois, ou encore ni l'un ni l'autre. C'est pourquoi :
> Il n'y a pas la moindre distinction entre *nirvāṇa* et *saṃsāra*.
> Il n'y a pas la moindre distinction entre *saṃsāra* et *nirvāṇa*.
> La limite du *nirvāna* est la limite même du *saṃsāra*.
> Entre les deux, on ne trouve pas la plus subtile dissemblance[2].

Mais le Mahāyāna va plus loin, opérant une véritable révolution mentale : le *nirvāṇa* indéfinissable est maintenant défini par quatre termes : permanence, jouissance, subjectivité, et pureté, qui contredisent point par point les caractères attribués par le premier bouddhisme à la réalité (impermanence, souffrance, absence de moi, impureté). On est donc apparemment en présence d'un concept non seulement transcendantal, mais également antithétique, c'est-à-dire obtenu non par l'observation du monde des sens mais par la négation d'un concept empirique.

La notion de *nirvāṇa* s'identifie dans le Mahāyāna à celle de l'éveil, autrement dit d'une expérience ineffable qui, au lieu de mettre fin au monde des sens, le sanctifie, et prend place au sein de ce monde. Le maître Zen Dōgen (1200-1253) disait : « Lorsqu'un homme atteint l'éveil, il en va comme de la lune se reflétant dans l'eau : la lune n'est pas mouillée, l'eau n'est pas troublée. La lumière de la lune, bien qu'infinie, tient dans un peu d'eau. La lune et le ciel tout entiers s'abritent dans la rosée sur un brin d'herbe ou dans une goutte d'eau. De même que la lune ne creuse pas de trou dans l'eau, l'éveil ne perturbe point l'homme. Celui-ci ne fait pas plus obstacle à l'éveil que la goutte de rosée n'oppose de résistance au soleil ou à la lune[1]. » Loin d'être un rejet du monde, l'éveil devient jouissance souveraine de ce monde, purifié de tous ses aspects négatifs, fausses perceptions dues à l'illusion. Comme l'indique le laïc Vimalakīrti à un disciple du Buddha, trop imbu de sa pureté : « Fils de famille, sans entrer dans la grande mer, il est impossible d'obtenir les inappréciables pierres précieuses. De même, sans entrer dans la mer des passions, il est impossible de produire la pensée omnisciente[2]. »

Karma et causalité

> Un homme avait peur de l'ombre de son corps et avait pris en horreur les traces de ses pas. Pour y échapper, il se mit à courir. Or, plus il fit de pas, plus il laissa de traces; plus il courut vite, moins son ombre le quitta. S'imaginant qu'il allait encore trop lentement, il ne cessa de courir toujours plus vite, sans se reposer. A bout de forces, il mourut. Il ne savait pas que pour supprimer son ombre il lui aurait suffi de se mettre à l'ombre et que pour arrêter ses traces il lui aurait suffi de se tenir tranquille. Quel comble de sottise[3]!

Le *nirvāṇa* reste dans l'ensemble un concept trop vague pour la plupart des pratiquants, un but lointain qu'on ne mentionne que pour la forme, un cadre absolu qui sert surtout à relativiser l'existence et à la mettre en perspective. L'acte *(karma),* ou plus exactement la rétribution des actes, fournit un concept beaucoup plus opératoire, car il permet d'expliquer les structures de ce monde et de l'autre, les inégalités sociales et le destin individuel. Sans remettre en question la hiérarchie sociale, il autorise à espérer une amélioration de la destinée individuelle en cette vie ou dans les suivantes. Mais il fonde aussi la morale, et renforce toutes les idéologies de domination : on naît pauvre ou esclave parce qu'on le mérite, il n'y a plus de raisons de se révolter, mieux vaut chercher à se réformer soi-même dans l'espoir d'une renaissance heureuse. L'accumulation des mérites, le bon karma, permet bien sûr d'espérer la délivrance finale, et tel est le but avoué de la pratique bouddhique. Mais dans la réalité, on en attend surtout l'amélioration de l'existence présente ou future, les honneurs et la richesse si l'on est laïc, l'obtention de pouvoirs spirituels ou magiques si l'on est moine et ambitieux.

Le karma a aussi servi, dans une certaine mesure, à « désenchanter le monde » en y introduisant une rationalité inexorable. *Dura lex, sed lex.* Cette loi d'airain vaut mieux, à tout prendre, que les redoutables caprices des dieux et des démons des mythologies archaïques. Rien n'est plus effrayant que l'inconnu, et un au-delà infernal, mais bien connu, humanisé malgré ses tortures inhumaines, peut paraître dans le fond préférable à l'angoisse d'un vague monde des ombres comme le Sheol juif, l'Hadès grec ou l'ancien *yomi no kuni* japonais. L'enfer chrétien, quant à lui, a hérité nombre de ses motifs des enfers bouddhiques.

Pour remédier à l'angoisse devant la mort, la doctrine bouddhique proposait non pas un, mais deux schémas cosmologiques : celui des six voies, et celui de la roue de l'existence. Sans entrer dans le détail de cette cosmologie, qui n'est pourtant pas, comme on le croit trop souvent, un aspect accessoire du bouddhisme, on retiendra de la notion de karma sa valeur pragmatique : non seulement elle fournit un fondement métaphysique à la morale, mais elle réintroduit dans l'existence humaine la perspective de la longue durée. Perspective illusoire, dira-t-on – mais dont les effets sont dans l'ensemble bénéfiques, car ils donnent un sens à l'existence humaine (sans pour autant faire intervenir Dieu), et coupent court à toute velléité de déclarer : « Après moi le déluge » – car même après, c'est encore et toujours moi. Le seul être qui puisse en connaissance de cause faire une telle déclaration est le Buddha lorsqu'il entre en *nirvāṇa*. Mais, comme on va le voir, même cette ultime dérobade devient, à mesure que le bouddhisme s'implante dans le monde, de plus en plus rare. Dans le Mahāyāṇa, les bodhisattvas ou aspirants-buddha ne font plus le grand saut dans le vide du *nirvāṇa*, ils restent en ce bas monde, et les buddhas eux-mêmes, contrairement à toute attente, y font retour. Le déluge, lorsqu'il se produit encore, n'est plus que le signe avant-coureur de l'apparition du Buddha futur, Maitreya, et tout le monde espère renaître à ce moment-là pour bénéficier de son enseignement et se réchauffer aux rayons de sa présence salvatrice.

Il faut donc souligner l'aspect pragmatique, on pourrait même dire la valeur performative, de l'idée de karma. Mais la perspective karmique de la longue durée, qui convenait assez bien à la pensée indienne, paraissait moins bien adaptée au contexte chinois. C'est ainsi que dans le « subitisme » Chan, dont nous allons bientôt reparler, on voit apparaître une tendance à nier, non seulement tout acte qui entraînerait rétribution, mais la pertinence de la loi karmique elle-même. Le maître Chan Linji représente sans doute l'exemple le plus radical de cette réinterprétation :

> Vous dites de toutes parts qu'il y a des pratiques à cultiver, des fruits à éprouver. Ne vous y trompez pas ! S'il y a quelque chose à obtenir par la culture, tout cela relève de l'acte, qui fait naître et mourir. Vous dites que vous cultivez toutes ensemble les dix mille pratiques des Six Perfections : je ne vois là que fabrication d'actes. Chercher le Buddha, chercher la Loi : autant d'actes fabricateurs d'enfer. Chercher le Bodhisattva, c'est aussi fabriquer de l'acte. Ou encore lire les Textes, lire l'Enseignement – fabrication d'actes. Les Buddha et les maîtres-patriarches sont gens sans affaires. Adeptes, il n'y a pas de travail dans le bouddhisme. Le tout est de se tenir dans l'ordinaire, et sans affaires : chier et pisser, se vêtir et manger… Soyez votre propre maître où que vous soyez, et « sur-le champ vous serez vrais ». Les objets qui viennent à vous ne pourront vous détourner. Il n'est pas jusqu'à vos imprégnations antérieures, et aux cinq péchés entraînant damnation immédiate, qui ne vous deviennent alors océan de délivrance.

Tous les maîtres Chan, et à plus forte raison les autres bouddhistes chinois, ne partageaient cependant pas le radicalisme de Linji, et beaucoup le jugeaient dangereux, dans la mesure où il remettait en cause la discipline monastique et les œuvres méritoires. Une réaction se dessina, qui se lit par exemple dans un « cas » très connu du Chan, la rencontre de Baizhang et du renard. Baizhang est l'un des patriarches du Chan, célèbre surtout pour avoir instauré une Règle stricte dans les monastères de cette école. Lors d'une prédication, il remarqua qu'un vieillard inconnu était venu l'écouter. Il lui demanda d'où il venait. Le vieillard finit par avouer qu'il était en fait la manifestation d'un renard (êtres spirituels capables dans le folklore sino-japonais de se métamorphoser), et qu'il avait autrefois été un maître bouddhique vivant sur cette même montagne. Mais, pour avoir malencontreusement affirmé qu'un homme éveillé transcende la loi du karma, il avait dû se réincarner en renard durant cinq cents existences. Il supplia Baizhang de lui indiquer son erreur, afin de le délivrer de cette destinée. Baizhang lui dit alors que l'homme éveillé est en parfaite harmonie avec la loi du karma. À ces paroles, le vieillard obtint l'éveil, transcendant ainsi son karma, et échappant pour toujours à sa destinée vulpine.

Pour le bouddhisme ancien, la loi de production en dépendance n'était pas seulement un schéma explicatif décrivant la production des phénomènes : elle permettait également de remonter de l'effet à la cause, et d'enrayer ainsi le conditionnement, pour parvenir finalement à l'extinction. On voit comment le bouddhisme emploie pour ainsi dire la raison à rebours : la même raison qui est le produit des causes karmiques et nous enlise dans le *saṃsāra* nous permet aussi de remonter le courant, et éventuellement, d'en rompre le fil. Il ne s'agit donc pas de nier la raison, mais de lui faire opérer en quelque sorte une volte-face. À vrai dire, les avis sur ce point sont partagés : s'agit-il de tarir le courant de la conscience, ou simplement de le remonter et le descendre librement, comme un saumon dans un torrent? Faut-il faire en soi le silence, ou monter et descendre la gamme en (se) jouant? L'image du poisson remontant le torrent a fait fortune dans le Zen : il y a dans le torrent, dit-on, un passage où les saumons, lorsqu'ils le franchissent, se transforment en dragons. C'est cette image qui a donné son nom au Tenryūji (Monastère du dragon céleste), où j'ai autrefois pratiqué le Zen à Kyoto (sans toutefois réussir à sauter le fameux pas).

Le bouddhisme "mis en causes"

On peut distinguer, un peu schématiquement, quatre sortes de causalité bouddhique. La première est celle qu'on présente généralement comme la doctrine orthodoxe : la théorie psychogénétique de la production en dépendance, avec ses douze phases menant de l'ignorance à la transmigration incessante. C'est le modèle de la Roue de la Vie – telle que la représentent les thangkas tibétains. La deuxième forme de causalité est fondée sur la conscience de tréfonds, ou conscience-réceptacle *(ālayavijñāna)*. Selon cette théorie, tous nos actes sont comme des semences qui se déposent dans cette conscience-réceptacle, et qui tôt ou tard viendront à maturation. Notre conscience serait en quelque sorte une immense et éternelle pépinière, le monde environnant la végétation qu'elle produit, et nos vies successives ses saisons. Dans le détail, cette théorie est beaucoup plus abstruse et technique que ces quelques métaphores pourraient le laisser supposer.

La troisième forme de causalité est fondée sur l'Ainsité, la réalité ultime, telle qu'en elle-même, « ainsi », avant toute imposition de noms. Une autre métaphore est celle de la nature de buddha immanente en chaque être vivant (voire dans l'inanimé lui-même). L'univers tout entier devient ainsi un buddha en puissance, et tout ce qui se produit n'est que manifestation de cette nature de buddha. La nature est la « matrice » de *tathāgata* (autre nom pour buddha). Cette réalité ultime présente deux aspects, que les bouddhistes chinois nomment son « essence » et sa « fonction » : en son essence, elle est indéterminée, absolue ; en sa fonction, elle est la source de tous les phénomènes. De son aspect ultime, il n'y a guère plus à dire que n'en disait William James de l'absolu plotinien : « La félicité stagnante de sa perfection m'affecte aussi peu que je ne l'affecte. » Mais cet aspect absolu est intimement lié à l'aspect relatif qui, lui, est la source de tous mes affects, affections ou désaffections.

La quatrième forme canonique de causalité est fondée sur le *dharmadhātu* (« plan des essences » ou « élément des éléments » – les deux traductions sont possibles). On retrouve là les deux aspects, absolu et relatif, de la réalité ultime. Le *dharmadhātu* signifie donc à la fois principe universel, ou absolu, et univers constitué, ou relatif. Mais à la différence de la théorie précédente, qui renvoyait toute causalité à sa source absolue, selon un mode en quelque sorte vertical, ici c'est la causalité du plan des essences « relatif », selon un mode horizontal, qui est explicitée. La production en dépendance n'y est plus perçue, comme dans le premier modèle, de manière diachronique, à l'échelle de plusieurs vies d'un même être, mais de manière synchronique, montrant l'interdépendance de toutes choses à chaque moment. C'est le fameux « tout est un », résumé de façon un peu cavalière par le dicton japonais : quand un cheval éternue à Kyūshū (l'île méridionale), une vache s'enrhume à Hokkaidō (l'île septentrionale). Toutes choses s'interpénètrent intimement, il n'est plus entre elles le moindre obstacle ; elles naissent et disparaissent ensemble. Chaque existence ne peut se comprendre que de manière holistique, écologique, par la totalité de son environnement.

Tout ce qui arrive est donc marqué du sceau de la réalité ultime, en quelque sorte sacralisé. Mais que reste-t-il dès lors de l'éthique ? Que répondre à ceux qui objectent qu'une telle conception légitime toutes les dictatures, qu'elle est foncièrement idéologique ? La position mahāyāniste n'est pas sans rappeler celle, passablement ambiguë, de Zhuangzi dans sa critique de l'éthique confucéenne. À la vertu « trop humaine » – donc décadente – de Confucius, Zhuangzi oppose même le cas d'un tyran qui possède le *dao* (car le *dao* est amoral, il traite les hommes « comme des chiens de paille », et il existe aussi un *dao,* une « voie », des tyrans, des voleurs et des assassins).

Les bouddhistes chinois comme Guifeng Zongmi (mort en 841) estimaient toutefois que la théorie bouddhique de la causalité, du moins sous sa forme première, constituait un progrès par rapport à la traditionnelle notion chinoise d'une « spontanéité » fondée sur l'harmonie parfaite avec le *dao* – précisément parce qu'elle préservait l'importance de la morale et une certaine rationalité de la destinée humaine. Le bouddhisme reste sur ce point un volontarisme. Mais si tout acte présuppose une forme d'illusion et implique une rétribution, donc une forme de souffrance, il importe de n'agir qu'à bon escient, quand on ne peut faire autrement. Cela ne signifie pas qu'il nous faut rester oisif, mais que nous devons agir en faisant le moins de rides possible à la surface de la conscience (la nôtre et celle d'autrui).

C'est l'importance de la morale qui incite un maître Zen japonais comme Dōgen, après avoir flirté avec les théories causales en vogue à son époque, à en revenir sur le tard à la causalité du premier bouddhisme. Dans cette recherche de la base et du sommet, il se révèle que la base *est* précisément le sommet (belle démonstration de non-dualisme). Toutefois, cette théorie karmique devait avoir également des effets pervers, sur le plan social notamment, en fournissant une philosophie ou une justification à la discrimination sociale. Ce n'est pas par souci éthique que les bouddhistes japonais de l'époque Edo abandonnent les théories Mahāyāna de la causalité karmique (fondées sur la nature de buddha ou la réalité ultime) pour revenir à la causalité hinayānīste et à la notion d'un « être intermédiaire », sorte d'entité psychique servant de pont entre deux existences. Ce qui n'était qu'un des douze maillons de la « production en dépendance » (le troisième, *vijñāna* ou conscience discriminante), avait déjà été interprété dans le Mahāyāna de manière plus embryologique, comme décrivant l'entrée de la conscience dans une matrice. De là à abandonner dans la pratique le dogme de l'absence de moi, et à penser que le même individu se réincarnait d'une vie à l'autre, il n'y avait qu'un pas. Un autre pas fut franchi lorsqu'on en vint à juger que les tares sociales d'un individu l'accompagnaient tout au long de ses renaissances. Curieux cercle vicieux, qui expliquait que l'on était devenu hors caste en cette vie en fonction de ses mauvais actes passés, mais aussi qu'on le resterait dans les vies futures, quoi qu'on fasse pour s'améliorer, en raison des « imprégnations » néfastes liées au présent statut. La théorie du karma, qui avait justifié tous les espoirs d'amélioration à long terme de la destinée individuelle, en venait à se refermer sur un groupe social pour le figer dans son statut d'exclu. La question est toujours d'une brûlante actualité au Japon, où les temples bouddhiques, jusqu'à récemment, faisaient encore état machinalement du statut des hors castes sur leurs inscriptions funéraires, les condamnant ainsi à une infamie perpétuelle.

L'absence de moi (anātman)

> Les buddhas ont fait état du moi, ils ont aussi enseigné le non-moi. Et ils ont aussi enseigné qu'il n'y a ni moi ni non-moi. (Nāgārjuna)

La notion de l'absence de moi est sans doute celle qui distingue le plus nettement le bouddhisme des autres doctrines philosophiques ou religieuses. Elle est aussi la plus difficile à saisir, tant elle contredit notre conviction la plus intime. Comment rendre compte d'une telle notion, quel sens lui donner d'un point de vue occidental ? Car il ne s'agit pas seulement d'une version bouddhique de la démonstration pascalienne. Comme Pascal, certes, le maître indien Nāgasena démontre à son interlocuteur, un Grec comme par hasard, Milinda (lisez Ménandre), que le moi est introuvable, car il n'est localisable dans aucune des composantes physiques ou mentales de l'individu. Le moine bouddhique fait la même expérience radicale de l'écart que Valéry, qui à l'en croire regardait son visage et ses propriétés « comme une vache fait d'un train ». Mais la position bouddhique devient par la suite encore plus radicale : ce qui dit ou pense « je » n'est pas un sujet – n'en déplaise à Descartes. Le moi tel que nous le concevons d'ordinaire est une illusion, un produit de l'ignorance fondamentale et de toute une série de causes et d'effets – la causalité karmique. C'est l'ontologie tout entière, la croyance en l'être et en la substance, qui défaille. Il n'y a plus au cœur des êtres et des choses cette étincelle de réalité ultime, cet *ātman* qui est pour les hindous la part individuelle d'absolu, la trace du principe ultime ou Brahman au fond de soi-même. On ne trouve, derrière tous les états émotionnels ou psychiques, les pensées et les actions, aucun principe fédérateur ou unificateur immuable qu'on pourrait qualifier de moi. Il y a de la pensée, mais pas de penseur. La notion d'agent, d'une présence à l'œuvre derrière les actes, n'est qu'une erreur produite par le langage. On retrouve une idée voisine chez Nietzsche, qui voyait dans la croyance au sujet une simple erreur due à la grammaire.

La conception bouddhique de l'absence de moi *(anātman)* implique un rejet radical de la conception hindoue du moi. L'acquisition d'un moi par les renonçants indiens fut préparée par la moralisation du karma, le passage de conceptions cosmologiques à des conceptions morales – passage qui est aussi celui du brahmanisme à l'hindouisme. L'équation entre l'*ātman* et le Brahman fournissait au renonçant une sorte de levier sur l'invisible : découvrant en lui-même l'*ātman*, il parvenait à court-circuiter le cycle des naissances et des morts et à achever directement l'union avec le Brahman. Bien que les premiers bouddhistes aient également visé à échapper au cycle des naissances et des morts, ils optèrent pour une stratégie opposée et nièrent toute réalité au couple Brahman/ *ātman*.

Tout comme il n'existe pas d'entité psychique permanente sous-jacente au flux de la conscience, de « substance » ou d'essence spirituelle, il n'existe pas non plus d'entité physique permanente. Le corps est non seulement changeant, mais encore intrinsèquement vide : tel le tronc du bananier, une boule d'écume, ou une illusion. Le corps et l'esprit, à l'existence desquels nous croyons si fermement depuis Descartes, se révèlent être des erreurs de nos sens abusés. Il n'existe que des séries psychiques ou physiques impersonnelles. Du moins dans le premier bouddhisme, car dans le Mahāyāna, ces séries elles-mêmes se dissolvent, révélant leur vide intrinsèque. Le corps devient en quelque sorte transparent, et du même coup bien obscur pour un esprit ordinaire.

Tout est fondamentalement vide, éteint, nirvāné. Même cette tempête qui fait rage, en moi ou au dehors. Le tourbillon des émotions, comme les branches des arbres tordues par la tourmente, tout n'est que du vent, du vide, une apparence seulement de mouvement. En réalité tout est calme, apaisé. Il n'y a rien ni personne derrière : ni sujet ni sens subjectif. Là où nous voyons des êtres entraînés dans la ronde infernale des naissances et des morts n'existe qu'un espace serein et limpide, ne règne qu'une pure quiescence. Mais il faut le voir pour le croire, ou le croire pour le voir. Et lorsqu'on le voit, il n'y a plus rien à voir, ni personne pour voir. Le *nirvāṇa* rejette les voyeurs, comme l'océan rejette les cadavres. Cette vision délivrante, d'aucuns diront délirante, paraît à tout le moins difficilement conciliable avec d'autres notions bouddhiques, et notamment celles du karma et de la transmigration.

Pour expliquer l'apparent paradoxe d'une transmigration sans personne qui transmigre, le sage indien Nāgasena recourt à la parabole suivante : un homme qui avait pris une fillette comme fiancée et payé la dot au père dut partir en voyage. L'enfant grandit, et le père décida de la marier à un autre homme, moyennant nouvelle dot. Le voyageur revint et réclama la jeune femme à son mari. « Ce n'est pas votre fiancée que j'ai épousée », répond ce dernier ; « autre la fillette, autre la femme ». Il avait évidemment tort, au tribunal du sens commun : certes la femme n'est plus la petite fille, mais elle n'est pas pour autant « autre ». De même, explique Nāgasena, en va-t-il du moi d'existence en existence. Mais cette réponse, si elle explique apparemment le paradoxe d'une continuité dans la discontinuité, ne résout pas celui de l'absence de moi en cette vie-même.

Comment pouvons-nous interpréter l'*anātman* bouddhique, ce refus passionné du moi ? « La subjectivité, dit Merleau-Ponty, est une de ces pensées en deçà desquelles on ne revient pas, même et surtout si on les dépasse[1]. » Autrement dit, la négation – dite, pensée ou agie – du moi constitue en même temps son affirmation : elle ne s'oppose à lui qu'en le posant. Nous sommes dès lors conduits à l'interpréter *cum grano salis* (ou si l'on préfère, avec une goutte de sauce de soja) : ce qui se dit n'est peut-être pas exactement ce qui se fait en le disant, car la magie performative du langage est encore une fois à l'œuvre. Dire que le moi n'existe pas est moins un constat qu'un désir, voire un vœu pieux (et dans l'intervalle qui précède sa réalisation, un pieux mensonge).

En outre, la valeur de l'individualité, donc aussi bien sa négation, n'ont pas le même sens dans une société traditionnelle, fortement hiérarchisée, que dans une société comme la nôtre, démocratique et individualiste. Les premiers bouddhistes étaient des renonçants, des individus qui, précisément parce qu'ils avaient renoncé au monde, c'est-à-dire à la société, s'étaient retrouvés dans une situation tout à fait inédite – une posture éminemment individuelle. Le renonçant, à la différence des « hommes-dans-le-monde » qu'il a laissés derrière lui, et qui ne se définissent que par leur implication dans un réseau de relations sociales, est un individu « hors-du-monde », coupé de tout lien social. Cette individualité qui nous paraît aller de soi était rien moins qu'évidente dans le contexte indien de l'époque, et c'est peut-être parce que, mieux que personne avant lui, le renonçant bouddhique s'est trouvé en état de sentir le poids de cette nouvelle situation, qu'il aspira à déposer le « fardeau » du moi – en niant tout bonnement son existence.

La notion d'un moi *(ātman)* ou d'une personne *(puruṣa)* restèrent néanmoins en usage au niveau conventionnel de la pratique bouddhique. Il s'agissait en partie de s'adapter aux coutumes locales. Au niveau conventionnel, en effet, on trouve en Asie comme en Occident deux grandes conceptions de la subjectivité : d'une part une subjectivité de type cosmologique, occupant une place bien définie dans le cosmos ; de l'autre, une subjectivité « transcendantale », libre en face du cosmos qu'elle transcende. Ces deux conceptions se reflètent dans les deux visages de cet individu suprême qu'est le Buddha, tout à la fois « renonçant » et « conquérant du monde ». Le dogme de l'absence de moi ne rend donc pas compte de la complexité doctrinale du premier bouddhisme. Opposant dans son dogmatisme l'orthodoxie et l'hérésie, il élimine toute la gamme de réponses nuancées à la question du sujet. On trouve dans le premier bouddhisme une tendance dite *pudgalavāda*, « personnaliste », selon laquelle il existe un *pudgala* (moi, personne) qui transmigre d'une existence à l'autre, et qui subsiste même dans le *nirvāṇa*. À l'opposé, le Mādhyamika dénie toute réalité au corps comme à l'esprit. Entre les deux, le Yogācāra attribue à la conscience de l'individu une nature permanente, par-delà la mort, et y voit le lien nécessaire entre les diverses existences, le socle sur lequel repose la rétribution des actes.

La négation bouddhique du moi dont il a été question jusqu'ici est une négation qu'on pourrait qualifier de philosophique. Chez les premiers bouddhistes, de tendance réaliste, il s'agissait d'une absence démontrée, comme chez Pascal, par une analyse logique : quand on passe mentalement ou discursivement en revue l'ensemble des éléments qui constituent l'organisme, il ne s'en trouve aucun qu'on puisse qualifier de moi : il n'y a pas de « fantôme dans la machine », seulement ce qu'on appellerait aujourd'hui du *hardware* et des logiciels *(software)*. Ces composantes ont quant à elles une certaine réalité. Dans le bouddhisme Mahāyāna, en revanche, la tradition Mādhyamika prône le caractère illusoire de toutes choses : la machine elle-même est vide, synthèse illusoire de flux incessants. Dans la réalité quotidienne, les bouddhistes reconnaissent pourtant l'existence d'un moi conventionnel, ce « moi bis » dont parle Stephen Jourdain, que nous partageons avec quatre milliards d'hommes, le prenant à tort pour notre moi réel. « Je n'ai pas d'âme, il est vrai », écrivait Valéry dans une lettre à André Lebey, datée de juin 1908, « mais c'est "tout comme" ».

En outre, on trouve aussi dans le Mahāyāna une tendance qui, tout en rejetant comme illusoire le moi conventionnel, n'en affirme pas moins l'existence d'un Moi supérieur, qu'il faut savoir redécouvrir derrière les apparences. Car ce Moi s'avance masqué, et il s'est si bien pris au jeu que son masque lui colle à la peau. Il faut donc « dépouiller le vieil homme » pour retrouver en soi l'homme vrai, le buddha que nous sommes tous et avons toujours été. La distinction entre cette conception d'une nature de buddha immanente en chacun de nous et les anciennes conceptions indiennes de l'*ātman* n'est pas toujours très claire, et certains adversaires de cette théorie se sont empressés de la taxer d'hérésie. Elle n'en constitue pas moins une veine profonde du bouddhisme extrême-asiatique, et en particulier de courants comme le Chan/Zen.

Linji, ce « maître du style déroutant », selon Pascal Quignard, dit un jour à ses disciples : « Sur votre masse de chair rouge, il y a un homme vrai sans situation, qui entre et sort sans cesse par les portes de votre visage. Voyons un peu, ceux qui n'ont pas encore témoigné ! » Alors un moine sortit de l'assemblée et demanda comment était l'homme vrai sans situation. Le maître, descendant de son siège de méditation et, empoignant le moine qu'il tint immobile, lui dit : « Dis-le toi-même ! Dis ! » Le moine hésita. Le maître le lâcha et dit : « L'homme vrai sans situation, c'est je ne sais quel bâtonnet à se torcher le cul. » Et il retourna dans sa cellule.

Linji est l'héritier d'une tradition dont la devise était : « Voir sa propre nature et devenir buddha. » Pour cela, rien d'autre à faire que d'être un homme « sans affaires », sans rang ou situation, « sans qualités ». Quelqu'un qui, précisément, déroute :

> Pour peu que quelqu'un vienne à ma recherche, je sors le regarder. Il ne me reconnaît pas. Je mets alors toutes sortes de vêtements, qui font naître chez l'apprenti des interprétations ; et à tout coup il se laisse prendre à mes paroles et à mes phrases. Ô amertume ! ces tondus aveugles, ces hommes qui n'ont pas l'œil s'emparent des vêtements que j'ai mis pour me voir bleu, jaune, rouge, blanc. Et si je les enlève pour aborder des domaines purs, voilà les apprentis qui aspirent aussitôt à la

> pureté; et si j'enlève encore ce vêtement de pureté, les voilà tout perdus, et frappés de stupeur. Ils se mettent à courir comme fous, disant que je suis nu. Je leur dis alors : « Le reconnaissez-vous enfin, l'homme en moi qui met les vêtements ? » Et soudain ils tournent la tête, et voilà qu'ils me reconnaissent.

L'« homme vrai sans situation » de Linji fait également penser à l'« homme sans qualités » de Robert Musil, ou au « moi pur », totalement détaché, dont rêve Valéry. Linji disait : « Soyez votre propre maître où que vous soyez, et sur-le-champ vous serez vrais. » Valéry renchérit : « En un mot vous vous placez comme au centre, à la place de l'Opéra de l'univers – sensitive – mentale[1]. » L'« essentialisme » de Linji est d'ailleurs relatif. Dans sa version personnelle du tétralemme, il lui arrive de supprimer à la fois l'homme (le sujet) et les choses (l'objet). Pour lui comme pour Musil, il semble que « la subjectivité tourne le dos à notre être intérieur tout autant que l'objectivité ». L'autre figure majeure du Zen, Dōgen, aborde aussi la question du sujet dans un passage souvent cité :

> Étudier la voie bouddhique, c'est s'étudier soi-même; s'étudier soi-même, c'est s'oublier; s'oublier, c'est être confirmé par tous les dharmas; être confirmé par tous les dharmas, c'est se dépouiller de son propre corps et esprit, ainsi que le corps et l'esprit d'autrui ; c'est voir et disparaître toute trace d'éveil, et manifester constamment cet éveil sans trace [2].

Pour ruiner la conception « essentialiste » du moi qui prévalait à son époque, Dōgen recourt à la comparaison suivante :

> Lorsqu'une personne part en bateau, si elle regarde vers le rivage, elle pense à tort que ce dernier est en mouvement. Mais si elle fixe son regard sur le bateau, elle s'aperçoit que c'est celui-ci qui bouge. De même, lorsque vous prétendez, avec une conception confuse du corps et de l'esprit, discerner et affirmer les choses, vous vous imaginez à tort que votre esprit et votre nature intrinsèque sont constants. Mais si, opérant un retour sur vous-même, vous restez attentifs à chacun de vos actes, le principe en vertu duquel les choses sont dénuées de moi apparaît clairement[1].

Privé de toute réalité intrinsèque, le moi change constamment : il est donc vide. En revanche, les changements apparents dans notre environnement masquent leur immobilité fondamentale, leur « ainsité ». Alors que Linji prône « l'homme vrai *sans* situation » (ou sans rang), Dōgen affirme la supériorité de « l'homme vrai *en* situation » (ou doté d'un rang).

La définition bouddhique de l'absence de moi, la conception de la personnalité comme une série d'agrégats physico-psychiques, la comparaison de la conscience à un oignon dont les couches successives ne cachent aucun noyau dur, ou celle du corps à un mirage, autant de traits qui rappellent la déconstruction de l'unité personnelle apparente du sujet corporel telle qu'on la trouve chez certains penseurs de la postmodernité comme Gilles Deleuze et Félix Guattari. Ceux-ci considèrent le moi ou le corps comme une illusion réductrice. En réalité, il n'y a qu'une multitude de vecteurs énergétiques ou pulsionnels, des « flux d'intensité » ou des « machines désirantes » en perpétuel mouvement. Le sentiment illusoire d'un moi profond, noyau d'absolu sous-jacent aux phénomènes organiques ou psychiques, se produit et se joue en fait « à fleur de peau ». Ne pourrait-on pas imaginer le passage suivant, emprunté à *L'Anti-Œdipe*, sous la plume (ou le pinceau) d'un bouddhiste ? « Ça fonctionne partout, tantôt sans arrêt, tantôt discontinu, ça respire, ça chauffe, ça mange. Ça chie, ça baise. Quelle erreur d'avoir dit le ça ! Partout ce sont des machines, pas du tout métaphoriquement : des machines de machines, avec leurs couplages, leurs connexions[1]. »

Il est une autre manière encore de nier ou de relativiser le moi conventionnel au profit d'une forme plus complexe de subjectivité. Cette approche n'est pas toujours formulée de manière explicite dans des traités philosophiques, mais s'exprime essentiellement à travers le rituel. On a souvent décrit, dans le sillage de l'analyse marxiste du fétichisme de la marchandise, la façon dont l'homme se projette et s'aliène dans les objets. On trouve aussi dans le bouddhisme une théorie de la projection, qui indique à l'homme comment se « recollecter », se désinvestir du monde des objets. Mais à l'inverse, c'est se méprendre sur le culte bouddhique des icônes que d'y voir une simple forme de fétichisme ou d'idolâtrie, alors que ce culte met en œuvre ce qu'on pourrait appeler, en reprenant l'expression de Michel Foucault, une « pensée du dehors ». Le bouddhisme a déposé dans le rituel un ensemble de réflexions sur la dissémination « objective » de l'être. Nous sommes dans les objets, et nous ne le savons plus. Il s'agit d'une pensée de la médiation : l'homme atteint certaines forces, en lui ou dans le cosmos, par le détour des objets. Illusion, dira-t-on, au sens propre ou au sens freudien ; mais illusion parfois aussi efficace, sinon plus, que la psychanalyse elle-même.

Cette approche rituelle implique aussi une réflexion

sur ce qui constitue le corps propre. Comme on l'a vu, le « désenchantement du monde » n'est pas l'oubli des fables, mais le refus de croire que notre « moi » puisse se situer ailleurs qu'en ce corps. De ce point de vue encore, le bouddhisme vaut par sa « double vérité » : d'un côté (chez Linji, par exemple), il débarrasse le moi de ses oripeaux, révélant l'» homme nu » ; de l'autre (dans la sphère du rituel), il opère une dissémination du moi dans les portraits, les icônes, les reliques, etc. Le moi hors des murs. Cette conception découle, d'une certaine manière, du dogme de l'absence de moi central : au monothéisme de ce moi central répond, non pas l'athéisme de l'absence de moi, mais plutôt le polythéisme de la multiplicité du moi, voire le panthéisme de l'omniprésence du moi.

Il faut également noter, très vite, la « double vérité » idéologique d'une notion telle que l'absence de moi; autrement dit le fait que, comme toute notion philosophique, elle puisse faire l'objet d'une récupération. C'est par exemple au nom de l'*anātman* bouddhique que les théoriciens de l'impérialisme japonais prônaient l'abnégation à leurs troupes durant la guerre du Pacifique. Le sacrifice suprême de l'individu trouvait ainsi sa justification dans le mouvement centrifuge qui devait porter les Japonais à chercher leur vérité en dehors d'eux-mêmes, dans la personne de l'Empereur, identifiée à la réalité ultime, le brasier dans lequel se fondent toutes les différences, toutes les individualités.

La doctrine de la vacuité (śūnyata)

Il y a d'abord une vacuité relative, à laquelle renvoie la première noble vérité énoncée par le Buddha : les choses sont sans réalité durable, tout en ce monde est évanescent, car produit en fonction de causes et de conditions changeantes. C'est vrai, en particulier, de ce corps auquel, allez savoir pourquoi, nous sommes si attachés. Comme le dit Nāgārjuna : « Nous considérons la vacuité comme la production en dépendance ; elle est pure désignation et c'est elle, exclusivement, la Voie du Milieu. Puisqu'il n'y a aucune chose qui ne surgisse sans conditions, il n'y a aucune chose qui ne soit vide[1]. »

Mais il y a aussi une vacuité absolue. En effet, du point de vue de la vérité ultime, les choses ne relèvent pas de la production en dépendance – « loi dont on brise l'étau à l'instant même où on la comprend ». La voie du milieu selon Nāgārjuna est celle du vide entre les deux pôles de nos conceptions dualisantes, car toute conception est fausse conception. Nāgārjuna étend sa critique aux quatre nobles vérités du premier sermon bouddhique, en les reléguant globalement au statut de vérité conventionnelle.

On retrouve une critique identique des quatre nobles vérités dans le *Sūtra du Cœur (Hṛdaya sūtra).* Ce très court texte de la tradition de la Perfection de Sagesse est probablement le plus populaire de tous, et il est encore récité à l'heure actuelle chaque jour dans tous les pays d'Extrême-Asie par les moines et laïcs de diverses écoles. On le trouve même inscrit sur les tasses de thé, les mouchoirs et les cravates ! Le texte est censé rapporter les paroles du bodhisattva Avalokiteśvara, l'un des personnages mythiques du Mahāyāna, et il se démarque clairement de la doctrine du Hīnayāna : il vide en effet de leur contenu toutes les rubriques traditionnelles de ce dernier : les cinq agrégats physiques et psychiques qui constituent l'individu, ainsi que tous les organes des sens, sont ainsi déclarés « vides ». Le texte va encore plus loin : même la souffrance, et par conséquent l'extinction de la souffrance (le *nirvāṇa*), sont vides de réalité. Il se termine paradoxalement par un *mantra*, une formule magique qui paraît détonner dans ce contexte : *Gate, gate, paragate, parasaṃgate, bodhi svāha* (dont le sens, si sens il y a, est le suivant : « Allé, allé, allé au-delà, complètement allé au-delà : éveil ! »). Mais en fait le *Sūtra du Cœur* dans son entier, malgré sa teneur hautement « philosophique », est la plupart du temps utilisé comme un mantra de la plus grande efficacité, capable de sauver ceux qui le récitent même s'ils n'en comprennent pas le sens.

La notion de voie du milieu, qui dans les premiers textes désignait simplement l'abstention des extrêmes que sont l'hédonisme (les plaisirs de la chair) et l'ascétisme (la mortification de la chair), en vint assez vite à prendre un sens plus philosophique, désignant le chemin périlleux entre les Charybde et Scylla de l'éternalisme et du nihilisme, de l'existence et de la non-existence. La tradition de la Perfection de Sagesse rejette tous les extrêmes tels que la permanence et l'impermanence, la forme et l'informel, le visible et l'invisible, l'aversion et l'attraction, l'impureté et la pureté, les domaines mondain et supramondain, l'ignorance et sa fin, la vieillesse-et-mort et leur cessation. Cette sagesse ultime *(prajñā)*, dite « mère de tous les buddhas », n'accorde même plus de réalité au Buddha et à son Éveil.

La vacuité bouddhique n'est pas cachée dans le plein, comme les trous du gruyère. Elle est la source du monde phénoménal – elle n'est autre que ce monde lui-même (le gruyère avec ou sans trous). Car, dit le *Sūtra du Cœur*, « le vide c'est la forme (ou matière), la forme (ou matière) c'est le vide ». La vacuité ne s'arrête pas où commence le plein : plein et vide sont comme les deux côtés d'une bande de Mœbius, dont le recto est indifférenciable du verso. Le maître Chan Shenxiu disait : « Entendez-vous le son de la cloche que l'on sonne ? Ce son, existe-t-il pendant ou avant que l'on ait sonné la cloche ?… N'existe-t-il qu'à l'intérieur du monastère, ou atteint-il également les mondes des dix directions ? » Il disait aussi : « Le corps disparaît, mais pas son ombre. Le pont s'écoule, l'eau ne coule pas. » Dōgen, de même, déclarait : « Ce qu'on entend lorsqu'on frappe la vacuité, c'est un son mystérieux et sans fin qui résonne avant et après le coup du battant[1]. »

Le pas de deux bouddhique

> Qui veut savoir que ce qui est matière c'est encore le sans-matière,
> Doit reconnaître que le sans-forme n'est autre que le qui a forme.
> La matière, c'est le vide ; et le vide, c'est la matière.
> Il faut discriminer vide et vide, et matière et matière. (Xu Xuan)

Le bouddhisme, on l'a dit et redit, est une pensée de la médiation qui implique le dépassement de toute forme de dualisme. Comme on le verra plus loin, la notion bouddhique des deux vérités récuse le principe du tiers-exclu. Le *locus classicus* des deux vérités se trouve dans le *Mādhyamakakārikā* de Nāgārjuna :

> L'enseignement de la doctrine [promulguée] par les buddhas repose sur deux vérités : la vérité conventionnelle et la vérité ultime.
> Ceux qui ne discernent pas la différence entre ces deux vérités ne distinguent pas dans l'enseignement du Buddha la profonde réalité.
> Le sens ultime ne peut être enseigné qu'en pre-

> nant appui sur la vérité conventionnelle. Et c'est seulement en comprenant le sens ultime que l'on atteint le nirvāṇa[1].

Le réel élude toutes les doctrines philosophiques. On n'a donc pas à trancher entre matérialisme et idéalisme, ni à accepter le dilemme du marteau et de l'enclume. Il ne s'agit pas d'asséner à l'interlocuteur quelque vérité supérieure, mais au contraire de remettre en question toute vérité qui se prétend supérieure. La « vérité ultime » elle-même est toujours remise en question (en même temps que confirmée) par l'existence en sous-main d'une autre vérité, par le fait qu'elle n'est ni seule, ni simple.

La double vérité peut cependant donner lieu à des erreurs de catégorie. L'anecdote suivante, tirée de la *Collection de sable et de pierres* du moine japonais Mujū (XIIIe siècle), illustre sur le mode comique certaines de ces erreurs. En l'absence de ses disciples, un moine achète du sel à un marchand de sel à un prix prohibitif. Lorsque ses disciples lui disent qu'il s'est fait rouler, il réfléchit à une solution. Le lendemain, lorsqu'un marchand de bois se présente au temple, il lui ordonne de décharger le bois, et refuse de le payer sous prétexte qu'il l'a dupé la veille. Ses disciples interviennent, expliquant que le marchand de bois n'est pas le même que le marchand de sel de la veille. Le moine répond alors qu'ils n'ont rien compris : « Dire qu'un vendeur de sel est vendeur de sel, et qu'un vendeur de bois est vendeur de bois est propre à l'esprit de la Doctrine particulière. Mais dans l'esprit de la Doctrine parfaite on dit qu'un vendeur de bois vaut un vendeur de sel, et qu'un vendeur de sel est identique à un vendeur de bois ! » Plutôt que d'argumenter, les disciples prennent le marchand à part, et lui payent le bois. Mujū commente :

> La vue de ce clerc est véritablement biscornue. Dans la Loi bouddhique on connaît la doctrine des deux vérités, absolue et profane. Comme la vérité absolue traduit le principe de l'universalité de la vacuité, dans cette vérité il n'existe pas de distinction entre soi et les autres... Quant à la vérité profane, elle distingue l'état ordinaire de l'état illuminé, elle différencie l'illusion de l'éveil, sans détruire l'aspect phénoménal de toute chose... Ainsi notre clerc a mal compris le principe de l'universalité. S'il avait en tête l'identité des phénomènes relevant du principe de l'ultime vérité, comment a-t-il pu s'en tenir à la seule identité entre vendeur de sel et vendeur de bois ! Le supérieur, comme ses confrères et ses serviteurs, tous les hommes sans exception seraient alors assimilables les uns aux autres. Et comme dans les Dix mondes tout est revêtu d'un seul aspect sans différenciation, qui est-ce qui trompe et qui est-ce qui est trompé ? puisqu'il n'y a ni moi ni autrui, ni soi-même ni les autres. Malgré l'absence d'ego et d'autrui, si nous nous en tenons à la vérité profane..., alors vendeur de sel et vendeur de bois sont des êtres différents ! Mais pourquoi donc supprimer un seul côté et forcer les choses[1] !

Arguer de la notion que « tout est un, un est tout » pour prétendre que tout est dans l'ordre, tout va pour le mieux dans le meilleur des mondes – même les massacres d'innocents (mais alors, aussi bien la condamnation des crimes contre l'humanité), c'est se tromper de registre : c'est prétendre parler au nom de l'absolu lorsqu'on est encore dans le relatif, transformant du même coup une intuition profonde et féconde en idéologie justificatrice (comme cet autre moine japonais qui invoquait la théorie de l'identité de l'éveil et des passions pour légitimer ses penchants homosexuels).

La vérité ultime du Mahāyāna se prête elle aussi à une lecture élitiste, et la théorie des deux vérités entretient la coupure sociale (en permettant la coexistence d'une égalité ultime théorique et d'une discrimination de fait). Le passage à la notion de nature de buddha universelle aurait dû permettre l'émergence d'une égalité juridique. Mais cette émergence a été freinée, précisément, par la notion des deux vérités : dans le monde empirique, organisé sur le modèle de la hiérarchie, il est normal que l'inégalité demeure – au moins parmi les ignorants. Les sages, eux, quel que soit leur rang social, savent se reconnaître entre eux.

Subit et graduel

La controverse du subitisme, qui divisa le Chan au VIIIe siècle, ne portait pas tant sur la question de savoir si l'éveil est subit ou non : tous s'accordaient sur le caractère soudain de l'expérience en question. Elle concernait plutôt la question de savoir si cet éveil peut être le résultat d'œuvres pieuses ou de techniques contemplatives. Tandis que l'école dite graduelle soulignait l'utilité de certaines pratiques, l'école dite subite les rejetait en bloc. Les positions sont clairement tranchées dans l'anecdote du concours versifié qui aurait opposé les fondateurs de ces deux écoles, Shenxiu (mort en 706) et Huineng (mort en 713). Selon Shenxiu, « Le corps est l'arbre de l'éveil,/ L'esprit est comme un clair miroir./ Appliquez-vous sans cesse à le polir,/Pour que la poussière ne s'y amasse pas. » À quoi Huineng rétorque : « Il n'y a ni arbre de l'éveil/ Ni clair miroir./ Foncièrement, rien n'existe./ Où la poussière pourrait-elle s'amasser ? »

C'est ce poème didactique qui, nous dit-on, valut à Huineng le titre de sixième patriarche du Chan. Malheureusement, les deux poèmes sont apocryphes, et représentent de toute évidence le point de vue des disciples de Huineng. Ce point de vue, selon lequel nulle pratique n'est nécessaire, puisque tout est vide, conduisait logiquement à une impasse : en effet, si tous les êtres sont intrinsèquement éveillés, la méditation assise est aussi inutile que les œuvres pieuses, et l'école Chan elle-même, ainsi que ses patriarches, perd toute raison d'être. Dans la pratique, cependant, ce radicalisme théorique fut bien vite tempéré.

Subit et graduel semblent faire signe vers deux types d'expériences incommensurables. Le différend qui les oppose est sans conclusion ou résolution possible. Des conciles peuvent avoir lieu, mais toute réconciliation semble exclue. En quoi consiste donc ce différend, si tant est qu'on puisse l'exprimer ? Du point de vue subit, toute initiation est illusoire, tout progrès se fait, littéralement, dans le vide, il est par conséquent nul et non avenu, ni à venir. Du point de vue graduel, c'est plutôt le *fiat* subitiste (« Que la lumière soit, et l'illumination fut ! ») qui rend tout progrès, tout éveil impossible, et mène à une résolution illusoire. Toutefois, ce différend n'est pas tout à fait stérile, dans la mesure où il mobilise la pensée, la met littéralement en mouvement. La question de savoir laquelle des deux vues, subite ou graduelle, est la meilleure en théorie ou en pratique, n'est pas susceptible d'une réponse simple et unilatérale. Elle requiert une réponse en double bande. Le paradigme subit/graduel établit une structure paradoxale, à double sens, s'ouvrant sur une double vérité.

Du subit et tout ce qui s'ensuit

> Adeptes, voulez-vous voir les choses conformément à la Loi ? Gardez-vous seulement de vous laisser égarer par les gens. Tout ce que vous rencontrez, au-dehors et même au-dedans de vous-mêmes, tuez-le. Si vous rencontrez un Buddha, tuez le Buddha ! Si vous rencontrez un patriarche, tuez le patriarche ! Si vous rencontrez un Arhat, tuez l'Arhat ! Si vous rencontrez vos père et mère, tuez vos père et mère ! Si vous rencontrez vos proches, tuez vos proches ! C'est là le moyen de vous délivrer, et d'échapper à l'esclavage des choses ; c'est là l'évasion, c'est là l'indépendance ! (Linji Yixuan)

Sans doute est-il abusif de parler d'une « perspective » subite. Le subit est bien plutôt le point de fuite qui rend possible la perspective. Il renvoie à une expérience proprement renversante, une catastrophe mentale, l'irruption du « tout autre » dans la conscience individuelle. Ainsi, au sein ou sur les marges d'un discours essentiellement métaphysique, se trouve préservée la possibilité d'un débordement. Au sens ultime, le subit n'est pas l'opposé du graduel, mais ce qui subvertit l'opposition entre subit et graduel. Cette intuition est évanescente, fugitive, soudaine et totale. Elle ne peut être l'aboutissement programmé d'un progrès empirique. Même si elle est précédée par une pratique graduelle, ce n'est pas à la façon dont un effet est précédé par sa cause. Il s'agit d'un de ces états paradoxaux qui résistent à toute tentative de les produire (y compris la méditation assise ou les *kōan*). Définir l'éveil comme un état à atteindre, c'est encore se laisser abuser par le langage ordinaire. Aussi les textes Chan nous mettent-ils constamment en garde contre une telle interprétation. L'éveil est censé être complètement imprévisible, inattendu, impensable, au-delà de toute attente. Il est parfaitement aporétique, en ce sens qu'il n'y a pas de chemin *(poros)* qui puisse y mener.

Le terme subitisme désigne donc deux approches diamétralement opposées. La première, dans la mesure où elle encourage le pratiquant à « voir sa nature propre », reste une métaphysique de la présence, tandis que la seconde s'attache à subvertir tout désir de présence, toute idée de vérité. Selon le *Sūtra de l'Éveil parfait*, un apocryphe Chan en vogue au VIIIe siècle : « La conscience étant une illusion, il faut s'en détacher. Ce détachement étant une illusion, il faut s'en détacher. Le détachement du détachement étant une illusion, il faut encore s'en détacher. Il n'y a alors plus rien dont on doive se détacher et toutes les illusions ont disparu[1]. » Vers la même époque, le maître Chan Shenhui disait : « Ce dont on fait l'ascension avec crainte [c'est-à-dire graduellement]..., ce ne peut être qu'un vilain tertre de terre accumulée [...] S'il faut avoir recours aux degrés successifs, on ne touchera pas le but et l'on établira le principe du graduel [...] Comprendre sans avoir recours au graduel, spontanément, voilà le sens de la nature subite[2]. » À treize siècles de distance, Wittgenstein fait étrangement écho à Shenhui : « Si le lieu auquel je veux parvenir ne pouvait être atteint qu'en escaladant une échelle, je renoncerais à y parvenir. Car là où je veux réellement aller, je dois déjà, en vérité, être. Ce que l'on peut atteindre en se servant d'une échelle ne m'intéresse pas[3]. » Le caractère total et définitif de l'éveil est souligné par Stephen Jourdain, dans un opuscule intitulé, précisément, *Éveil* :

> Curé, plombier, député, esprit aigu, vivace, âme cartonneuse, esprit cultivé, homme en friche, homme de rigueur, tricheur, tous dormant, tous évanouis au même degré, tous persuadés de veiller, et privés de conscience de la même façon exactement. Car ce sommeil métaphysique est sans graduation, sans nuance, est un unique niveau, auquel on appartient tout à fait ou pas du tout.
> Comment leur faire comprendre qu'ils dorment ? Ils admettraient volontiers l'idée que le degré de la conscience qu'ils ont d'eux-mêmes n'est pas ultime, que cette saisie de soi pourrait, quantitativement, être améliorée – comme on rendrait plus clair, plus intense un jour qui serait déjà levé. Mais comment leur faire croire – comment simplement leur faire poser l'hypothèse que, précisément, ici, le jour n'est pas encore levé ? Que la question se pose réellement de savoir si la lueur qu'ils connaissent participe du fait diurne ?…
> Pour que la métaphore diurne soit rigoureuse, il faudrait que le jour naisse brusquement, sans aube, sans prémisse aucune, qu'il éclate, fulgure, que tout à coup il soit là, entier, parfait, les aiguilles de votre monde indiquant midi…

Mais, comme Monsieur Jourdain (celui de Molière, sans rapport avec l'auteur juste cité) faisait de la prose sans le savoir, les hommes tissent en permanence la prose du monde par leurs pensées, sans s'en rendre compte – et ce ronronnement perpétuel de la conscience est précisément ce qui les endort : « Comment leur faire savoir qu'en cette vigilance exemplaire qu'est la conscience de soi habituelle, ils DORMENT! » Hélas, l'artifice des majuscules, équivalent typographique d'un coup de semonce verbal, semblable aux coups de gueule ou de bâton d'un Linji, ne suffit pas à secouer la torpeur du lecteur. Parfois, pourtant, ces détails jouent le rôle de certaines anomalies particulièrement aberrantes du rêve, qui forcent le rêveur à s'avouer que tout cela est impossible, et qu'il est donc en train de rêver. C'est sans doute ainsi qu'il faut comprendre les paroles ou comportements « insensés » des maîtres Chan. Ils jouent le rôle de réveille-matin, dont le sens véritable, quel qu'en puisse être par ailleurs le contenu sémantique, serait tout bonnement « DRRIINGG... » Que dirait-on de philosophes qui, semblables aux buveurs de thé dans *Alice au pays des merveilles*, s'évertueraient à une « herméneutique du Dring » ? C'est pourtant ce que font la plupart des pratiquants du Zen.

Éloge de l'entre-deux et du passage

Après ce lent déploiement du sens du subitisme, opérons une subite volte-face vers la perspective graduelle. Il y a une double vérité du gradualisme, car ce terme a deux référents distincts. Il désigne tout d'abord une intuition fondamentale, une épistémologie et une anthropologie implicites, une conception cohérente du monde et de l'éveil; en d'autres termes, une « structure structurante » qui n'est pas simplement une catégorie classificatoire, mais un schéma directeur ouvert à la multiplicité empirique. Mais le terme désigne aussi une conception réifiée, une « structure structurée » explicite – une doctrine qui a surtout servi de repoussoir à la doctrine rivale, le « subitisme ». Il est difficile de parler objectivement du gradualisme, car on est plus ou moins consciemment influencé par toute une tradition qui n'y voit qu'une concession aux faiblesses du pratiquant ordinaire; ou, ce qui revient à peu près au même, une position dépassée par le subitisme. Comme on l'a noté, subitisme et gradualisme n'apparaissent sur la scène sectaire que par l'entremise de définitions réductrices. Pourtant, le gradualisme n'a jamais été effectivement réfuté par le subitisme (et pour cause), et il ne se réduit pas à une simple déviation ou phase préliminaire de ce dernier.

Au-delà de la caricature du gradualisme que nous donnent les subitistes, il existe un gradualisme plus fondamental. Selon le *Mādhyamakakārikā* de Nāgārjuna : « Tout est comme il semble, rien comme il semble. A la fois comme il semble et non comme il semble. Tel est l'enseignement progressif des buddhas. » Ainsi, comme le note Guy Bugault, « l'enseignement des buddhas, même lorsqu'il est graduel et discursif, est trop subtil pour ne point passer au travers des tamis disjonctifs[1] ». Ce gradualisme, dans sa dimension plus proprement anthropologique, reflète une vision du monde, une conception du réel et du sacré qui rappelle un peu celle que décrivent Henri Hubert et Marcel Mauss dans leur étude sur le sacrifice. Selon ces auteurs, l'espace sacré est structuré, et le rituel peut se concevoir comme une progression dans cet espace sacré, de l'enceinte la plus extérieure au saint des saints. Cette structure est également celle du *maṇḍala*, un dispositif visuel qui constitue dans la tradition ésotérique un moyen d'accès à l'éveil. Dans cet espace sacré, tout saut, toute solution de continuité provoquerait une perte d'équilibre qui pourrait être fatale. Cette conception du sacré constitue une dimension fondamentale de la pensée religieuse archaïque. L'éveil graduel serait dans ce contexte le processus de découverte des structures ontologiques du réel et/ou des structures anthropologiques de l'imaginaire.

Ce gradualisme est sans doute l'un des traits dominants de la pensée chinoise, religieuse ou lettrée. On pourrait objecter que ce type de gradualisme « naturel » – entendu comme soumission à l'ordre des choses et aux rythmes de la nature, participation au flux de la vie et respect de la multiplicité du réel – est en fait assez proche du « quiétisme » subitiste, qui estime que tout est déjà accompli et que tout effort est par conséquent superflu. Il en diffère néanmoins dans la mesure où il exprime la réalisation que la nature ne fait pas de saut. L'éveil subit tranche le nœud gordien, refusant le jeu traditionnel qui consiste à nouer et dénouer des nœuds. Le gradualisme, lui, se prête au jeu.

À cause de son élitisme et de son refus apparent de toute méthode sotériologique, le subitisme prêtait le flanc à une critique gradualiste qui se développa au sein même de l'école Chan. Dans une lettre à son frère Yun'yan Tansheng, le maître Chan Daowu Yuanzhi (IXe siècle) opposait les enseignements de leurs maîtres respectifs, Baizhang et Shitou, en les comparant respectivement à une quincaillerie et à un magasin où l'on vend de l'or pur, et il pressait Yun'yan de quitter la « quincaillerie de Baizhang ». Commentant ce passage, Yangshan Huiji souligne la valeur des médiations : « Le quincaillier vend toutes sortes de choses, de la crotte de souris à l'or pur. Le marchand d'or pur ne peut répondre à la demande de ceux qui veulent de la crotte de souris. » Un argument voisin se retrouve chez le maître Zen Dokuan : « Lorsque des gens de faibles capacités entendent parler de l'éveil subit, il en va comme lorsque de petites plantes reçoivent une grande averse : elles sont renversées et ne peuvent croître. » Alors que le subitisme semble dénier toute valeur aux médiations, le gradualisme cherche à penser l'entre-deux, l'interminable cheminement dans lequel nous sommes engagés. Contrairement aux partisans du saut, il considère que le passage n'est pas insignifiant, qu'il est même essentiel.

La double vérité

> Une forme de la vérité, non pas une vérité cohérente et centrale, mais bien latérale et divisée
>
> (Thomas de Quincey).

Comme celle de tant d'autres mouvements de pensée, l'histoire du bouddhisme semble soumise à ce que Bergson, dans *Les Deux Sources de la morale et de la religion*, proposait d'appeler la « loi de dichotomie », loi qui « paraît provoquer la réalisation, par leur seule dissociation, de tendances qui n'étaient d'abord que des vues différentes prises sur une tendance simple[1] ». De ce fait, « une tendance sur laquelle deux vues différentes sont possibles ne peut fournir son maximum, en quantité et en qualité, que si elle matérialise ces deux possibilités en réalités mouvantes, dont chacune se jette en avant et accapare la place, tandis que l'autre la guette sans cesse pour savoir si son tour est venu[2] ». Bergson semble par moments considérer cette « tendance originelle » comme une synthèse ou un compromis, la projection sur un plan médian et intermédiaire de deux tendances préexistantes, issues de deux sources opposées. Source unique se séparant en tendances simples, ou source duelle s'exprimant par des synthèses temporaires, qui se disjoignent bientôt pour se reformer en aval ? L'alternative est un peu celle de l'œuf et de la poule –, l'un ou l'autre étant, selon le point de vue, cause ou effet de l'autre. Une autre figure, propre à illustrer la double vérité bouddhique, est celle du canard-lapin de Wittgenstein – figure indéterminable, car elle peut se percevoir tour à tour comme canard ou lapin, le bec du canard devenant les oreilles du lapin, ou inversement. L'artiste hollandais M. C. Escher s'est spécialisé dans ce type d'images récursives. Dans la symbolique chinoise, le symbole bien connu du *yin* et du *yang*, décrivant comme on sait l'alternance des deux phases ou principes de la réalité, est un exemple du même type : au sein même de la partie rouge *(yang)* apparaît un petit cercle blanc *(yin)*, et inversement. Mais, dira-t-on, deux vérités valent-elles mieux qu'une ? Qu'advient-il de notre idée de vérité lorsqu'elle se dédouble, devenant une sorte de figure récursive – où la forme et le fond s'équivalent ?

Presque toutes les histoires de la philosophie tendent à réduire la complexité du parcours historique de cette discipline à la réinscription sans cesse renouvelée d'un « duel » primordial – au double sens de cas grammatical (le *duo*, entre singulier et pluriel) et de combat (le *duellum*) – entre deux traditions. Celles-ci sont représentées, selon les cas, par Parménide et Héraclite, Platon et Aristote, ou autres tandems semblables. Tout philosophe s'inscrirait à un moment donné (sinon toute sa vie) dans la mouvance d'une tradition ou de l'autre. Ainsi Bergson, lorsqu'il écrit *La Pensée et le Mouvant*, se veut-il le lointain héritier d'Héraclite. Le philosophe grec est célèbre pour avoir affirmé qu'on ne se baigne jamais deux fois dans le même fleuve, et, comme Hegel plus tard, il plaçait la contradiction au cœur des choses.

Le réel et son double

Le bouddhisme se définit parfois comme une saisie du réel (« saisie » rendue possible par la réalisation qu'il n'y a précisément, rien à saisir). Signalons au passage le paradoxe apparent d'une *réflexion* qui vise à comprendre la façon dont la pensée elle-même, en engendrant toutes sortes de fausses notions telles que bien et mal, recouvre le réel d'un tissu de représentations dualistes qui nous en refuse toute perception directe. La pensée dualiste crée en particulier un monde idéal, qui nous paraît plus vrai, et nous incite à rejeter le monde des sens et de la multiplicité empirique.

Depuis l'idéalisme grec, tel qu'il s'exprime dans le mythe platonicien de la caverne, la pensée européenne a sans cesse posé l'existence d'un double registre de l'être : le réel et l'apparence, l'essence et l'existence, l'en-soi et le pour-soi, etc. Il existe un différend profond entre deux visions mutuellement exclusives du monde, l'idéaliste et la matérialiste. Les deux approches coexistent pourtant tout au long de l'histoire, aussi bien dans la pensée bouddhique que dans la pensée occidentale. Épistémologiquement, il n'y a sans doute pas plus de raisons de choisir ou de rejeter l'une plutôt que l'autre. Si l'idéaliste lâche la proie pour l'ombre – au sens figuré s'entend, car le réel, précisément, n'est pas une proie –, le réaliste, lui, lâche l'ombre pour la proie, et qui plus est, sa propre ombre, partie essentielle de lui-même. Un jour, le philosophe taoïste Zhuangzi observa dans un bois de châtaigners une étrange pie. Celle-ci, au lieu de s'envoler à son approche, restait tendue vers sa proie, une mante religieuse, laquelle, s'apprêtant elle-même à attraper une cigale, en oubliait tout le reste. Zhuangzi resta un moment fasciné à les contempler, avant de réaliser qu'il n'était lui aussi qu'un maillon dans une chaîne prédatrice. Il rentra chez lui tout troublé. À son disciple qui lui demandait les raisons de ce trouble, il répondit : « C'est parce que mon attention s'attachait à des êtres extérieurs et que j'oubliais de penser à moi-même. Qui contemple les eaux bourbeuses manque les eaux claires[1]. » Le réel, lui, se trouve plutôt entre deux eaux. Ou bien, en modifiant la métaphore, on peut dire que le bouddhisme trace sa voie du milieu en rejetant d'un côté le réalisme, de l'autre l'idéalisme (ou le nihilisme, selon les cas), « comme le soc de la charrue creuse le sillon et le cerne d'une double levée de terre[2] ».

Du double au simple, et inversement

Dans une série d'ouvrages, le philosophe Clément Rosset entreprend de récuser la logique du double qui sous-tend selon lui tous les idéalismes. Sa critique vaut implicitement pour la pensée scientifique, dans la mesure où celle-ci présuppose le dédoublement entre sensible et intelligible. Ce dédoublement serait le propre d'une pensée métaphysique qui « se fonde sur un refus, comme instinctif, de l'immédiat, celui-ci soupçonné d'être en quelque sorte l'autre de lui-même, ou la doublure d'une autre réalité ». Pour l'idéaliste, le réel « ne commence qu'au deuxième coup, qui est la vérité de la vie humaine, marquée au coin du double[3] ». Pour Rosset, en revanche, le réel existe totalement, il ne saurait avoir ni ombre ni double. L'advenue « subite » du réel, tel qu'il la décrit, n'est pas sans rappeler l'éveil subit selon le Chan. À cette perception soudaine, immédiate, s'oppose la perception ordinaire, graduelle, qui demande du temps et de la distance.

En dépit de son apparente immédiateté, le réel est

dans la plupart des cas déjà transfiguré par la perception, la pensée, le langage et la croyance. Le réel du botaniste à la campagne n'est pas le même que celui du paysan ou du poète. Même dans le cas de l'expérience mystique, la « présence » au réel n'est jamais simplement donnée, elle est toujours construite, et elle implique des degrés de profondeur, du plus au moins réel – même si tous ces degrés se valent en réalité absolue.

Certes, l'idéal peut servir de refuge commode devant les assauts d'une réalité prosaïque, fournir un alibi dérisoire contre le « principe de réalité ». C'est ainsi que Hegel, vers la fin de sa vie, aurait déclaré à un fils naturel venu se faire reconnaître : « Je sais que j'ai été pour quelque chose dans votre naissance, mais auparavant j'étais dans l'accidentel, je suis maintenant dans l'essentiel. » Mais si l'idéal est souvent une forme de dérobade, on peut en dire autant de nombreuses activités humaines qui nous cachent le réel en prétendant l'approfondir. Et si tous les livres n'étaient qu'une façon de fuir la réalité? Pourquoi écrire, sinon pour créer un double qui nous survive – ne serait-ce que d'une courte existence destinée au pilon? Tel est le paradoxe de l'érudit qu'il préfère souvent chercher à comprendre un autre lointain plutôt que ses proches; la compréhension de l'autre en vient à jouer le rôle d'alibi, justifiant son refus du réel quotidien. On peut, selon son humeur, voir là un système délirant, ou à l'inverse un refus de se laisser enfermer dans une tautologie ethnocentrique. Peut-être seul ce détour permettra-t-il l'accès, peut-être n'est-il aussi qu'une fuite en avant, une façon de se perdre.

L'entreprise métaphysique par excellence consisterait à « mettre l'immédiateté à l'écart, la rapporter à un autre monde qui en possède la clef, à la fois du point de vue de sa signification et du point de vue de sa réalité[1] ». À cela, on peut objecter que la croyance à l'immédiateté du réel (la « réalité de la réalité ») comporte une certaine naïveté. Dans le cas du discours Chan/Zen notamment, qui est sans doute l'exemple le mieux connu d'une apologie du réel, le recours à la « rhétorique de l'immédiateté » est rien moins qu'immédiat ou dénué d'arrière-pensées, il fonctionne dans la pratique comme un argument d'autorité, une manière de revendiquer un privilège ou droit de priorité sur la vérité. Il ne suffit pas de se vouloir immédiat pour l'être. Au contraire, l'immédiateté est un de ces états paradoxaux qu'on perd en les cherchant[2].

Le moins qu'on puisse dire est que l'immédiateté, la transparence, l'immanence ou la présence à l'être ne sont pas les choses du monde les mieux partagées. En Chine, terre soi-disant bénie de l'immanence, pour un Zhuangzi et quelques immortels qui, nous dit-on, s'ébattent dans le *dao* ou se fondent dans la nature, on a des légions d'épigones pour qui le naturel n'est qu'un idéal, un alibi ou une posture idéologique. Les partisans du naturalisme taoïste parlent le plus souvent, comme ceux de la mystique chrétienne, à partir d'un manque ou d'une absence. L'apologie du réel est souvent la marque d'une métaphysique de la présence. Quant à ceux qui rejettent toute métaphysique et s'en tiennent à ce qui tombe sous le sens (ou les sens), ils sont enclins à une vision manichéiste qui exclut comme hérétique, voire diabolique, toute forme de spiritualité, toute espèce de transcendance prétendant nous détourner du concret, de l'immanence sacrosainte.

Idéalisme et matérialisme

La religion, comme utopie, peut aussi bien encourager la fuite, le déni de la réalité sociale, que l'esprit de résistance, le refus de se laisser assigner à résidence. Elle est tantôt un opium du peuple, utilisé par l'idéologie dominante, tantôt une tactique mise en œuvre contre cette idéologie, pour l'éluder, la doubler, la jouer, la tenir en échec par la création d'hétérotopies : « Vous me croyez là, mais je suis déjà ailleurs. » D'où la menace, ou tout au moins la nuisance, que constituent certaines formes de religiosité « sauvage » pour les régimes autoritaires.

Le fait qu'une conception religieuse réponde à certains besoins psychologiques, s'il peut jeter quelque doute sur cette conception, comme l'a noté Freud, ne suffit pas à la prouver fausse. Il est des illusions qui ne sont illusoires que parce qu'elles remplissent en même temps une fonction psychologique. Doit-on dire, par exemple, que la beauté du réel, telle que peut la ressentir le poète ou l'artiste, est illusoire parce qu'elle répond à un besoin esthétique ? À ce compte, la « cruauté du réel », loin d'être l'adéquation au « principe de réalité », pourrait aussi bien répondre à un besoin chez le masochiste. Par ailleurs, peut-on simplement traiter des croyances parfois millénaires, dont certaines se disent fondées sur une sagesse et sur une expérience de « source vive », comme de simples mensonges, radotages, ou délires narcissiques ? Quelque chose passe ou se passe dans ces rites ou expériences religieuses – même si on ne sait pas exactement quoi. Le fait que nous soyons (ou croyions être) privés de toute « communication à l'être » ne nous autorise pas à préjuger de l'expérience des autres, même s'il est indéniable que l'on retrouve dans toute culture (même les cultures himalayennes) du politique et de l'idéologique, de la contrainte et de l'illusion. Ceux qui pourfendent les certitudes de la croyance sont soutenus par une autre croyance – elle aussi sans faille – en la réalité matérielle. Ils tendent à confondre esprit critique et croyance matérialiste, alors que tout le problème consiste à garder l'un sans se laisser envahir par l'autre. Affirmer que l'idéalisme religieux implique le fanatisme, l'Inquisition et les guerres de Religion, comme on le fait si souvent, c'est un peu comme si l'on disait que le matérialisme implique le trafic d'organes, en privant la personne de toute transcendance et en réduisant la vie humaine au jeu de l'offre et de la demande. S'il est vrai qu'une coupure trop marquée entre l'idéal et la réalité est problématique, il n'empêche que c'est toujours au nom de quelque idéalisme que se sont faites jusqu'ici les tentatives de lutter contre la misère et l'injustice. On objectera que la distinction entre idéal et réalité n'implique pas forcément une transcendance, que l'idéal peut se déployer en quelque sorte horizontalement, sur un plan purement humain. Mais on sait les difficultés, voire l'impossibilité, qu'il y a aujourd'hui à fonder une morale en dehors de toute transcendance. Selon Clément Rosset, l'impératif moral kantien lui-même a quelque chose d'inadmissible dans sa prétention à l'universalisme, il manifeste une tendance troublante au prosélytisme, voire au fanatisme. Ce qui n'implique pas, comme le voudrait le principe du tiers-exclu, que le cynisme soit la seule autre possibilité.

Le réel gagne parfois à être dédoublé (avec ou sans transcendance), mais il peut aussi bien y perdre, lorsque cette « duplicité » se fige en manichéisme. Le problème n'est donc pas le dédoublement en soi, mais l'usage qu'on en fait. Il faut toujours tenir compte du double registre, logique et existentiel, de la vérité. Ce qui est vrai sur le plan logique peut se révéler faux, voire néfaste, sur le plan existentiel, et inversement. Par ailleurs, il faut admettre que l'illusion fait elle aussi partie du réel, puisque c'est en se voilant que le réel se donne à nous. La profondeur qu'ajoute la pensée au réel n'est pas un pur non-être, elle en constitue une dimension fondamentale. La distinction entre le sensible et l'intelligible, ou entre le matériel et le spirituel, est constitutive de notre appréhension occidentale du réel, même si elle semble moins pertinente (quoique jamais totalement absente) dans d'autres cultures comme celles de la Chine ou du Japon. On peut regretter ce dédoublement, mais se rabattre simplement sur l'un des deux termes, en l'occurrence le matérialisme, ne permet pas de le dépasser, il ne fait que l'exacerber. Comme le note Marcel Gauchet : « La vraie question, ce n'est pas celle de l'être, c'est celle des contraintes externes qui nous obligent à la poser de cette facon. Pourquoi ce partage structurel qui nous présente toute réalité sous deux visages – par surcroît antagonistes et critiques l'un de l'autre[1] ? »

Le réel impénitent

> Tout est bien comme il semble, rien comme il semble. A la fois comme il semble et non comme il semble. Ni l'un ni l'autre. (Nāgārjuna)

Le réel est par nature un objet flou, évasif, précisément parce qu'il n'est pas un objet. Comme le *dao*, ou le vent dans les branches, il se connaît surtout par ses effets. Qu'appelle-t-on d'ailleurs ici le réel ? Selon Clément Rosset, c'est « tout ce qui existe en fonction du principe d'identité qui énonce que A est A ». On est donc en apparence aux antipodes de la pensée bouddhique, et pourtant celle-ci se définit également comme une adéquation au réel – mais un réel qui ne serait plus limité par le principe d'identité. Plus concrètement, le terme « réel » semble prendre chez Rosset deux sens différents. Il désigne d'abord, minimalement, ce que Freud appelait le « principe de réalité » – la réalisation que les choses ne sont pas ce que, dans mon narcissisme primaire ou secondaire, je voudrais qu'elles soient. En ce sens, Rosset est tout à fait fondé à affirmer qu'il faut se forcer à regarder les choses en face, à les voir comme elles sont. C'est même un truisme, mais combien dans la pratique sont capables de voir que le roi est nu, à plus forte raison de le dire tout haut?

Le réel ne désigne pas seulement la réalité telle qu'elle tombe ordinairement sous le sens, mais aussi telle qu'elle se révèle parfois au sein d'expériences particulièrement intenses, dont certaines relèvent de la « mystique sauvage ». Ces expériences peuvent être spontanées, ou déclenchées par des adjuvants comme l'alcool, le LSD ou la mescaline. Comment rendre compte d'une expérience telle que, comme le dit Henri Michaux, « cinquante onomatopées différentes, simultanées, contradictoires et chaque demi-seconde changeantes, en seraient la plus fidèle expression[1] »? Au regard d'une telle expérience, notre réalité quotidienne fait pâle figure. Mais ce réel qui se révèle ainsi à l'improviste, ce « sentiment océanique » dont Freud faisait un reste ou le retour de narcissisme, cède bientôt la place à un réel morne, un quotidien terne, sans allégresse, hanté par l'absence, appauvri faute d'être transmué par la vision. La victoire du « principe de réalité », c'est le réel dans toute sa cruauté, un sentiment chronique de déréliction alternant avec de rares moments de grâce. C'est donc dans l'expérience vécue, et son souvenir dans l'esprit du sujet, que le réel, de lui-même, se dédouble.

L'existence de la plupart d'entre nous semble relever d'un seul registre. En dépit de sa complexité, d'intuitions élusives devant les êtres et les choses, ou de rêves promptement oubliés, portes trop vite refermées sur leur secret essentiel, elle nous paraît tristement unidimensionnelle. De temps à autre, lorsque pour une raison ou une autre la fascination de la réalité objective faiblit, il arrive qu'on éprouve la sensation d'une autre dimension, d'un type différent de perception, d'un autre rapport possible au réel. Parfois cette réalisation se révèle durable, et modifie de fond en comble le psychisme du sujet. Telle est l'expérience de certains adeptes du Chan, qui obtinrent l'éveil à l'improviste en regardant les fleurs de prunier, en entendant le son d'un torrent ou le choc d'un caillou sur le bambou, ou même en s'appuyant contre un mur qui n'était pas là. C'est une expérience de ce type que décrit Stephen Jourdain dans *Éveil* :

> L'acte de moralité suprême par lequel un esprit, bravant l'injonction hypnotique qui le précipite vers l'aval de lui-même et l'y éparpille, se tourne vers l'amont, vers la source ; projette la lumière de la conscience sur le présent diamantin où s'accomplit la création personnelle, surprend cette pointe d'actualité pure en laquelle le sujet réel œuvre réellement : pour y dénoncer l'entreprise originelle de travestissement de l'ouvrage humain, le caractère illusoire, frauduleux de la soi-disant réalité en laquelle cette créature de la créature cherche à se constituer, la dangereuse, la mortelle

plaisanterie de la qualité d'objectivité dont elle réussit à se parer. »

Jourdain distingue clairement les deux modalités du réel évoquées plus haut :

> Je me tournais vers le dehors, je contemplais le monde – je dis : le monde, et non l'ersatz subjectif, la dérisoire imitation qu'appréhende l'état dit vigilant –, je contemplais la splendeur de la rue, ou du quai de gare, que les créatures de mon esprit venaient d'abandonner, de mettre à nu : je considérais le Superflu...

La multiplicité du réel, ou plutôt (mais n'est-ce pas la même chose ?) de la perception que nous en avons, est évoquée métaphoriquement par le maître Zen Dōgen :

> Lorsque, dans un bateau qui prend le large sur une mer sans montagnes, on regarde dans les quatre directions, on ne voit qu'un seul aspect, celui de l'étendue circulaire. Cette vaste mer n'est pourtant ni ronde ni carrée, il lui reste d'inexhaustibles vertus. Elle est comme un palais, comme un collier de joyaux. Mais nos yeux n'y discernent pour l'instant qu'un cercle. Il en va de même pour l'ensemble des choses. Quoique ce monde poussiéreux, et l'univers au-delà de nos normes, présentent de nombreuses apparences, on ne peut les appréhender par les sens et l'esprit que dans la mesure où nos facultés visuelles ont été développées par la pratique. Pour saisir le principe qui guide les dix mille choses, sachez que, outre leur apparence carrée ou ronde, les mers et les montagnes ont encore des vertus infiniment vastes, et qu'il existe des mondes aux

> quatre orients. Sachez enfin qu'il en va de même, non seulement tout autour de nous, mais aussi bien en nous-mêmes et dans la moindre goutte d'eau[1].

Faut-il se fier aux apparences ?

L'écart entre les deux aspects du réel est souvent exprimé comme une distinction ontologique entre la réalité et le monde des apparences. Cette opposition a une longue histoire. Comme le note Heidegger, dans la première pensée grecque, « être » signifiait « apparaître », et l'apparaître n'était donc pas perçu comme quelque chose d'accidentel. Ce n'est que par la suite, et notamment chez Platon, que l'apparence fut déclarée trompeuse et perdit son statut ontologique, rabaissée dans le même mouvement qui éleva l'être vers les hauteurs métaphysiques. Du coup, le divorce était consommé entre l'étant purement apparent ici-bas, et l'être réel quelque part ailleurs. C'est dans cet intervalle que s'installa plus tard la doctrine chrétienne. Il fallut attendre la révolution kantienne pour que le phénomène retrouve sa valeur d'apparition.

Aux antipodes de la pensée grecque, dans la Chine classique, Zhuangzi mettait déjà en cause l'opposition de la réalité et de l'apparence : est réel, selon lui, ce qui existe du simple fait d'être là. Il en va ainsi du savoir, du non-vrai et du rêve, qui existent tout autant que le savoir dit vrai, et que la prétendue réalité : illusion et « réalité » font également partie de la vie, ils ont la même réalité d'existence (les rêves rendent joyeux ou tristes), et la même irréalité, le même caractère factice[2].

Même à l'ère de la raison positiviste, au XIXe siècle, tout le monde ne souscrit pas à l'apologie du réalisme ordinaire. Ambrose Bierce, esprit au demeurant athée et rationaliste, définit le réalisme dans son *Dictionnaire du Diable* comme « l'art de dépeindre la nature comme elle est vue par les crapauds. Le charme dans lequel baigne un paysage peint par une taupe, ou une histoire écrite par une chenille arpenteuse ». Ou encore, comme dirait Zhuangzi, le monde vu par une grenouille au fond d'un puits.

Chassez le réel, il revient au galop. Mais est-ce bien encore le même, ou déjà son double ? En réalité, le proverbe dit : chassez le naturel… Mais qu'est-ce qui est le plus naturel, en l'occurrence – la réalité ou l'apparence (étant entendu que l'une et l'autre *sont* le réel, sous ses deux faces) ? Le réel est feuilleté – donc au moins double. C'est une question de niveau. On dit souvent de quelqu'un qui est obnubilé par les détails, que l'arbre lui cache la forêt. On pourrait aussi dire, pour rendre la métaphore plus active, que « les fourmis lui cachent la fourmilière ». Qu'est-ce qui est le plus réel – les fourmis ou la fourmilière ? Le comportement des fourmis est déterminé par les besoins de la fourmilière, mais les lois qui régissent celles-ci ne sont pas du même ordre de complexité que celles qui déterminent chaque fourmi. On a affaire à deux niveaux distincts et interdépendants du réel, dont l'un ne se réduit pas entièrement à l'autre. C'est leur relation, leur « production en dépendance », comme disent les bouddhistes, qui constitue leur réalité ultime.

Au cours d'une promenade, je m'étais assis sur un banc et absorbé dans la contemplation des arbres qui se balançaient doucement, dans un chatoiement de couleurs. Le réel m'effleurait. Une ride dans le miroir du réel m'indique qu'il ne s'agissait encore que d'un reflet. Mais pourquoi les reflets (qu'il s'agisse d'arbres rustiques, de nymphéas impressionnistes ou de lotus bouddhiques) dans la pureté cristalline d'une eau calme (non pas dormante, mais translucide) nous séduisent-ils plus que les objets qui sont leur source ou leur prétexte ? Car quelle est leur vraie cause : l'arbre lui-même, ou l'étang ? Le reflet est-il reflet de l'arbre, ou de l'étang en lui-même ? Ou les deux ? Ou ni l'un ni l'autre ? Encore le tétralemme bouddhique…

Les religions et autres formes d'idéalisme, en tant que désirs d'une réalité autre, dédoublement du réel, ne seraient-elles que *fuite*, déni du réel singulier, plongée volontaire dans l'illusion ? On a vu que pour Freud, l'illusion est toujours le résultat de conflits psychiques remontant à l'enfance. Bien que, dans *Totem et Tabou*, Freud considère le meurtre du père de la horde primordiale comme un fait historique, la théorie freudienne est essentiellement a-historique. Mais comment pourrions-nous comprendre si aisément l'illusion religieuse aujourd'hui, si une certaine évolution historique ne nous y avait préparés ? Grâce à Nietzsche et sa généalogie de la morale, ainsi qu'à quelques autres généalogistes, nous pouvons mieux comprendre la sociogenèse de nos catégories de pensée. Mais si l'illusion est historiquement déterminée, la vérité et le réel – que celui-ci soit ou non singulier – doivent l'être tout autant. Paradoxalement, l'immédiateté elle-même a une longue histoire, en Occident comme dans les cultures extrême-asiatiques.

Le « réel », l'« immédiateté, l'« ainsité » : autant de termes curieusement abstraits, déjà coupés de l'expérience concrète, de ce chatoiement des choses, ce je-ne-sais-quoi dont les maîtres Chan disent qu'il est « vif comme un poisson dans l'eau ». Certes, l'abstrait fait après tout lui aussi partie du réel, mais je lui préfère quand même le « bruit de l'eau » de la grenouille du *haiku* de Matsuo Bashō :

Dans le vieil étang
Une grenouille a sauté
Le bruit de l'eau

Toutefois, dès que le *haiku* lui-même devient genre littéraire, précisément avec Bashō et ses émules, produisant à un rythme presque industriel des « moments de vérité », les positions s'inversent. Comme le bananier (en japonais *bashō*) du jardin de l'ermitage dont Bashō tira son nom, le *haiku* en vient à sonner creux. Aujourd'hui, l'ermitage en question est un lieu touristique très fréquenté, où l'on a replanté un bananier pour l'occasion. Le réel s'est mis aux abonnés absents, même s'il répond parfois à qui sait discerner le silence profond au sein de la cacophonie touristique.

Une vérité à double tranchant

Comme Janus, le dieu romain à double face qui préside au mois de janvier et regarde vers le passé et le futur, le Buddha, dont l'éveil se situe traditionnellement le huit décembre, est le gardien de l'année nouvelle, à l'orée du nouveau monde et de l'ancien. Dans le bouddhisme ésotérique, les représentations bicéphales du Buddha abondent, et elles étaient lues comme symboles de la double vérité. Parfois, pour illustrer le même principe, on trouve même des divinités faisant la « bête à deux dos » – comme Kangiten (« dieu de Jouissance »), divinité bouddhique à tête d'éléphant, uni à sa parèdre.

À l'instar de saint Pierre, ce dieu des obstacles tient les deux clés, l'une ayant le pouvoir de lier, l'autre de délier.

La « duplicité » essentielle de la doctrine bouddhique tient notamment au fait qu'on peut la prendre au premier degré (comme tradition orale vive) ou au second degré (comme tradition écrite, asservie à la lettre et non plus à l'esprit). Le problème vient de ce que le bouddhisme nous est d'abord accessible, non comme pure expérience (en effet, celle-ci est toujours déjà médiatisée, même lorsqu'elle se donne pour « directe »), mais par une tradition écrite, qui se réinscrit constamment dans des contextes nouveaux. Même s'il fut à l'origine oral, il est avant tout un texte, susceptible de diverses procédures herméneutiques qui impliquent toujours une distance. Son « immédiateté » est encore un « effet de réel », un résultat de sa textualité. Cette situation n'est de toute évidence pas propre au bouddhisme, mais ce dernier est sans doute la seule doctrine qui ait cherché à la thématiser rigoureusement. C'est en ce sens qu'il faut lire les oppositions telles que Mahāyāna et Hīnayāna, subit et graduel, ésotérisme et exotérisme bouddhiques – et leur résolution dialectique ou leur tension aporétique, selon les cas.

Cette pensée double apparaît comme un remède contre la dualité « simple » (car toute chose est doublement double). Elle fournit également un antidote aux certitudes tranchantes. Cette polarité a joué en particulier un rôle crucial dans le développement du Mahāyāna. C'est autour d'elle que se déploient des écritures telles que le *Sūtra du Lotus* ou le *Sūtra de Vimalakīrti*. Il y a aussi une double vérité de l'immédiat, tel qu'on le prône par exemple dans l'école du Chan. Les paradigmes tels que subit/graduel peuvent s'interpréter comme les versions chinoises de la double vérité. Dans le premier Chan notamment, on observe une structure duelle de la pratique, qui correspond à ces deux aspects, subit et graduel. Le cinquième patriarche Daoxin (VIIe siècle) expose par exemple toute une série d'exercices spirituels, qu'il rejette ensuite au nom de la « spontanéité ». Il faut en passer par toutes ces techniques – expédients graduels relevant de la vérité conventionnelle, qui seront en fin de compte abandonnés – pour accéder soudain à la vérité ultime. De même, dans la parabole classique, un radeau (la doctrine bouddhique) est utile pour traverser une rivière, mais devient inutile lorsqu'on aborde à l'autre rive (l'éveil ou le *nirvāṇa*). La traversée elle-même a son importance, l'itinéraire est en quelque sorte inscrit dans le point d'arrivée. C'est ce que tendent à oublier ceux qui sont trop pressés, croyant toucher plus vite au but en brûlant les étapes. Daoxin et les autres maîtres du premier Chan restaient dans la ligne de la pensée Mādhyamika, selon laquelle on ne peut atteindre la vérité ultime qu'en passant par la vérité conventionnelle. Mais par la suite, les partisans d'un subitisme radical en vinrent à penser que la vérité ultime impliquait le rejet pur et simple de la vérité conventionnelle. Dès lors, celle-ci ne leur apparut plus comme une vérité de médiation, ni même une demi-vérité, mais comme une erreur particulièrement nuisible. En quoi ils se trompaient peut-être. La Voie du Milieu met en effet l'accent sur la nature paradoxale de la réalité, c'est une vérité complexe, qui ne peut se réduire à une seule formulation, à un seul terme – aussi ultime soit-il.

Selon le *Traité de Bodhidharma*, un des premiers textes Chan, « l'homme ordinaire prend le conventionnel pour l'ultime, le sage discerne le conventionnel dans l'ultime ». Cela semble signifier que les discours relatifs à l'absolu relèvent encore du relatif, tandis que les discours relatifs peuvent exprimer l'absolu. Sans s'arrêter au goût marqué du Chan pour les formules paradoxales, on doit retenir la valeur dialectique du renversement : à partir d'une opposition statique entre les vérités conventionnelle et absolue – opposition qui ne vaut qu'au plan conventionnel –, le texte déconstruit cette hiérarchie en montrant qu'au niveau supérieur, la vérité qui était perçue initialement comme « ultime » se révèle tout à fait « conventionnelle ». On pourrait s'en tenir là et dire que toute vérité, en tant qu'elle relève du langage, est forcément relative. Mais le dépassement de la vérité ultime s'opère au nom des mêmes exigences qui s'étaient trouvées temporairement réifiées dans le concept de vérité ultime. Ce mouvement dialectique, une fois lancé, ne s'arrête pas si aisément. Il nous force ainsi à nous ouvrir au doute, et à envisager l'hypothèse que l'exigence d'un passage au-delà pourrait bien être après tout une forme subtile d'attachement à la vérité conventionnelle.

Tel qu'il fut emprunté au Mādhyamika, le concept des deux vérités tient une place stratégique dans le discours du Chan. La double vérité peut se concevoir comme une tentative pour prendre acte du fait que, dans notre réalité quotidienne, nous effectuons constamment le va-et-vient entre des systèmes incompatibles. Mais, en tant que tactique rhétorique, elle permet de réconcilier à peu de frais le relatif et l'absolu, de jouer et de gagner sur les deux tableaux, de toucher double prébende. Aussi sera-t-elle perçue par certains comme double fausseté, une sorte de ventriloquisme, dans la mesure où, comme le disait Maurice Merleau-

Ponty, « ce qui est vrai *en principe* n'étant jamais vrai *en fait*, et inversement..., chacune des deux instances condamne l'autre et la condamne avec sursis, en lui laissant compétence dans son ordre propre[1] ». Une critique de ce genre aurait dû avoir un effet déstabilisant sur la conception bouddhique de la vérité : mais, tandis que dans la philosophie occidentale une vérité double devient plutôt une demi-vérité, c'est l'inverse qui semble s'être produit dans le bouddhisme d'Extrême-Asie (à l'exception de certaines tendances radicales du Chan).

La structure logique de la double vérité n'est pas entièrement absente dans la pensée occidentale, mais elle y constitue plutôt l'exception, alors qu'elle domine la pensée bouddhique. La pensée occidentale (et pas seulement chrétienne) est en quelque sorte « diabolique » (de *diabolos,* « double ») : foncièrement manichéenne, elle s'attache à dédoubler le réel en vérité et erreur, bien et mal, et tient pour quasi diabolique, précisément, l'égale aptitude aux contraires, le refus du principe du tiers-exclu. La pensée bouddhique, en diabolisant le diabolique, en dédoublant toute opposition simple, multiplie les niveaux de réalité, les perspectives d'où l'on découvre les « mille plateaux » du réel. Certes, le bouddhisme a également prôné le retour au singulier, le parti pris du concret, la présence extatique au réel. Sans nier cette expérience, il faut prendre garde qu'elle verse aisément dans une métaphysique quasi parménidienne de l'identité. À l'inverse, la négation de toute immédiateté peut toujours faire le lit d'une idéologie positiviste. Le bouddhisme reprend et inclut les deux mouvements – dissémination et présence, médiation et immédiateté – dans une dialectique ouverte, évitant ainsi, autant que faire se peut, de les engluer dans une vérité fixe. Il peut se définir comme une stratégie de la tangente ou de l'oblique.

On pourrait résumer la double vérité par la parole d'Épictète : « Toute chose a deux anses : l'une par où on peut la porter, l'autre par où on ne le peut pas[1]. » Comme le dit aussi Monsieur Teste, le double de Valéry, « le fond de la pensée est pavé de carrefours ». Mais c'est D. H. Lawrence qui me paraît le mieux exprimer cette notion : « Si vous marchez vers l'ouest, […] vous perdez les directions nord, est, et sud. Si vous admettez un unisson, vous perdez toutes les possibilités du chaos. » Ce qui ne veut pas dire qu'il faille rester sur place, comme l'âne de Buridan figé à égale distance d'un seau d'eau et d'une botte de foin, mais bien plutôt que la pensée doit s'élancer aux points cardinaux – les quatre points du tétralemme ? Et pour cela, elle doit connaître les dangers qui l'attendent à chaque orient (ou chaque occident). Contrairement à la sagesse populaire, il faut y aller par quatre chemins pour pouvoir se dire à soi-même (et accessoirement à autrui) ses quatre vérités.

En tant que raisonnement récursif, la double vérité fait aussi penser à l'histoire, citée par Georges Didi-Huberman, du fils qui demande à son père : « Pourquoi est-ce que le danseur de corde ne tombe pas ? – Mais parce qu'il se tient à son balancier ! — Mais alors pourquoi est-ce que le balancier ne tombe pas ? – Mais, petit imbécile, parce que le danseur le tient[2] ! » Il n'y a pas à sortir de ce pseudo-cercle vicieux, il faut plutôt y entrer et y circuler correctement, comme disait Heidegger du cercle herméneutique. Ce mouvement évoque également pour moi le jeu dit « pierre, feuille, ciseaux ». Dans ce jeu ancien, encore très populaire au Japon sous le nom de *jankenpo*, on compte jusqu'à trois, et les deux joueurs font de la main un geste symbolique : la main ouverte symbolisant une feuille; la main à demi ouverte, index et médius écartés, les ciseaux; le poing fermé, la pierre. La feuille l'emporte sur la pierre, car elle peut l'envelopper; les ciseaux sur la feuille, car ils peuvent la couper; la pierre sur les ciseaux, car elle peut les ébrécher.

La tension entre les deux vérités est irréductible. Et pourtant, il faut passer par l'une pour accéder à l'autre. Elles ne peuvent se comprendre l'une sans l'autre, ni s'accorder dans une synthèse facile. Le bouddhisme a constamment cherché, sans toujours y parvenir, à éviter de se figer en orthodoxie, voire en orthopraxie. La doctrine des deux vérités y a contribué, qui désamorçait toute tentative d'attribuer aux paroles du Buddha une valeur définitive, de les idolâtrer comme expression figée de la « vérité ultime », ou d'attribuer à un commentaire « définitif » le statut de décryptage intangible d'une « révélation ». Le bouddhisme, certes, ne sut pas toujours éviter la tentation systémique, ni la tentation inverse d'affirmer la seule valeur de l'expérience pure, ou de la parole vive, non discursive. Comme le note Tom Tillemans, le bouddhisme tibétain, notamment après Tsongkhapa (XIVe siècle), a « réussi à transformer le tétralemme en une sorte de logique modale où fonctionnent classiquement les lois de double négation, de tiers exclu et de contradiction[1] » – émoussant ainsi le tranchant de la double vérité. La même évolution se retrouve dans le Mādhyamika chinois. Dans le Chan, à l'inverse, l'équilibre s'est révélé instable : la tendance la plus subitiste, en particulier, a réinterprété de manière unilatérale la notion des deux vérités, en privilégiant le point de vue de la réalité ultime. Les *kōan* du Chan, par exemple, abondent en tentatives d'exprimer la « vérité d'ordre ultime ». L'apparente fascination du Chan pour la réalité concrète n'y change rien : il s'agit d'une réalité transfigurée par l'éveil, donc perçue du point de vue de la vérité ultime : sa relativité physique se transforme en vérité métaphysique. De cette façon, la quête de transcendance débouche sur une immanence radicale, et la structure sotériologique développée à titre d'expédient devient une fin en elle-même. On observe ainsi, vers le VIIIe siècle, un passage de la notion de double vérité comme médiation entre des pratiques « équi-voques », à des positions dichotomiques et exclusives exprimées dans des débats tels que la controverse sur le subit et le graduel. Même lorsqu'une double vérité hiérarchique maintient la complémentarité des deux niveaux, ce n'est souvent qu'une forme de « syncrétisme militant », une façon d'avoir le dernier mot. Il n'y a plus d'hésitation prolongée, voire d'aporie, entre les deux niveaux. Le Chan tend à réduire l'un des deux niveaux à l'autre (absolu ou immanent), réprimant du même coup la tension agonistique entre eux. On passe ainsi d'une double vérité, vérité à double pli ou double tranchant, à deux vérités contradictoires, dont l'une est en fin de compte ramenée à l'autre. En bref, de l'ambivalence à la contradiction, puis à la réduction.

En bonne orthodoxie bouddhique, la polarité de la pensée n'est qu'illusion. Mais le passage au-delà ne peut être simplement retour à l'unité, car l'opposition entre les deux implique encore une dualité. C'est au sein même de la dualité, en la déconstruisant par la notion de double vérité, en la mobilisant de sorte qu'elle ne puisse plus se reposer sur elle-même, camper sur ses positions, qu'on parvient à la dépasser. Si le bouddhisme – disons un certain bouddhisme, ce qui ne signifie pas l'orthodoxie –, après avoir dépassé le dilemme, s'efforce d'aller au-delà du tétralemme, ce n'est pas pour se fixer en quelque position immuable, sorte de synthèse absolue qui mettrait enfin un terme à toute oscillation.

La double vérité n'est donc pas seulement un concept bouddhique que j'essaie d'importer dans le discours philosophique occidental, c'est la tension qui se révèle entre discours vrai et « discours de vérité », ce dernier n'étant déjà plus qu'une forme d'idéologie qu'il faut savoir déceler derrière les grands idéaux. Le paradigme de la double vérité fournit en effet un dispositif herméneutique extrêmement commode, une façon d'éluder tout conflit d'interprétation, tout risque de schisme, et d'aboutir impunément à des pseudo-synthèses, une négation de tout dilemme. Comment échapper à la circularité un peu facile d'une double vérité qui risque toujours de rester enlisée au troisième niveau du tétralemme (« *à la fois* A *et* B ») ? Comment passer au niveau suivant, puis le dépasser, d'une façon qui ne soit pas purement logique et spéculative ?

La notion de double vérité n'affirme la dualité ontologique que pour mieux la nier, par des formules telles que « le *nirvāṇa est* le *saṃsāra* », « les passions *sont* l'éveil », et ainsi de suite. L'inverse est d'ailleurs également vrai : en niant la dualité, il l'a déjà admise et contribue à la maintenir. En d'autres termes, il n'est pas exclu que ses effets soient le contraire de ce qu'ils prétendent être. Ainsi par exemple, l'affirmation paradoxale que les passions ordinaires ne sont autres que l'éveil conduit à une sorte d'apologie du monde des sens qui ne diffère plus guère du matérialisme, voire de l'hédonisme. Par ailleurs, l'identité des deux niveaux de la réalité conduit à leur contamination réciproque : elle implique que les phénomènes sont absolus, mais également (ce qu'on oublie généralement) que l'absolu lui-même est en quelque sorte « phénoménal » – c'est-à-dire déterminé historiquement et culturellement. On le voit, Hegel n'a rien inventé.

réalité conduit à leur contamination réciproque ; elle implique que les phénomènes sont absolus, mais égalemen (ce qu'on oublie généralement) que l'absolu lui-même est en quelque sorte « phénoménal » — c'est-à-dire déterminé, compromis par eux. Dieu, selon Hegel, n'a rien savant.

La pensée du dehors

Le bouddhisme n'est pas seulement une philosophie doublée d'une religion (ou inversement), il est également une psychologie (ou plutôt une thérapeutique psycho-somatique). Il est enfin une pensée mythologique et rito-logique. La double vérité ouvre le bouddhisme aux diverses modalités de l'altérité : les cultes locaux ; les rêves et l'imaginaire ; le rituel ; enfin la sexualité (par l'intermédiaire notamment de la compassion, forme sublimée de passion).

Sexualités bouddhiques

Le message bouddhique en matière sexuelle évoque pour moi les couplets d'une chanson rendue populaire dans l'entre-deux-guerres par Marie Dubas. Sur le mode hīnayāniste : « Calmez ce bruyant désir,/ Car ça ferait peur aux oiseaux. » Sur le mode mahāyāniste, voire tantrique : « Mieux vaut en finir de suite/ Car ça ferait peur aux oiseaux. »

On retrouve ici le schéma de la double vérité. La moralité traditionnelle, qui ressort de la vérité conventionnelle, doit être dépassée – le cas échéant transgressée – pour atteindre la vérité ultime. Seuls peuvent atteindre cette dernière ceux qui s'éveillent à la réalité du désir et parviennent à la transmuter. La même idée est exprimée dans un grand nombre d'histoires paradigmatiques, comme celle des deux moines Prasannendriya et Agramati. Alors qu'Agramati avait observé jusqu'à sa mort un idéal intransigeant de pureté, il n'en finit pas moins en enfer en raison de ses vues fausses. Son compagnon, Prasannendriya, réputé pour ses accrocs constants à la morale, obtint cependant l'éveil, car il avait su réaliser le principe de non-dualité.

Dans le tantrisme en particulier, la sexualité, une fois dominée, est utilisée comme source d'énergie spirituelle. Le bouddhisme ne s'est pas arrêté de penser avec le tantrisme, bien au contraire : mais il pense autrement – rituellement –, avec l'esprit *et* le corps, la tête et les jambes. Avec sa théorie de la possibilité de « devenir buddha en ce corps même », la doctrine tantrique tire les ultimes conséquences du principe de la non-dualité, l'identité sur le plan de la vérité absolue des passions et de l'éveil. L'énergie des passions devient le catalyseur de l'éveil. La complémentarité de la concentration *(samādhi)* et de la sagesse *(prajñā)*, ou d'autres couples théoriques similaires, est représentée symboliquement, mais également mise en œuvre rituellement, par l'union du principe masculin (*vajra*, diamant ou foudre, sexe masculin) et du principe féminin (lotus, sexe féminin). L'image du « *vajra* dans le lotus » a été popularisée par le tantrisme tibétain, dont on connaît la formule rituelle : *Om maṇi padme huṃ* (« Om ! Joyau dans le lotus ! Huṃ »). Le même symbolisme se retrouve dans le tantrisme chinois et japonais – même si les pratiques sexuelles auxquelles il renvoyait ont depuis longtemps été mises en veilleuse. La notion tantrique de transmutation des désirs par ritualisation de l'acte sexuel semble trouver sa source dans la notion de « renversement du support », cette révolution de la conscience qui constituait l'une des thèses de l'école « idéaliste » (Yogācāra).

Il s'agit, « non pas de rejeter ou de fuir les phénomènes, le corps, les passions, mais de les transmuter par cette "révulsion" ou "métamorphose", sorte de simple inversion de signe négatif en positif[1] ». Simple, c'est vite dit : plus d'un s'y est cassé les dents. Retenons simplement que le bouddhisme a eu une attitude nuancée, ambivalente, envers la sexualité, considérée tantôt comme obstacle, tantôt comme voie vers l'éveil.

Du bouddhisme comme thérapeutique

Prenant le contrepied de ceux qui cantonnent le bouddhisme dans l'alternative philosophie ou religion, certains soulignent qu'il est avant tout une thérapeutique psychosomatique. L'aspect thérapeutique a toujours été indéniablement une des composantes essentielles du bouddhisme. Le bouddhisme indien, on l'a souvent noté, fait grand usage de métaphores médicales, et la liste des quatre « nobles vérités » est parfois assimilée à un diagnostic médical. Si le bouddhisme a pu être influencé par la pensée médicale indienne, les moines ont également joué un rôle important comme médecins des corps et des âmes, bien qu'en principe ils dénient l'existence de ces dernières. Il y a en effet quelque chose de paradoxal à parler de « spiritualité » bouddhique, dans la mesure où le dogme nie l'existence d'un esprit individuel. Mais, dans la pratique, la notion d'esprit, dans ses diverses acceptions, en est venue à jouer un rôle majeur dans le Mahāyāna, notamment en Chine et au Japon. Le bouddhisme est essentiellement une école de pensée – un peu particulière toutefois, puisqu'elle débouche sur la non-pensée. Parvenir par le visible à l'invisible, par la pensée au non-penser. Alors que l'Occident cherche à faire exactement l'inverse : réduire l'invisible au visible, ramener l'inconnu au connu, la non-pensée à la pensée.

Même si les moines ne sont pas toujours intègres, le bouddhisme se veut pratique intégrante. Mais cette intégration psychique passe par une désintégration des perceptions ordinaires. À l'approche analytique de la philosophie bouddhique (par exemple l'examen détaillé des constituants de la conscience, tel que le prône la scolastique de l'Abhidharma), s'oppose la pratique performative du yoga bouddhique. Il s'agit en l'occurrence d'une entreprise systématique de modification des états de la conscience par la méditation, le « rêve lucide », la possession rituelle, etc. Les produits intoxicants sont en principe défendus. Notons en passant que le mot « toxique » vient de *toxon*, « flèche à bout empoisonné », ce qui évoque la parabole du Buddha-médecin. Dans cette parabole, la conscience ordinaire est décrite comme intoxiquée, obnubilée, entravée par l'obstacle des passions et celui de la connaissance mondaine. Il s'agit donc de modifier le rapport à soi-même, à son corps, et au monde. Cette modification nécessite un dérèglement préalable des structures de la conscience. Toutefois, celui-ci n'est pas sans danger. Malheur à ceux qui, sans préparation suffisante, essaient d'enfoncer les portes de l'inconscient – notamment à coups de boutoir chimique. La démarche bouddhiste, par son caractère volontariste, contraste néanmoins avec l'approche plus naturelle de la pensée chinoise traditionnelle telle qu'on la trouve formulée dans le *Yijing (Livre des Mutations).* C'est particulièrement vrai dans le cas du Chan/Zen. Mais d'une part la marche (ou plutôt l'assise) forcée du *sesshin,* séance intensive de méditation Zen, est encadrée, ritualisée, et les pratiquants sont soigneusement contrôlés ; d'autre part il s'agit après tout de réaliser que la porte est, a toujours été, grande ouverte.

La méditation consiste, selon Dōgen, à se « dépouiller du corps et de l'esprit ». Le pratiquant n'a pas seulement affaire, comme dans la métaphysique classique, à l'association instable d'un corps et d'une âme, mais plutôt, comme le suggère Freud, à des pensées pures et impures intimement liées, indémêlables. Pour cet animal hybride qu'est l'homme, il ne saurait y avoir d'intentions totalement pures. L'ego n'est pas seulement un élément du psychisme, il parfume (ou empeste) tout l'air que l'on respire. L'idéal le plus pur est immédiatement corrompu par les miasmes des arrière-pensées, et il ne peut garder un semblant de pureté qu'en les refoulant ou les sublimant sans cesse. Toute pensée est une pensée de « corps de garde » (au double sens de grossièreté soldatesque et corps-gardien). Seule la non-pensée dont se réclame le Chan échappe peut-être à ce dilemme mental – qui fait que, comme le disait Prévert, « le mental ment, monumentalement ».

Le philosophe du *Neveu de Rameau* a su décrire la dérive incessante de la pensée ordinaire, que les bouddhistes comparent à un singe sautant de branche en branche : « J'abandonne mon esprit à tout son libertinage. Je le laisse maître de suivre la première idée sage ou folle qui se présente, comme on voit, dans l'allée de Foy, nos jeunes dissolus marcher sur les pas d'une courtisane à l'air éventé, au visage riant, à l'œil vif, au nez retroussé, quitter celle-ci pour une autre, les attaquant toutes et ne s'attachant à aucune. Mes pensées, ce sont mes catins[1]. » Sages ou folles, les pensées ne sont que des catins, des séductrices, et le philosophe, plutôt que de maudire comme un puritain le plus vieux métier du monde, se contente d'observer le mouvement de son esprit en évitant d'y participer.

Freud a bien saisi cette complexité de la pensée. Dans *L'Interprétation des rêves*, il note : « Souvent nous avons affaire à des pensées issues de plusieurs centres [...] Il y a des pensées de premier plan et des pensées d'arrière-plan[1]. » On n'appréhende de soi-même que la pensée consciente, en quelque sorte le dessus du panier. La conscience ordinaire ne perçoit que les pensées de premier plan, et subit sans le savoir l'influence des autres, les pensées d'arrière-plan. Ce sont ces influences que la psychanalyse comme la méditation bouddhique, chacune à sa façon, cherchent à ressaisir, à ressentir (ou re-sentir) – pour se délivrer précisément du ressentiment, se ressaisir.

L'élément fondamental de cette pratique est peut-être l'attention, la présence à soi-même et au reste. Il s'agit de prévenir l'oubli de l'être – de prendre conscience du fait que notre pensée s'enfonce à tout instant dans l'oubli. Nous sommes tous, en quelque sorte, des malades d'Alzheimer en sursis. L'apparente continuité du flux de la conscience nous masque ce fait, que nous n'éprouvons que chaque matin au réveil, lorsque nous oublions les rêves si intenses que nous venons de vivre. L'éveil est une lutte constante contre cette amnésie qui nous menace, il est avant tout une anamnésie. Car, comme Freud et Nietzsche l'ont bien vu, cet oubli est un oubli actif, qui a partie liée avec notre conscience ordinaire (et ce que les bouddhistes personnifient sous le nom de Māra, les sortilèges du monde des sens qui nous lient à l'illusion et nous acheminent pieds et poings liés à la mort).

Il est un point où le bouddhisme et la psychanalyse semblent converger : l'idée que la pensée consciente n'est que le sommet de l'iceberg. L'attention flottante de la psychanalyse, qui permet de faire venir au jour les associations de pensées et, par ce biais, de révéler l'inconscient, évoque irrésistiblement la *smṛti* bouddhique, terme qui évoque l'attention au processus de la pensée et l'anamnésie. Le bouddhisme pourrait sans doute se définir comme une maîtrise de l'arrière-pensée. La pratique bouddhique serait une archéologie de soi-même, une spéléologie spirituelle, un retour au magdalénien privé ou au « vert paradis » de l'enfance (ou d'avant l'enfance). On a pu dire que l'Inde, à travers le yoga hindou et bouddhique, a découvert l'inconscient bien longtemps avant la psychanalyse. Mais s'agit-il bien de la même chose ? Freud découvre (ou redécouvre) l'inconscient, mais c'est un inconscient « scientifique », et sa nouvelle science des rêves ou de l'inconscient refuse tout crédit à la tradition, au sacré, à la *philosophia perennis*. Mais, sans aller jusqu'à la notion d'un « inconscient collectif » comme le fera son disciple et rival Carl Gustav Jung, et à sa suite tous les tenants d'un *homo religiosus*, Freud n'en considère pas moins l'inconscient comme une réalité universelle et atemporelle. Il n'envisage pas qu'il puisse être le reflet d'une situation épistémologique particulière, historiquement déterminée. Or si cet inconscient, loin d'être une donnée, est le résultat d'un événement épistémologique (par exemple le « miracle grec », premier partage entre la raison et l'irrationnel, et source de refoulement), il se révèle n'être qu'un phénomène occidental. Qu'en est-il des autres cultures ? N'ont-elles pas d'inconscient, individuel ou collectif ? Ne risque-t-on pas, en avançant cela, de retomber dans le vieux débat sur la « mentalité primitive », et d'attribuer la pensée rationnelle au seul Occident ? Ce serait oublier que Lévi-Strauss est passé par là, montrant que la « pensée sauvage » est une autre forme de logique (une « mytho-logique »). Il reste que la ligne de partage entre conscient et inconscient, entre rêve et réalité, varie selon les cultures. On peut penser qu'il en va de même pour la structure de l'inconscient non occidental (qu'il faudrait mettre au pluriel), et que celui-ci n'est pas forcément structuré comme le nôtre par le complexe d'Œdipe (en admettant que tel soit bien le cas en ce qui nous concerne). Les psychanalystes japonais ont par exemple découvert, ou plutôt inventé, un « complexe d'Ajase » qui serait spécifique à la culture japonaise. Ajase (en sanskrit Ajātaśatru) est ce roi indien, contemporain du Buddha, qui non seulement fit mourir de faim son père, mais voulut tuer sa mère. C'est ce dernier point surtout qu'a retenu la tradition bouddhique, et le « complexe d'Ajase », dont Freud avait pris connaissance dès 1931, a été par la suite présenté comme le pendant du complexe d'Œdipe.

La pratique bouddhique serait donc une plongée en eau profonde, un examen des pensées et arrière-pensées. Mais cette étape peut, selon le Chan, n'être qu'un miroir aux alouettes, une pierre d'achoppement sur le chemin de l'éveil. La vraie pratique Chan se définit comme une absence de pensée, un passage au-delà des images et de l'imaginaire. Comme le dit Linji : « Pour peu qu'on n'ait aucune pensée, on sera délivré où qu'on soit. Quelle est donc mon idée en vous parlant ainsi ? C'est seulement, adeptes, que je vous vois avoir toutes ces pensées qui vous font courir en cherchant, sans que vous puissiez les arrêter, tombant ainsi dans les vains pièges que vous tendent les anciens. »

L'absence de pensée rend l'esprit clair et limpide comme un miroir. La métaphore, qui se retrouve souvent dans les textes Chan, vient tout droit de Zhuangzi :

« Lorsque l'eau est tranquille, elle peut refléter la barbe et les sourcils et sa surface est si unie qu'elle peut servir de niveau au maître charpentier. Si la tranquillité de l'eau permet de refléter les choses, que ne peut celle de l'esprit ? Qu'il est tranquille, l'esprit du saint ! Il est le miroir de l'univers et de tous les êtres[1]. »

L'un des six pouvoirs supranormaux bouddhiques traditionnels, dérivés de la pratique méditative, est la connaissance des pensées d'autrui (la capacité télépathique de recevoir des images mentales). On sait que le Chan affirme la possibilité d'une transmission d'esprit à esprit. Il semble pourtant avoir fait peu de cas des phénomènes télépathiques. La supériorité de l'absence de pensée sur toute forme de pensée « imagée » ou « imaginante » est illustrée par l'anecdote suivante, qui trouve, elle aussi, sa source lointaine chez Zhuangzi, et connaît diverses variantes dans le Chan. Un maître Chan est mis à l'épreuve par un moine originaire d'Inde ou d'Asie centrale, qui se prétend capable de lire ses pensées. Effectivement, il parvient tout d'abord à deviner ce que pense le maître Chan, jusqu'au moment où ce dernier se plonge dans les eaux profondes de l'absence de pensée, le laissant en rade, honteux et confus. Quand on cherche un maître Chan, on finit par ne plus le trouver.

Roland Barthes, à son retour de l'« empire des signes » japonais, écrit : « Comment pouvons-nous imaginer un verbe qui soit à la fois sans sujet, sans attribut, et cependant transitif, comme par exemple un acte de connaissance sans sujet connaissant et sans objet connu ? C'est pourtant cette imagination qui nous est demandée devant le *dhyāna* que l'on ne saurait traduire par méditation sans y ramener le sujet et le dieu : chassez-les, ils reviennent et c'est notre langue qu'ils chevauchent[1]. » Dans le Chan/Zen, le *dhyāna* (terme qui, en transcription sino-japonaise, donne son nom à cette école), n'est recommandé qu'à titre d'expédient pour les débutants, et ne saurait prétendre à l'exclusivité. Même si certains tendent à y voir la « voie royale » en matière de pratique, il peut constituer une pierre d'achoppement. C'est ce qu'exprime l'histoire suivante. Mazu Daoyi était assis en *dhyāna.* Son maître, Nanyue Huairang, lui demande dans quel but il fait cela. Mazu répond qu'il espère ainsi devenir un buddha. Huairang ramasse alors un morceau de tuile et se met à le frotter. Lorsque Mazu, surpris, lui demande la raison de son acte, il répond qu'il espère, en polissant ce morceau de tuile, en faire un miroir. Mazu souligne l'impossibilité flagrante de la chose, pour s'entendre rétorquer : « Comment deviendrait-on un buddha en pratiquant le *dhyāna* assis ? » Ce que souligne Huairang, c'est l'illusion dualiste qui fait de la pratique un moyen vers une fin (l'éveil). Le Chan en vient ainsi à dénoncer sa pratique éponyme, le *dhyāna,* jugée trop quiétiste. La critique, comme toujours, est particulièrement virulente chez Linji :

> Il y a certains chauves aveugles qui, après mangé leur plein de grain, s'asseoient en *dhyāna* pour se livrer à des pratiques contemplatives. Ils se saisissent de toute impureté de pensée pour l'empêcher de se produire. Ce sont là procédés hérétiques… Ils s'assoient, appuyés contre un mur, plongés dans la méditation, la langue collée au palais ; et c'est cela qu'ils prennent pour la méthode des patriarches et la Loi du Buddha. Quelle grande erreur !

Selon la dynamique propre au Mahāyāna, après avoir prôné la pratique qui consiste à s'asseoir pour se souvenir, puis « s'asseoir et oublier » (toute distinction), on en vient à conseiller d'« oublier de s'asseoir », voire « oublier d'oublier ». Mais la diatribe de Linji ne doit pas faire illusion : celui-ci passait probablement une bonne partie de son temps assis en *dhyāna*, et ce qu'il niait au nom de la vérité ultime, il continuait de l'affirmer au nom de la vérité conventionnelle. La dénonciation des « techniques contemplatives » devait conduire dans le Chan/Zen à cette situation paradoxale d'une pratique constamment décriée, et pratiquée de plus belle.

États paradoxaux : rêve, vision, éveil

Le bouddhisme n'établit pas la même opposition entre rêve et réalité que la pensée occidentale, ni la même coupure épistémologique entre les rêves et les visions, ou le même rapport entre visions et folie. Le ton est donné par Zhuangzi, dans un apologue célèbre : « Jadis, Zhuang Zhou rêva qu'il était un papillon voltigeant et satisfait de son sort et ignorant qu'il était Zhou lui-même. Brusquement il s'éveilla et s'aperçut avec étonnement qu'il était Zhou. Il ne sut plus si c'était Zhou rêvant qu'il était un papillon, ou un papillon rêvant qu'il était Zhou. Entre lui et le papillon il y avait une différence. C'est là ce qu'on appelle le changement des êtres[1]. » Dans un autre passage, Zhuangzi rapporte un dialogue entre Changwuzi et son disciple. Lorsque ce dernier l'interroge sur un propos de Confucius, Changwuzi répond :

> Certains rêvent de festins, et pleurent au réveil; d'autres pleurent dans leurs rêves, et à l'aurore

> partent à la chasse. Or, les uns et les autres, pendant leurs rêves ne savent pas qu'ils rêvent, et parfois rêvent qu'ils sont en train de rêver. Ce n'est qu'au moment de leur réveil qu'ils savent qu'ils rêvent. Ce n'est que lors du grand réveil qu'on sait que tout n'a été qu'un grand rêve. La foule ignorante se croit éveillée en distinguant le prince d'un berger. Quel préjugé! Confucius et toi-même, vous n'êtes que des rêves. Je te dis que tu rêves, cela aussi est un rêve[1].

On retrouve en Occident des intuitions analogues – chez les romantiques par exemple, ou, plus près de nous, chez Henri Michaux. Mais ce sont des cas somme toute exceptionnels, alors qu'en Extrême-Asie il s'agit d'une perception culturelle assez répandue. Voici comment Michaux rapporte un de ses rêves :

> Je rêvais que je dormais. Naturellement, je ne me laissais pas prendre, sachant que j'étais éveillé, jusqu'au moment où, m'endormant, je me rappelais que je venais de m'éveiller d'un sommeil où je rêvais que je dormais. Naturellement, je ne me laissais pas prendre jusqu'au moment où, perdant toute foi, je me mis à me mordre les doigts de rage, me demandant malgré la souffrance grandissante si je me mordais réellement les doigts ou si seulement je rêvais que je me mordais les doigts de ne pas savoir si j'étais éveillé ou endormi et rêvant que j'étais désespéré de ne pas savoir si je dormais, ou si seulement je… et me demandant si[2]…

Ce rêve semble tourner à l'aigre, car le rêveur est incapable de s'abandonner, pris dans le « double jeu de la maîtrise et de la dépossession ». L'esprit humain est particulièrement retors, comme le montrent certaines tentatives de noter les rêves : il arrive qu'on rêve dans le rêve, puis qu'on se réveille (toujours en rêve) et qu'on note le rêve – tout cela pour mieux continuer à dormir. Freud disait que le rêve est le gardien du sommeil ; il n'a cependant jamais, même en rêve, imaginé comme les bouddhistes qu'on puisse aussi s'éveiller en rêve.

Il n'y a pas pour un bouddhiste de différence marquée entre le rêve obtenu pendant le sommeil et la vision obtenue à l'état de veille – ou plus précisément pendant la méditation, dans un état second, le *samādhi* ou concentration, qui est souvent défini comme n'étant « ni sommeil ni veille ». Ce découpage différent du nôtre entre le sommeil et la veille ne permet pas toujours de dire si l'on a affaire à des visions ou à des rêves, à des « leçons d'éveillé » ou des façons d'endormi. La ligne de partage entre le visible et l'invisible ne suit plus le tracé que nous tenons pour évident. Lorsque le maître Zen Keizan Jōkin (mort en 1325), passant la nuit sur le site du monastère qu'il s'apprête à fonder, voit en rêve un monastère merveilleux, et qu'il découvre par la suite dans la réalité extérieure divers éléments qu'il avait vus dans son rêve, une fusion du réel et de l'imaginaire s'opère pour lui, qui le confirme dans son projet. C'est le rêve, en l'occurrence, qui est perçu comme l'expression la plus haute de la réalité. Dès lors, rêver sa vie ne vaut pas moins que la vivre, puisque c'est précisément la vivre, et qu'on ne la vit pleinement qu'en la rêvant. Le rêve n'est pas une « seconde vie », puisqu'il se confond avec l'état de veille : il fait partie de cette vie même, la seule vraie.

La vision et le rêve deviennent les instruments qui permettent de démanteler les catégories rigides que nous imposons à la réalité, et de révéler le perpétuel flux des possibilités au sein duquel vit le Buddha. Dans un texte intitulé « Muchū setsumu » (« Raconter un rêve au sein même du rêve »), Dōgen affirme par exemple que le rêve est aussi réel que la réalité objective : « Comme la Loi profonde de tous les buddhas ne se transmet que d'un buddha à un autre, toutes les choses du rêve et de la veille relèvent de la réalité ultime. Dans la veille comme dans le rêve résident la pensée initiale de l'éveil, la pratique, l'éveil et le *nirvāṇa.* Le rêve et la veille sont la réalité ultime, l'un n'est pas supérieur ou inférieur à l'autre[1]. »

Comme les Occidentaux depuis Homère, les bouddhistes ont toujours distingué entre rêves « vrais » et rêves trompeurs. Alors que certains rêves, fondés sur l'illusion, augmentent l'ignorance et la souffrance, d'autres constituent une irruption du réel dans la conscience. Les rêves d'ascension, par exemple, au lieu de n'être comme chez Freud que des rêves à teneur sexuelle, sont censés conduire réellement vers un lieu ou un état d'extrême pureté, d'où l'on peut accéder progressivement à l'éveil ultime.

L'interprétation freudienne tend à réduire le rêve à un monologue inconscient. Les anciens savaient qu'il existe diverses sortes de rêves, dont certains impliquent une communication verticale – avec les sphères supérieures –, ou horizontale – avec d'autres humains. Dans le bouddhisme comme dans le christianisme, c'est souvent par l'intermédiaire du rêve ou de la vision qu'ont lieu les révélations. Spinoza était d'avis que personne n'a jamais reçu de révélation de Dieu sans le secours de l'imagination. Plus près de nous, Roland Barthes remarque : « Le rêve permet, soutient, détient, met en pleine lumière une extrême finesse de sentiments moraux, parfois même métaphysiques, le sens le plus subtil des rapports humains, des différences raffinées, un savoir de la plus haute civilisation, bref une logique *consciente*, articulée avec une délicatesse inouïe, que seul un travail de veille intense devrait pouvoir obtenir[1]. »

Notons cependant que pour Freud le rêve ignore le principe de contradiction : « La manière dont le rêve exprime les catégories de l'opposition et de la contradiction est particulièrement frappante : il ne les exprime pas, il paraît ignorer le "non". Il excelle à réunir les contraires et à les représenter en un seul objet[2]. » C'est précisément parce que les rêves ont toujours plusieurs sens, quelquefois de multiples sens, que, « comme dans l'écriture chinoise, c'est le contexte qui seul donne une compréhension exacte[3] ». Néanmoins, une clé des songes reste possible : ainsi par exemple, les sentiers escarpés, les échelles, les escaliers, sont des représentations symboliques de l'acte sexuel. De même, « la cravate symbolise souvent le pénis, non seulement parce qu'elle est longue et pend et qu'elle est particulière à l'homme, mais parce qu'on peut la choisir à son gré, choix que la nature interdit malheureusement à l'homme[4] ». Mais Freud résiste à la tentation de tout réduire à un sens psychanalytique, et sait, dans sa théorie, faire la part de l'inconnu. C'est, en quelque sorte, l'aveu qu'il existe toujours une dimension supérieure, une double vérité du rêve : « Les rêves les mieux interprétés gardent souvent un point obscur ; on remarque là un nœud de pensées que l'on ne peut défaire, mais qui n'apporterait rien de plus au contenu du rêve. C'est l'"ombilic" du rêve, le point où il se rattache à l'inconnu[5]. »

Cette double vérité pourrait être la suivante : les rêves sont symboliques, justiciables d'une herméneutique (c'est l'approche freudienne) ; mais ils sont également performatifs, et peuvent mener à l'éveil – notamment par la pratique du rêve lucide. Cette seconde approche a été poussée assez loin dans le bouddhisme, notamment dans le bouddhisme tibétain. La pratique tibétaine du *milam* (littéralement « rêve »), véritable « yoga du rêve » visant à modifier consciemment le contenu onirique, est l'une des « six doctrines » de Nāropa (XIIe siècle) – les cinq autres étant : la production de chaleur interne, la réalisation du caractère illusoire du corps, la perception de la lumière claire, la théorie de l'état intermédiaire (le *bardo*), et la pratique de la transmission de pensée. On retrouve également des échos d'une telle pratique dans le bouddhisme japonais.

Le Chan, en revanche, a tendu (du moins en théorie) à dévaluer l'importance du rêve et de l'imagination, comme de tout autre forme de médiation entre la conscience illusoire et l'éveil. On pourrait dire que cette doctrine, en se répandant dans les milieux lettrés chinois, a perdu l'empire du Milieu, l'espace intermédiaire de la médiation et de l'imaginaire ; mais à l'inverse, en se diffusant dans les milieux populaires, elle s'est trouvée réinvestie par les puissances de l'imaginaire. C'est pourquoi le rêve, chassé du discours officiel de cette école, revient hanter son imaginaire par la porte dérobée du rituel. Non seulement par l'incubation, technique fondée sur l'attente anxieuse de signes oniriques destinés à assurer, non pas tant une guérison physique qu'une guérison spirituelle – et qui n'est pas sans rappeler celle qui se pratiquait en Grèce dans le sanctuaire d'Esculape ; mais aussi par une pratique du rêve, ou plutôt une pratique *en* rêve. Tout comme en Grèce, les images du rêve sont des images « animées », en ce sens que, comme les icônes, elles révèlent une présence, canalisent une « force ». C'est surtout en rêve qu'apparaissent les buddhas ou les dieux. Le rêve constitue en quelque sorte une aire rituelle où l'invisible prend forme, il est le cadre d'une véritable hiérophanie. L'espace mental du rêve redouble l'espace physique du temple, l'image onirique du dieu redouble l'icône.

Le rêve lucide est également connu en Occident, même s'il n'y fait que depuis peu l'objet d'une étude systématique. Un des précurseurs en ce domaine fut un sinologue du XIXe siècle, Hervey de Saint-Denys (mort en 1892). Freud connaissait ses travaux, mais choisit de les ignorer. Il écrit : « Hervey de Saint-Denis affirmait avoir acquis sur ses rêves une telle puissance qu'il pouvait en accélérer le cours et leur donner la direction qui lui plaisait. Il semble que chez lui le désir de dormir ait fait place à un autre désir préconscient : observer ses rêves et s'en amuser[1]. »

Tout comme la philosophie nie la possibilité d'une « expérience » métaphysique, elle nie (ou en tout cas certains philosophes nient en son nom) la réalité de l'expérience onirique – du fait que tout ce qu'on peut dire du rêve n'est qu'élaboration secondaire, voire primaire. Toutefois, les expériences sur le rêve lucide semblent confirmer qu'un sujet peut communiquer consciemment avec le monde extérieur de l'intérieur même de son rêve. Le problème n'est donc pas tant l'expérience elle-même, que l'étrange résistance de la pensée rationnelle à envisager sa possibilité.

Freud réduit toute la vie psychique à une réaction, plus ou moins différée, à des événements extérieurs. C'est pourquoi il dénie au rêve toute valeur de communication avec un autre que soi (à l'exception du psychanalyste à qui on le raconte). Mais il ne manque pas de choses en nous qui ne sont pas nous-mêmes. Il est dommage de se couper de la possibilité de découvrir les autres en soi, qui est perçue comme évidente dans de nombreuses cultures. En principe, nous ne croyons plus aux revenants. Freud non plus, encore qu'à certains moments il baisse sa garde et retombe dans une « mentalité primitive » dont il s'excuse après coup. Mais dans ses moments de lucidité ordinaire, il nie que les revenants puissent réellement hanter nos rêves. Il ne voit là que des projections de sentiments ambivalents à l'égard des morts. Admettons que ces rêves soient des projections de notre inconscient agissant pour son propre compte. Celui-ci est si étrangement familier, à la fois si proche de nos secrets les plus intimes et si loin de tout ce que nous sommes communément pour nous-mêmes, que la différence entre cet autre en moi qui est plus moi que moi-même, et les autres subjectivités du monde extérieur, devient moins pertinente. L'énigme en est d'autant plus grande : comment peut-on être à ce point étranger à soi-même ? Comme le disait déjà Saint Augustin : *Qui in me seminavit hoc bellum* (« Qui a semé en moi cette guerre ? ») Le fait de nommer cet inconnu *moi* le rend-il moins étranger ? Les forces qui gouvernent notre inconscient sont bien réelles, et le fait de les démythologiser n'y change pas grand-chose. Qu'a-t-on gagné à expliquer le spectre du père de Macbeth comme illusion résultant d'une projection psychique, plutôt que d'y voir un revenant véritable ? Dans un cas comme dans l'autre, la cause réelle est hors d'atteinte, elle ne disparaît pas du fait d'être connue. L'inconscient reste insaisissable, il nous surplombe d'aussi haut que les esprits, ou nous talonne d'aussi près. Les chimères de l'inconscient ne sont pas moins féroces que les chimères de la fable. Les unes comme les autres peuvent mener à la folie.

Entre raison et folie, la découverte bouddhique des bas-fonds et des sommets de la conscience (ou, si l'on veut, de l'inconscient et de la sur-conscience) serait un peu l'équivalent d'une pratique de « folie contrôlée », visant à devenir fou sans s'affoler, sans sombrer dans le silence et la panique. Cette pratique, assez répandue dans les cultures bouddhiques, reste plutôt exceptionnelle dans la culture occidentale, faute, précisément, de « garde-fous » institutionnels. L'éveillé, comme le fou, est celui qui est passé de l'autre côté du miroir. Mais s'agit-il du même miroir dans tous les cas ?

Symboles, mythes, rituels

Ouvrons cette discussion de la prégnance des symboles dans le bouddhisme par une très belle page des *Conversations dans le Loir-et-Cher* de Claudel. Il s'agit d'un dialogue entre Saint-Maurice, un aviateur, et Grégoire, antiquaire de son état. La conversation débouche à un moment donné sur une description – quasi plotinienne et très orientaliste – du passage de l'Un au multiple selon le bouddhisme extrême-asiatique. Grégoire explique :

> Voilà ! tout commence par cette boule de cristal entre les huit doigts et les deux pouces que les contemplateurs réchauffent de leur cœur ainsi qu'un autre cœur lumineux, elle est l'analogue de ce sceptre ou de ces lames de bois que tiennent les antiques statues de mandarins pour fixer leurs yeux et leur attention. Puis cette eau vide et inaltérable se mélange à un peu de couleur et elle devient opaque par l'accroissement de sa densité. Nous avons ainsi le jade qu'imite un peu plus tard le céladon. Et enfin entre les doigts créateurs la

> matière pure, le prélèvement sur l'élément original, prend toutes espèces de formes ou séparées ou complexes, un mélange d'êtres, toute cette variété de bronzes, d'agates et de porcelaines que nous admirons au musée de New York. Ces choses en lapis-lazulis taillées dans de l'azur compact. Ce renflement suave, ce pur épanouissement qu'est un vase blanc de l'époque Soung, c'est l'exhalation suprême du profond lotus, le globe sacré qui s'ouvre, le réceptacle de l'âme qui fleurit et offre son néant.
>
> En somme ce que les Occidentaux prennent pour un bibelot, c'est une espèce de talisman ou de recours matériel qui permet à l'âme asiatique de se rasseoir sur elle-même : à la manière d'un chapelet que l'on presse entre ses doigts, c'est le joyau-qui-confère-l'immobilité. Il doit y avoir un terme sanscrit ou tibétain pour exprimer cela[1].

La perle de Claudel est certes du plus bel orient (au sens de reflet nacré rappelant la lumière du soleil levant). Mais elle n'est qu'une pâle imitation orientaliste du *cintāmaṇi* ou « joyau qui exauce les vœux », figure majeure dans le symbolisme tantrique et dans la mythologie japonaise. C'est ce même joyau lumineux qui orne la queue du renard japonais, animal mythologique représentant le dieu du riz et de la fertilité Inari, mais qui est aussi une émanation de la déesse solaire Amaterasu, elle-même manifestation du Buddha cosmique Dainichi (en sanskrit Vairocana, « Grand Soleil »).

À la procession « graduelle » de l'Un au multiple, telle que la décrit Claudel, on peut opposer la métaphore « subite » de la perle, utilisée par le maître Chan Zongmi. Ce dernier compare notre esprit à une perle claire, transparente, et qui reflète parfaitement toutes les couleurs. Il prend l'exemple de la couleur noire se reflétant dans la perle claire pour illustrer la relation entre l'ignorance et la connaissance. Lorsque le noir se reflète ainsi dans la perle, celle-ci est totalement noire. Un esprit simple la prendra pour une perle noire, et refusera de croire que c'est en fait une perle claire. Même s'il finit par l'admettre, il pensera que la perle est enduite de noir, et qu'il faut la polir pour révéler sa clarté. Une autre personne pensera que c'est le noir, ou une couleur quelconque, qui définit la perle claire. Dès lors, chaque fois qu'elle verra des perles de couleur, elle les prendra pour des perles claires ; bien plus, elle ne reconnaîtrait pas une vraie perle claire si on lui en montrait une, n'y trouvant pas les couleurs auxquelles elle est habituée. Une troisième personne, ayant entendu dire que les couleurs qui se reflètent dans la perle sont fausses et que celle-ci est foncièrement incolore, en déduira qu'elle est vide de toute substance, donc qu'elle n'existe pas. En filant ainsi la métaphore perlière, Zongmi vise les conceptions et la pratique spirituelle des divers courants du Chan de l'époque. Il suffit de reconnaître, selon lui, que la perle (l'esprit) est par essence lumineuse, et que les couleurs qui s'y reflètent (les passions) sont illusoires. Dès lors, quel que soit son aspect, on ne croira plus qu'elle soit noire (autrement dit, que l'esprit est soumis aux passions) ; on évitera de la chercher en dehors des couleurs (erreur qui consiste à croire que l'esprit est distinct des passions), ou d'affirmer qu'il n'existe ni clarté, ni obscurité, ni même de perle (point de vue de la vacuité ontologique, qui nie en bloc l'existence de l'esprit et de toutes choses).

L'oubli du mythe

Quelle est la place du mythe dans le bouddhisme? Insignifiante, diront ceux qui entendent s'en tenir à une doctrine purement philosophique et agnostique. Certes, le premier bouddhisme est par certains aspects une démythologisation, comme le montrent les développements doctrinaux de la scolastique bouddhique. Même la légende du Buddha contient une tendance démythologisante, comme en témoigne l'épisode de la tentation par le Malin bouddhique, Māra. Le Buddha subit trois épreuves : il doit faire face aux armées de Māra, puis résister à la séduction des filles de Māra, enfin répondre au défi de Māra lui-même, qui l'accuse d'usurpation. Pour mieux comprendre cet aspect démythologisant au sein même du mythe, il est utile de se reporter en terre grecque et de considérer brièvement le mythe d'Œdipe, qui offre certaines analogies avec celui du Buddha. Je suivrai ici l'analyse que donne Jean-Joseph Goux de ce mythe, en déplaçant l'accent du parricide et de l'inceste (selon l'interprétation freudienne qui domine aujourd'hui) vers l'épisode de la rencontre d'Œdipe avec le Sphinx (ou plutôt la Sphinge)[1].

L'épreuve d'Œdipe consiste à tuer un monstre femelle dont la nature est composite, comme celle des chimères : les trois parties du monstre symbolisent les trois fonctions indo-européennes (sagesse, guerre, sensualité) dégagées par Georges Dumézil. La lecture psychanalytique et mythologique des légendes indo-européennes apparentées au mythe d'Œdipe suggère que, lorsqu'un jeune homme affronte le monstre, ce n'est pas son père qu'il cherche à tuer, mais bien plutôt les forces maternelles qui lui barrent le chemin vers la femme qui lui est destinée. Œdipe, ayant esquivé ce meurtre, se retrouve marié à sa propre mère.

Le matricide, dans le mythe, est le meurtre qui coupe le cordon ombilical et permet d'accéder à l'épouse. Pour les moines bouddhiques, ce matricide est souvent non résolu, et quand il est accompli, sur le plan symbolique s'entend, c'est pour obtenir la délivrance ultime. Le père dans tout cela est étrangement absent, et son meurtre est, à proprement parler, « insignifiant » – même si Linji parle métaphoriquement de « tuer père et mère » pour écarter tout obstacle à l'éveil. Dans le bouddhisme japonais, la figure de la déesse Benzaiten, à la fois mère-dragonne et femme séductrice, joue un rôle de tout premier plan. C'est également la fille du roi-dragon qui donne sa perle magique *(cintāmaṇi)*, symbole de l'éveil, au Buddha. Certes il y a quelque danger à se prêter trop facilement à une lecture psychanalytique (freudienne ou jungienne) des divinités reptiliennes *(nāga)* dans le bouddhisme, mais il est certain que l'hagiographie bouddhique peut souvent se lire comme un roman familial. On retrouve par exemple dans les légendes relatives aux filles du roi-dragon de nombreux traits qui rappellent la légende de Mélusine, la femme serpent dont la famille des Lusignan tirait ses origines (le nom de Mélusine est parfois interprété comme « mère des Lusignan »).

On n'a pas assez remarqué que les trois passions fondamentales définies par le Buddha (désir, ignorance, haine) correspondent, en ordre dispersé, aux trois fonctions de l'idéologie indo-européenne : l'ignorance est le contraire de la sagesse (première fonction), la haine est liée à la guerre (deuxième fonction), le désir est lié à la sensualité (et par là, à la troisième fonction). De même, la réponse du Buddha à Māra lors de l'épisode de la tentation, comme celle d'Œdipe au Sphinx, recouvre les trois fonctions (caresses, coups, questions dans le cas du Sphinx). Alors que l'initiation implique les qualités et les périls correspondant à ces trois fonctions, Œdipe élude les deux premières. Chez le Buddha, la résistance à la tentation est donc prise dans le schéma trifonctionnel – elle n'est qu'une des trois phases de l'initiation. Il s'agit donc bien d'une investiture royale, comme préliminaire à l'éveil (et double de celui-ci). Le Buddha est encore inscrit dans l'idéologie trifonctionnelle (même s'il la transcende) – alors qu'Œdipe, lui, la dépasse.

Le philosophe a la présomption de celui qui ne compte que sur ses propres lumières, il lui manque la modestie du disciple. Mais le mythe d'Œdipe ne se réduit pas, comme on le pense souvent depuis Freud, à la version qu'en donne l'*Œdipe-Roi* de Sophocle. Telle est l'ironie suprême de l'épisode final du mythe, tel que nous le donne Sophocle dans *Œdipe à Colone* : ce personnage qui ne comptait que sur lui-même et avait renvoyé le voyant Tirésias à ses oracles devient à la fin lui-même un voyant. Œdipe, comme Socrate, serait donc le type même du philosophe autonome, celui qui ne suit pas la tradition. La même volonté d'indépendance se retrouve chez certains adeptes du Chan, dont le seul but est d'être leur propre maître. On peut toutefois penser que si le Sphinx avait été un maître Chan, Œdipe eût été recalé pour sa réponse, et qu'il eût de surcroît ramassé une volée de bois vert. Il a cru trop vite résoudre l'énigme, alors qu'il n'avait fait que la vider de son sens (ou plutôt de son non-sens apparent). Nietzsche, quant à lui, prône la nécessité « d'hommes qui seraient des contre-Alexandre, de ceux qui lieraient de nouveau le nœud gordien de la civilisation grecque qui a été tranché[1] ». La philosophie est ainsi dans sa nature même profanatoire. Socrate obéit néanmoins à son *daimon,* qui n'est pas seulement la voix de la raison (même au sens métaphysique). Faut-il parler dans son cas d'autonomie ou d'hétéronomie ?

Descartes, lui, se tient debout tout seul, sans béquilles. Mais, selon Merleau-Ponty, le philosophe avance en boitant, comme Œdipe. Le boitement serait dans la mythologie chinoise le divin « pas de Yu », la démarche du héros civilisateur, de l'être hybride, qui avance clopin-clopant, en zigzaguant. Descartes marche droit. Il a fait table rase, tranché le fameux nœud, liquidé (croit-il) son héritage grec. Œdipe, Descartes et les autres, comme le Buddha « historique » ou le maître Chan Linji, ignorent la médiation du symbole, du mythe et du rituel – autrement dit de la tradition. Ils rejettent toute transcendance divine ou sociale, et n'ont plus foi qu'en eux-mêmes.

Qu'est le doute systématique (et partant, artificiel) de Descartes, ou même le grand doute ritualisé de l'adepte Zen, à côté de la mort initiatique, le passage à la limite qu'est l'initiation, la rencontre véritable avec le Sphinx ou le dragon ? Le philosophe serait celui qui refuse ce risque ultime (ou premier), qui se satisfait à bon compte et demeure enfermé dans le monde des mots. À quelques malheureuses exceptions près, Nietzsche et quelques autres, qui n'en sont pas revenus, ou en sont restés proprement médusés. Le philosophe, lui, n'est pas allé jusqu'au bout, il a rebroussé chemin à l'entrée de la caverne, il s'est contenté d'un échange verbal avec le gardien du seuil. Œdipe serait donc le premier philosophe, celui qui refuse l'initiation. Mais le besoin de l'initiation demeure, même après deux millénaires d'un régime philosophique – comme l'atteste la vogue de la psychanalyse.

La pensée philosophique, tout comme le subitisme Chan (exception qui confirme la règle bouddhique), refuse toute médiation entre mythe et logique. Elle a oublié le point aveugle, ou plutôt l'immense zone d'ombre que créait sa vision, la cécité qui ouvrait l'espace de sa lumière. Au lieu de coller au réel, elle recrée un monde appauvri qu'elle peut dominer. Même quand il lui arrive de se remettre en question, c'est la plupart du temps dans le même cadre rituel familier.

En rejetant les dieux et le rituel, Œdipe et la philosophie se sont privés de l'accès à la source psychique profonde. En se soumettant aux dieux et aux rituels, la religion archaïque se privait de l'accès à la raison. Le bouddhisme, sur ce point encore, cherche la voie du milieu – non pas entre foi et intelligence, qui est la version chrétienne et déjà trop individualiste du problème, mais entre initiation et raison.

Occasions manquées

Non seulement Œdipe n'a pas réussi son initiation, mais il a été dupé par le Sphinx, puissance des ténèbres – tout comme Descartes fut peut-être, en fin de compte, dupé par le Malin Génie qu'il s'imaginait invoquer par jeu, sans tout à fait y croire. Mais ne dit-on pas que le grand art du Malin est de faire croire qu'il n'existe pas ? Dans le cas de la victoire du Buddha face à Māra, pour ne rien dire de celle du Christ face à Satan, la tentation est somme toute bien légère. Tout comme, dans son humanisme évident, paraît puérile l'énigme du Sphinx (« Qu'est-ce qui a quatre jambes le matin, deux à midi, trois le soir ? ») – ce qui explique qu'elle soit devenue comptine enfantine. Le Malin, s'il existe, doit avoir d'autres ressources, il a à coup sûr plus de trois cordes à son arc, trois questions à résoudre ou trois tentations à offrir. Doit-on même parler de tentation dans le cas du Buddha, alors qu'à aucun moment celui-ci ne semble perdre sa maîtrise de soi ? Rien ne se joue vraiment dans ce jeu-là, l'épreuve n'est guère éprouvante, celui qui la subit ne passe nullement aux limites de la folie, ni ne fait l'expérience du grand doute. À vaincre sans péril, il triomphe sans gloire. Il ne doute de rien (au double sens), ce qui explique une certaine arrogance de sa part. Mais, ce faisant, il passe peut-être à côté de l'essentiel : le Buddha rationaliste des quatre nobles vérités n'est au fond qu'un penseur sans grande originalité par rapport à ses prédécesseurs indiens. En réduisant le mal à l'ignorance, il néglige le démoniaque en l'homme, et ce faisant produit de l'inconscient, un retour du refoulé. Le bouddhisme tantrique n'est rien d'autre que ce retour du refoulé. Un mouvement semblable à celui qui, à travers Œdipe et ses successeurs, sépare le mythe de la philosophie en Grèce, divise la pensée bouddhique.

Le bouddhisme ne se réduit pas au Buddha « historique » et à sa doctrine, produits d'une démythologisation. Un bouddhisme purement rationnel serait un bouddhisme sans ombre, condamné à rester théorique – ou, s'il est mis en pratique, à créer du refoulé. Toute la pensée bouddhique ultérieure s'est efforcée de sortir de cette vision trop simpliste. Tel serait, par contraste avec le « miracle grec », le « miracle bouddhique » d'une pensée qui a pu en fin de compte repousser la tentation de la dichotomie, préserver l'initiation, tout en sachant aussi, à l'occasion, trancher le nœud gordien, les liens paralysants de la tradition.

En dépit de ses revers particuliers, le mythe a continué à s'épanouir à l'ombre des *stūpa* bouddhiques. À côté de légendes où les *nāga* et autres divinités reptiliennes ou chtoniennes, dieux du sol, des arbres et des étangs, se convertissent de plein gré à la nouvelle doctrine, il ne manque pas d'histoires où le Buddha et ses disciples doivent faire preuve de ruse et de violence pour venir à bout des dieux locaux et leur imposer leur volonté. L'intégration plus ou moins forcée des cultes locaux au sein du bouddhisme, dans toutes les cultures d'Asie, a trouvé une de ses principales légitimations idéologiques dans la théorie des deux vérités. Selon ce modèle, les cultes locaux représentent tantôt l'erreur pure, tantôt un premier pas vers la vérité conventionnelle, et à ce titre peuvent être retenus tels quels – il suffira de les lire selon une certaine grille pour leur rendre leur sens bouddhique. Les dieux de la religion populaire, soit se convertissent, soit révèlent qu'ils ne sont au fond que des manifestations particulières des buddhas. C'est au Japon que cette intégration a été poussée le plus loin, aboutissant à une idéologie à deux faces comme le Ryōbu Shintō (Shintō des deux sections du *maṇḍala*), qui n'a de Shintō que le nom, étant en réalité un produit dérivé du bouddhisme. Ainsi lit-on dans le *Shasekishū* (Collection de sable et de pierre), à propos du sanctuaire d'Ise, haut-lieu du Shintō : « Le sanctuaire intérieur symbolise le Buddha Dainichi du *maṇḍala* du Plan de Matrice…, alors que le sanctuaire extérieur représente le Buddha Dainichi du *maṇḍala* du Plan de Vajra[1]. » Pour faire bonne mesure, ce texte, écrit par un maître Zen, associe les deux sanctuaires aux principes *yin* et *yang*, masculin et féminin, de la cosmologie chinoise.

Paradoxalement, cette résurgence des dieux au sein du bouddhisme ésotérique ou tantrique devait permettre l'essor d'une nouvelle religion prétendument nationale, le Shintō, qui à la faveur des circonstances finit par s'opposer au bouddhisme – qualifié pour le coup, comme en Chine, de religion étrangère. Elle conduisit même, lors de la restauration de l'ère Meiji (1868), à une répression antibouddhique particulièrement virulente. Mais le bouddhisme japonais médiéval, en retrouvant toute sa dimension mythologique, n'opérait pas, comme on a voulu le dire, un simple retour aux superstitions populaires. Il a, au contraire, poussé plus avant la pensée bouddhique, en exploitant une veine presque tarie dans certaines écoles du bouddhisme philosophique – tout en mettant en œuvre le même principe de double vérité qui caractérise ce bouddhisme philosophique. Il a pu ainsi retrouver les affects qui le rapprochent, sur un autre versant, d'une psychologie des profondeurs.

Cette évolution s'est faite également par une ritualisation de la pratique bouddhique. C'est par ces détours et retours du mythe et du rituel que s'effectue l'accès à la vérité ultime. Selon le bouddhisme tantrique, la traversée des images et des formes mène vers l'absence d'images et l'informel, la vacuité. Mais il s'agit d'une réelle traversée, non d'un simple survol par la pensée : cette initiation ne peut être éludée par l'intelligence simplement critique ou l'intuition, comme le prétendent certains courants bouddhiques. On retrouve là le différend entre subitisme et gradualisme, tel qu'il a pris sa forme classique dans le Chan/Zen : deux approches irréconciliables, qui pourtant coexistent.

Perspectives rituelles

Le rituel a mauvaise presse en Occident, au moins depuis Luther. On sait que ce dernier dénonçait, entre autres, les excès liturgiques de la messe catholique. L'histoire des religions a hérité de cette vision « protestante », et tend à dévaloriser les aspects rituels des religions étudiées, au profit de leurs aspects purement doctrinaux. Elle a également été influencée sur ce point par la psychanalyse. Freud voyait dans l'idée fixe ou l'obsession du détail, dans la tendance au déplacement qui transforme des petits riens en choses de la plus grande importance, un point commun à la névrose et au rituel religieux. Ces traits du rituel sont indéniables, mais ils ne représentent de toute évidence qu'un aspect de la question. L'anthropologie, en revanche, a cherché à remettre en valeur la propension rituelle. Dans son étude sur la prière, Marcel Mauss écrivait par exemple :

> [Tandis] que, pour les philosophes, les théologiens, le rituel est un langage conventionnel par lequel s'exprime, imparfaitement, le jeu des images et des sentiments intimes, il devient, pour nous, la réalité même. Car il contient tout ce qu'il y a d'actif et de vivant dans la prière : il garde en réserve tout ce qui fut mis de sens dans les mots, il contient en germe tout ce qu'on pourra en déduire, même par des synthèses nouvelles : les pratiques et les croyances sociales qui y sont condensées sont lourdes du passé et du présent, grosses de l'avenir[1].

La pratique bouddhique est centrée sur le corps : non seulement par la méditation, à laquelle on tend trop souvent à la réduire, mais aussi par le rituel. Sans le rituel, la pensée bouddhique elle-même perd sa réalité, sa spécificité. Car pour en saisir les arcanes, la logique ne suffit pas ; encore faut-il avoir reçu une forme d'ordination. Le postulat selon lequel la vérité doit être également accessible à tous, en vertu du principe que le bon sens est la chose du monde la mieux partagée, n'a plus cours en terre bouddhique. Certes, l'esprit critique conserve son importance, mais la foi joue aussi son rôle, ainsi que le rituel. On a vu que même les raisonnements d'un logicien comme Nāgārjuna devaient se replacer dans ce contexte religieux, sans lequel ils ne seraient que des « jeux d'enfants avec des coquilles vides ». Pour avoir refusé de tenir compte de l'élément rituel, on en est venu à étudier le bouddhisme comme une entité à part, indépendante de son contexte intellectuel et culturel. Cette séparation est tout à fait artificielle, et elle masque tout ce que le rituel bouddhique, de même que la métaphysique qui en découle, doivent au védisme et à l'hindouisme.

À l'inverse du tantrisme, le Chan/Zen est souvent caractérisé par son antiritualisme. Mais c'est ne pas voir tout ce que cet antiritualisme, rituellement invoqué par les tenants occidentaux d'un Zen « libertaire », a lui-même de foncièrement rituel. La méditation assise, dont le Zen tire son nom, est avant tout une imitation rituelle de la posture du Buddha. Les *kōan* jouent aussi un rôle éminent dans ce processus rituel. On a souvent souligné l'importance, dans la maïeutique Chan, du face-à-face parfois violent entre maître et disciple. Mais il faut insister également sur le fait que, avec l'institutionnalisation du Chan, ces « rencontres » devinrent pour l'essentiel des rituels parfaitement orchestrés. Dans le Japon médiéval, notamment dans le Zen lettré des « cinq montagnes » *(gozan)*, les *kōan* étaient devenus objets d'étude livresque, alors que dans les autres monastères, ils étaient mémorisés et faisaient l'objet d'un véritable fétichisme. On pouvait en effet, moyennant finances, obtenir les réponses toutes prêtes aux principaux *kōan*. L'initiation conférée par un maître à ses disciples au cours d'instructions privées en vint à consister essentiellement en la révélation des réponses stéréotypées aux *kōan* classiques. Dès lors, on peut se demander si le seul but du *kōan* était d'induire l'éveil. Les moines Zen avaient recours au style hiératique des *kōan* pour légitimer divers actes et rites monastiques, de l'initiation aux funérailles. Cet usage des *kōan* allait de pair avec la sacralisation de la vie monastique, qui se transforma en une série de séquences liturgiques dont les moines devaient maîtriser, non seulement l'aspect physique ou technique, mais surtout le sens secret. Cette pratique, sans jamais supplanter celles de la méditation et du *koān* traditionnel, vint les doubler, en modifiant ainsi profondément le sens.

L'analyse des icônes, *stūpa*, et autres artefacts rituels bouddhiques, suggère l'insuffisance du point de vue étroitement fonctionnaliste qui considère l'image comme un simple aide-mémoire et la justifie par les heureux effets psychologiques qu'elle est censée exercer sur le dévot. Peut-on pour autant s'en tenir au niveau phénoménologique, et se contenter de mettre en relief l'« idéologie de la présence » qui sous-tend le culte des images ? Ne risque-t-on pas de surévaluer cette idéologie (au sens de système d'idées) en lui attribuant une trop grande cohérence ? Dans un premier temps, il importe de montrer que ce système existe. Même s'il n'est jamais pleinement actualisé, ses actualisations partielles n'en sont pas moins révélatrices. L'existence virtuelle du système étant acquise, deux réserves s'imposent : d'une part, l'idéologie est sans cesse remise en question par ce qui, dans le système, s'ouvre sur l'altérité. D'autre part, on ne saurait privilégier le sens immanent, innocent, de ces symboles au détriment de leur fonction sociale et politique, de leur caractère idéologique (au sens marxiste).

Toutefois, l'objectivation sociologique ou idéologique tend trop souvent à considérer comme purement illusoire le vécu, l'interprétation phénoménologique du sujet. Cette approche désenchantée est résumée par Marcel Mauss, lorsque, dans la conclusion de son étude sur le *mana*, force magique inhérente aux êtres et aux choses, il déclare : « En définitive, c'est toujours la société qui se paie elle-même de la fausse monnaie de son rêve[1]. » Le *toujours* est de trop : *souvent*, sans doute, mais il y a loin de la présomption à la certitude. Un esprit religieux, citant les paroles de saint Paul ou celles de Laozi sur le caractère paradoxal de la vérité, objecterait sans peine que le surnaturel peut se manifester précisément dans un contexte de superstition clinquante – car il n'est pas limité, comme l'observateur « objectif », par les catégories du vraisemblable et de l'invraisemblable. En définitive, la « raison élargie » que Mauss appelait de ses vœux semble incapable de pénétrer « l'irrationnalité » de la magie ou du don tant qu'elle campe sur les positions du rationalisme positiviste.

Tout se passe, on l'a vu, sur le mode du « on dirait que » (dans les deux sens du terme : comme acte performatif – « disons que » – ; mais aussi comme impression – « il semble que »). Dès lors, le rapport à l'icône est-il simple méconnaissance, confusion du vrai et du faux, ou semi-connaissance, intermédiaire entre connaissance vraie et ignorance ? Peut-on quand même parler dans ce cas d'une connaissance vraie, quoique sur un mode différent ? « Fausse monnaie » du rêve – mais si la valeur d'usage de cette monnaie, comme celle de toute monnaie fiduciaire, dépendait d'un acte de foi initial ? Si la fausse monnaie était, comme dans l'anecdote de Baudelaire citée par Jacques Derrida[1], réservée à ces « pauvres » que sont les anthropologues et autres « dissociés » de tout genre ?

Langage, poésie, littérature

Le langage discursif, empêtré de concepts abstraits, ne peut rendre compte de la réalité. Voilà en somme ce que Linji s'efforce d'inculquer, par la méthode forte, à ses disciples. Un jour, il reçoit du gouverneur Wang la requête d'expliquer la doctrine du Chan. Il lui faut bien se plier à cette requête, non sans manifester ses réticences :

> « Si je monte sur cette chaire aujourd'hui, c'est que je ne puis faire autrement – c'est par respect humain. Pour prôner notre Grande Affaire, si je m'en tenais à la tradition de notre lignée, je n'ouvrirais simplement pas la bouche, et vous n'auriez où mettre le pied. Mais, prenant en considération la prière insistante de Monsieur le conseiller ordinaire, comment en ce jour pourrais-je cacher mes principes ? Y a-t-il donc quelque habile général qui soit prêt sur-le-champ à disposer ses troupes et à déployer ses étendards ? Qu'il témoigne devant l'assemblée, pour voir ! »

Un moine s'avance et demande quelle était la grande idée du bouddhisme. Linji pousse un *kha !,* sorte d'éructation particulière au Chan. Le moine s'incline. Le maître dit : « En voilà un qui se montre capable de soutenir la discussion. » Un autre moine demande : « Et de qui est-il, l'air que vous chantez ? À qui remonte votre manière ? » Le maître dit : « Quand j'étais chez

Huangbo, j'ai questionné trois fois, trois fois j'ai été battu. » Le moine hésite. Le maître pousse un *kha!*, puis le bat, disant : « On ne saurait clouer une cheville dans le vide ! » Et il ajoute :

> C'est pour une Grande Affaire que nous tenons séance aujourd'hui. Y a-t-il encore des questionneurs ? Qu'ils s'avancent vite et questionnent ! Mais à peine ouvririez-vous la bouche que vous seriez en dehors de la question. Ne connaissez-vous pas la parole du vénérable Śākyamuni ? « La Loi est détachée de la lettre ; elle ne relève pas de la relativité des causes et conditions. » C'est parce que vous n'avez pas suffisamment de confiance en vous-mêmes que nous voilà empêtrés à cette heure dans toutes ces lianes parasites de vains mots. Ce qui est à craindre, c'est que nous n'emberlificotions Son Excellence et Messieurs les fonctionnaires, obscurcissant la nature de Buddha qui est en eux. Mieux vaut nous retirer !

Le tour est joué, mais Linji a néanmoins beaucoup parlé, faisant preuve de ce que les maîtres Chan appellent une « bienveillance de grand-mère ». Puhua, le comparse et à certains égards rival de Linji, est plus radical que lui dans son refus de parler. Interrogé, il a recours à une forme de glossolalie – forme de langage qui fait écho aux paroles de l'interlocuteur : « Un jour Puhua mangeait des choux crus devant la salle des moines. Le maître le vit et dit : "Tu as tout l'air d'un âne." Puhua se mit alors à braire. Le maître dit : "Ce bandit !" – "Au bandit ! au bandit !" », cria Puhua, et il sortit.

Emile Benveniste, dans une note critique sur Freud, remarque que tout langage opère par dichotomie, tiers-exclu[1]. La réalisation bouddhique se gagne donc contre le langage, selon des démarches qui sont plus proches de celles du rêve ou de la rhétorique. C'est une guerre contre le « poids des mots », une stratégie de déconstruction du voile linguistique qui recouvre les choses ; c'est l'expression, paradoxalement linguistique, du registre de la vérité ultime, au-delà des mots. La pensée bouddhique remet en question certaines assomptions fondamentales de la pensée occidentale quant au langage et à la représentation. Le signe ne peut être arbitraire – comme le pense Ferdinand de Saussure, le fondateur de la linguistique structurale – que si l'on imagine la chose comme existant en tant que telle, en dehors de tout langage. Cette conception prévaut dans certains courants bouddhiques, mais elle est remise en question dans d'autres, qui soulignent l'adéquation du langage au réel. Le bouddhisme tantrique, notamment, utilise des « mots vrais » qui sont au premier abord de purs signifiants, mais qui prétendent également être des réserves inépuisables de signifié. Tels sont les *mantra* et *dharāṇi*, formules incantatoires et mnémotechniques. On les retrouve un peu partout, même dans une école en principe aussi peu magique que le Chan/Zen ; mieux, les *kōan* du Zen en vinrent à faire, dans de nombreux cas, office de *mantra*.

Nietzsche avait bien vu que le langage n'est pas métaphorique par accident, mais bien plutôt par essence. La rhétorique n'est donc pas un phénomène dérivé ou parasitaire, c'est une des formes paradigmatiques du discours. Par conséquent, la littérature a autant à nous dire sur la vérité que le discours philosophique – lequel n'est pas exempt des langueurs du langage. La notion de double vérité se prête assez bien à une approche à la fois littéraire et philosophique du réel, et elle permet en outre de dépasser ces deux approches.

On a souvent souligné, à propos de la fameuse parole de Laozi : « Celui qui sait ne parle pas, celui qui parle ne sait pas », le paradoxe qui consistait à rédiger un ouvrage de quelque cinq mille mots (le *Daode jing*) pour expliquer cela. Mais Laozi n'était pas plus sot qu'un autre, non plus que ses héritiers taoïstes ou bouddhistes. Il y a donc peut-être là quelque chose d'un peu plus complexe qu'une simple inadvertance de leur part – le témoignage d'une nécessité qui nous éclaire sur la nature profonde et paradoxale du réel. Comment dire l'indicible ? Telle est la gageure que cherchent à soutenir les maîtres bouddhiques, notamment dans leurs poèmes d'avant la mort. Ainsi Sengzhao (374-414), condamné au suicide par le souverain des Qin postérieurs :

> Les quatre grands éléments n'ont pas de maître ;
> Les cinq agrégats sont foncièrement vides.
> Lorsque ma tête approchera la lame nue,
> Ce sera comme décapiter le vent du printemps[1].

Ce poème est à rappocher d'un autre, composé par le maître Chan Wuxue Zuyuan (1226-1286), alors qu'il allait être exécuté comme espion par les Mongols :

> Dans l'univers entier, il n'y a plus d'endroit où je puisse planter mon bambou solitaire ;
> Je m'en réjouis, car l'homme est vide comme le sont les choses.
> Salut, ô sabre de trois pieds des grands Mongols Yuan !
> Ce que tu veux décapiter dans ton reflet d'éclair, c'est le vent du printemps[2]...

Le sang-froid de Wuxue lui valut la vie sauve, et il émigra au Japon pour y devenir l'un des patriarches du Zen. Un autre patriarche chinois du Zen, Dongshan Lianggai (807-869), laissa le poème suivant :

> Si de tant d'apprentis, nombreux comme les grains de sable du Gange, pas un seul n'a réalisé l'éveil,
> La faute en est à ceux qui l'ont cherché par la voie de la langue d'un autre.
> Si l'on veut obtenir l'oubli des formes sensibles, toute trace étant effacée,
> Qu'avec ardeur on fasse effort pour marcher dans le vide[1].

On retrouve la même idée chez un disciple de Dongshan, Guangren (837-909) :

> Ma route va hors des espaces azurés,
> Tel un nuage blanc qui flâne sans lieu fixe.
> Il y eut en ce monde un arbre sans racines,
> Dont les feuilles jaunies reviennent dans le vent[2].

Mentionnons pour finir ce poème de Xutang Zhiyu (« Stupide par sagesse », 1185-1269) :

> A quatre-vingt-cinq ans,
> Je ne connais Buddha ni patriarches…
> Et je m'en vais, les bras ballants,
> Toute trace coupée, dans le grand vide[3] !

Mais parfois, le poème lui-même est de trop. Plusieurs maîtres Chan s'élevèrent contre cette coutume des « mots de la fin ». Certains exprimèrent cette critique, précisément, dans leur ultime poème – noblesse oblige. Mais à celui qui refuse toute maîtrise, et n'a que faire d'une quelconque noblesse spirituelle, d'autres moyens s'offrent de damer le pion aux autres joueurs. C'est un peu comme si, pour adapter une métaphore de Wittgenstein, on pratiquait un autre jeu de langage, en déplaçant sa dame selon les règles du jeu d'échecs alors que l'adversaire croit jouer aux dames. Bien évidemment, le jeu arrive très vite à une impasse – sorte d'échec et mat paradoxal, car ni vu ni connu :

> Un jour, au marché de la rue, Puhua mendiait aux gens un vêtement cousu d'un seul tenant. Tout le monde lui en donnait, mais il n'en voulut aucun. Le maître [Linji] dit à l'administrateur du monastère de lui acheter un cercueil. Lorsque Puhua s'en revint, le maître dit : « Je t'ai fait faire un vêtement cousu d'un seul tenant. » Alors Puhua le chargea sur son épaule et fit le tour du marché de la rue, criant : « Linji m'a fait faire un vêtement cousu d'un seul tenant. Je m'en vais à la porte de l'Est pour ma transformation de transfert. » Les gens du marché le suivirent à l'envi, pour regarder. Puhua dit : « Ce n'est pas encore pour aujourd'hui. Demain j'irai à la porte du sud pour ma transformation de transfert. » Et ainsi pendant trois jours. Le quatrième jour, sans personne pour le suivre et regarder, il sortit tout seul hors des murs et entra lui-même dans le cercueil, requérant un passant pour le clouer. Aussitôt la nouvelle se répandit, et les gens du marché allèrent à l'envi ouvrir le cercueil. Ils virent qu'il avait disparu en se dépouillant de son corps intact, et ils n'entendirent qu'un bruit de clochette, dans les airs, qui s'en allait obscurément[1].

Dans l'espace non euclidien de la pensée chinoise, la périphrase est souvent le plus court chemin vers le but. Mais les péripéties de ce langage péripatétique ont parfois quelque chose de pathétique. Aussi certains, comme le laïc Vimalakīrti, préfèrent-ils encore le silence. Mais pas n'importe quel silence : un « silence de tonnerre » – un *silentium loquens*, « silence parlant », retentissant, qui frappe droit au cœur des choses et des êtres. Car, comme l'écrivait Kumārājiva : « La discussion par le silence est la suprême discussion. » De même Candrakīrti, « porte-parole » du Mādhyamika tardif, déclarait-il que « l'absolu, c'est le silence des saints ». Mais s'il est parfois difficile de saisir ce que parler veut dire, comment savoir ce que signifie ce silence ? Car il y a bien des silences, comme le montre le Père Dinouart dans son *Art de rester silencieux* (1771). Et il existe en outre diverses façons métalinguistiques de communiquer. Comme le note Gregory Bateson, de manière faussement innocente : « Les Français peuvent dire quelque chose de particulier, rien qu'en s'arrêtant de gesticuler. »

« Que vous puissiez parler ou non, disait le laïc Pang, il n'y a pas d'échappatoire. » Qu'on se taise ou qu'on parle, la vérité est performative, c'est une performance parfaite et parfois perfide, que tous n'apprécient pas nécessairement. Un exemple fameux dans le Chan est l'anecdote de la transmission de la Loi par le Buddha. On se souvient que Śākyamuni montra une fleur en silence à ses disciples. Seul, Mahākāśyapa sourit, et Śākyamuni lui transmit alors, par la parole, la Loi qu'il venait de lui transmettre silencieusement, « d'esprit à esprit ». Le maître Chan Wumen Huikai, dans son recueil intitulé *Wumen guan* (La Passe sans porte), formule la critique suivante :

> Gautama à la face jaune, agissant comme s'il n'y avait personne près de lui, a forcé des braves gens à l'esclavage, et, accrochant une tête de mouton, a vendu de la viande de chien à la place [...] Mais si à ce moment tout le monde avait souri, comment eût-il pu alors transmettre le trésor de l'Œil de la vraie Loi, ou si Mahākāśyapa n'avait pas souri, comment eût-il pu transmettre le trésor de l'Œil de la vraie Loi ? S'il déclare qu'il y a une transmission de l'Œil de la vraie Loi, ce vieux fou cherche à tromper les badauds. Mais s'il dit qu'il n'y a pas de transmission, alors pourquoi avoir approuvé Mahākāśyapa et lui seul[1] ?

Face à l'apparent dilemme du silence et de la parole (car le silence ordinaire est encore un *lemme*, une sorte d'« argument), il est de multiples façons de tourner le principe du tiers-exclu. L'une d'entre elles est le « langage crépusculaire » (en sanskrit *saṃdhā-bhāṣya*) du bouddhisme tantrique. Le champ sémantique de l'expression recouvre les termes *saṃdhā* (« intention, propos délibéré » – il s'agit donc d'un langage « intentionnel »), *saṃdhi* (« fusion », synthèse des contraires), et *saṃdhyā* (crépuscule du matin et du soir, les deux moments privilégiés du rituel brahmanique, où le jour et la nuit se rejoignent). Prenons le cas de *mahāsukha*, la « grande jouissance » ou volupté suprême censée provenir de l'union de l'*upāya* (moyen habile) et de la *prajñā* (sagesse) : l'expression peut s'entendre soit au sens de l'union sexuelle du pratiquant avec sa partenaire rituelle; soit dans le sens psychologique de l'union de la sagesse et des expédients. La lecture « crépusculaire » doit se faire simultanément sur les deux registres, mais dans la pratique certaines écoles mettent l'accent sur la lecture rituelle/sexuelle (tantrisme dit de la main gauche), d'autres sur la lecture « psychologique » (tantrisme dit de la main droite). Le vrai pratiquant tantrique, cependant, se doit d'être ambidextre, même si la voie de la main gauche a certains aspects proprement « sinistres ». Selon Jean Varenne, « le propre du langage crépusculaire est justement de réaliser la conjonction *(saṃdhyā)* de deux lectures possibles dans une intention *(saṃdhā)* bien particulière[1] ».

On a vu que le bouddhisme sino-japonais s'était développé à la confluence du bouddhisme indien et de la pensée chinoise. On pourrait dire que le bouddhisme a inoculé à la pensée chinoise la dose de transcendance propre à empêcher celle-ci de s'enliser dans l'immanence ; et qu'il en a reçu en retour suffisamment d'immanence pour éviter la tentation indienne de l'idéalisme transcendantal. Ainsi, à la césure bouddhique indienne qui désigne l'absolu transcendant comme l'ineffable, répond la pensée chinoise de l'« immanence transcendante », dans laquelle il n'est pas de solution de continuité entre le *dao*, la nature, et le monde humain. Dans cette conception, la parole humaine « coule de source », elle dérive de l'absolu – sans pour autant postuler une révélation, comme dans les religions du Livre. Dès lors, la connaissance mystique prend deux formes, comme le dit déjà le *Daode jing* : par la non-connaissance et le silence, on peut saisir l'absolu dans son essence (qui est de n'en avoir pas), par la connaissance ou sagesse intuitive *(prajñā)* et la parole vive (à distinguer de la parole inerte, discursive), on peut le saisir dans ses effets. La langue ne peut pas exprimer l'absolu, et pourtant elle ne peut pas ne pas l'exprimer – car il y a entre elle et lui une identité de nature.

Le bouddhisme chinois hérite de Zhuangzi, mais le

dépasse dialectiquement. Une des métaphores les plus connues de Zhuangzi est celle de la nasse et des poissons : « La nasse sert à prendre le poisson ; quand le poisson est pris, oubliez la nasse. Le piège sert à capturer le lièvre ; quand le lièvre est pris, oubliez le piège. La parole sert à exprimer l'idée ; quand l'idée est saisie, oubliez la parole[1]. » Les mots, pour Zhuangzi, pointent vers la réalité, mais doivent être abandonnés une fois la réalité saisie. De même, dans le bouddhisme indien, on parle du radeau qui permet de traverser la rivière de l'existence, mais qu'il faut abandonner une fois l'autre rive atteinte. On trouve souvent dans les textes Chan la métaphore du doigt qui montre la lune, exprimant l'idée que le doigt (les mots, l'enseignement bouddhique) ne sont pas la lune (le réel, l'absolu, l'éveil). Mais il en va différemment au royaume de la double vérité, où le doigt *est* la lune, et la lune n'est qu'un doigt. Comme l'écrit le moine-poète japonais Ryōkan (1758-1831) :

> C'est grâce au doigt
> Que vous pouvez montrer la lune.
> C'est grâce à la lune
> Que vous pouvez comprendre le doigt.
> La lune et le doigt
> Ne sont ni différents ni identiques.
> Cette parabole sert simplement
> À conduire les adeptes vers l'éveil.
> Une fois que vous avez vu les choses telles qu'elles sont,
> Il n'y a plus de lune, ni de doigt[2].

De même, on lit chez Wittgenstein le passage suivant : « On ne dira pas, quand quelqu'un montre le soleil du doigt, qu'il désigne à la fois le soleil et lui-même parce que c'est lui qui pointe le doigt ; cependant, en faisant ce geste, il peut fort bien attirer l'attention sur lui-même en même temps que sur le soleil. »

Ainsi donc, la parole déborde sans cesse son propos. Ce débordement n'est peut-être pas, comme le voudraient les philosophes analytiques, une « aberration » à laquelle il faut remédier – mais une fonction essentielle du langage. Sur le chemin des paroles, il ne saurait y avoir de police de la route. Toutefois, pour pouvoir jouer au mieux du langage et de ses débordements, savoir jusqu'où on peut aller trop loin, encore faut-il en saisir avec précision le sens et les contraintes.

Les mots nous révèlent le réel, et en particulier cette partie du réel qu'est notre pensée profonde. L'intuition que, pour parodier le proverbe, ce qui s'énonce bien se conçoit clairement, et que l'énonciation n'est pas ultérieure à la pensée, se retrouve chez divers philosophes occidentaux. Merleau-Ponty, par exemple, distingue deux langages, « le langage après coup, celui qui est acquis, et qui disparaît devant le sens dont il est devenu porteur – et celui qui se fait dans le moment de l'expression, qui va justement me faire glisser des signes au sens – le langage parlé et le langage parlant[1] ». En s'abandonnant au bonheur des mots, il cherche à jeter un pont entre philosophie et poésie :

> L'écrivain heureux, l'homme parlant [...] ne se demandent pas, avant de parler, si la parole est possible [...] Ils se placent avec bonheur à l'ombre de ce grand arbre, ils continuent à voix haute leur monologue intérieur, leur pensée germe en parole, ils sont compris sans l'avoir cherché, ils se font autres en disant ce qu'ils ont

> de plus propre [...] Ils franchissent les ponts de neige sans voir comme ils sont fragiles, ils usent jusqu'au bout de ce pouvoir inouï qui est donné à chaque conscience, si elle se croit coextensive au vrai, d'en convaincre les autres, et d'entrer dans leur réduit[1].

Les maîtres Chan, quant à eux, tantôt cherchent à s'arracher au langage, tantôt s'abandonnent au flot de la parole – « comme une balle dans un torrent » – pour trouver leur liberté précisément dans les chaînes mentales et linguistiques. Ils transgressent les usages établis, ou au contraire s'y conforment comme à plaisir. Car, comme dirait Pascal, on doit suivre la coutume « avec une idée de derrière la tête » – disons plutôt : avec une absence de pensée qui n'est plus celle de l'homme ordinaire, lequel n'arrête pas de penser, et de se dépenser.

Après tout...

Au terme (provisoire) de ce parcours, il est à espérer que nous nous laisserons moins facilement piéger par la logique du tiers-exclu, et que nous y regarderons à deux fois avant d'accepter les dilemmes du type foi et raison, rationalité et irrationnel, philosophie et religion, intellect et intuition, logique et rhétorique, spiritualité et matérialisme, Orient et Occident. Sans pour autant perdre tout esprit critique, et tout confondre en un vague syncrétisme ou un refus de principe, qu'il s'agisse d'une nuit mystique où tous les chats sont gris, ou de Lumières pour lesquelles aucune vache n'est sacrée.

Sans doute est-ce trop demander. Mais c'est, comme on sait, le seul moyen d'obtenir le strict nécessaire. À la langue de bois des idéologies, on opposera la nôtre, qui, comme dirait un maître Chan, n'a pas d'os : elle bouge librement dans tous les sens. Telle est, précisément, l'origine du langage. Après avoir introduit quelques vocables bouddhiques dans mon dictionnaire personnel et mon monologue intime, je cherche maintenant à les glisser dans un dialogue, sinon dans le *Petit Robert* (où certains d'eux se trouvent d'ailleurs déjà). J'ai, pour cela, souligné les ressemblances entre les deux discours, occidental et bouddhique : par exemple, entre la logique d'Aristote et celle de Nāgārjuna. Ce faisant, je donne sans doute l'impression de vouloir faire ce que je reprochais à d'autres, de rattacher les îles au continent, d'annexer à la pensée occidentale certains concepts bouddhiques. Mais il ne s'agit pas, du moins je l'espère, d'une simple annexion, elle vise en fait à transformer le continent en archipel, en lui faisant prendre conscience de sa propre dérive. Car si la double vérité bouddhique est dans son principe opposée à la vérité unique (ou aux vérités uniques) sur laquelle (ou lesquelles) s'est fondée la culture occidentale, elle ne nous paraît pas au premier abord inabordable. Ses origines indo-européennes lui donnent même un certain air familier. Mais elle ne se laisse pas pour autant résorber dans une synthèse de type hégélien. Si on la suit dans ses effets, on constate qu'elle nous entraîne assez vite en terrain inconnu (ou laissé en friche), en même temps qu'elle nous oblige à redécouvrir des vérités oubliées.

Il s'agissait donc d'une simple reconnaissance de terrain, un premier abord des îles de cet archipel que nous prenions un peu vite, comme Colomb découvrant les Antilles, pour un continent, et dont, comme dans le rite polynésien de la *kula*, où des coquillages précieux s'échangent d'un rivage à l'autre, notre pensée pourrait s'habituer à parcourir (dans les deux sens) le cercle. D'île en île, sans nostalgie d'une Ithaque idéalisée, car la vraie Ithaque est précisément l'archipel – ni île ni continent, ou les deux à la fois, et autre chose encore.

Il ne peut évidemment pas y avoir de dernier mot – et pourtant il y en a toujours un (ou deux). Je laisserai donc ce mot de la fin au grammairien Nicolas Beauzée, qui au moment de mourir, en 1789, aurait déclaré : « Mes chers amis, je m'en vais ou je m'en vas, car l'un et l'autre se dit ou se disent. »

Bibliographie

AKOUN, André, éd., 1991, *L'Occident contemporain mythes et traditions*, Turnhout (Belgique), Brepols.

AUGÉ, Marc, 1982, *Génie du paganisme*, Gallimard.

AUGÉ, Marc, 1997, *Pour une anthropologie des mondes contemporains*, Flammarion, coll. « Champs ».

BARTHÉLÉMY SAINT-HILAIRE, Jules, 1860, *Le Bouddha et sa Religion*, Paris, Didier et Cie.

BATAILLE, Georges, 1970, *Œuvres complètes*, t. VI, Gallimard.

BELLOUR, Raymond, éd., « Henri Michaux », *Cahiers de l'Herne*, Éditions de l'Herne, 1990.

BENVENISTE, Émile, 1969, *Le Vocabulaire des institutions indo-européennes*, 2 tomes, Éditions de Minuit.

BERGSON, Henri, 1992 [1932], *Les Deux Sources de la morale et de la religion*, PUF, coll. « Quadrige ».

BIERCE, Ambrose, 1989, *Le Dictionnaire du Diable*, Rivages, coll. « Bibliothèque étrangère ».

BONNEFOY, Yves, 1980, *L'Improbable et autres essais*, Gallimard, rééd. 1992.

BOOTHROYD, Ninette, et DÉTRIE, Muriel, 1992, *Le Voyage en Chine : anthologie des voyageurs occidentaux du Moyen Âge à la chute de l'Empire chinois*, Robert Laffont, coll. « Bouquins ».

BORGES, Jorge Luis, 1962, *Labyrinthes*, Gallimard.

BOUREAU, Alain, 1988, *Le Simple Corps du roi*, Éditions de Paris.
BUGAULT, Guy, 1994, *L'Inde pense-t-elle?* PUF, coll. « Sciences, modernités, philosophies ».
CERTEAU, Michel de, 1987, *Histoire et psychanalyse entre science et fiction*, Gallimard, coll. « Folio Essais ».
CHENET, François, éd., 1993, « *Nirvāṇa* », *Les Cahiers de l'Herne*, n° 63, Éditions de l'Herne.
CLAUDEL, Paul, 1974, *Connaissance de l'Est*, Gallimard, coll. « Poésie ».
CLAUDEL, Paul, 1962, *Conversations dans le Loir-et-Cher*, Gallimard, coll. « L'Imaginaire ».
COLLINS, Steven, 1982, *Selfless Persons : Imagery and Thought in* Theravāda *Buddhism*, Cambridge University Press.
CONCHE, Marcel, 1997, *Nietzsche et le Bouddhisme*, Encre marine.
CURVAL, Philippe, 1980, *Regarde fiston s'il n'y a pas un extra-terrestre derrière la bouteille de vin*, Denoël, coll. « Présence du futur ».
DAVIDSON, Donald, 1991, *Paradoxes de l'irrationalité*, trad. Pascal Engel, Éditions de l'Éclat, coll. « Tiré à part ».
DELEUZE, Gilles, et Félix GUATTARI, 1972, *L'Anti-Œdipe : capitalisme et schizophrénie*, Éditions de Minuit, coll. « Critique ».
DELEUZE, Gilles, et Félix GUATTARI, 1980, *Mille plateaux*, Éditions de Minuit, coll. « Critique ».
DELEUZE, Gilles, et Félix GUATTARI, 1991, *Qu'est-ce que la philosophie?*, Éditions de Minuit, coll. « Critique ».
DE MAN, Paul, 1979, *Allegories of Reading*, New Haven et Londres, Yale University Press.
DEMIÉVILLE, Paul, 1952, *Le Concile de Lhasa*, PUF.
DEMIÉVILLE, Paul. trad. 1972, *Entretiens de Lin-tsi*,

Fayard.
DEMIÉVILLE, Paul, 1984, *Poèmes chinois d'avant la mort*, trad. Jean-Pierre Diény, Asiathèque.
DERRIDA, Jacques, 1967, *De la Grammatologie*, Éditions de Minuit, coll. « Critique ».
DERRIDA, Jacques, « Foi et savoir : les deux sources de la religion aux limites de la simple raison », in Jacques Derrida et Gianni Vattimo, éds, *La Religion*, Le Seuil.
DESCOMBES, Vincent, 1989, *Philosophie par gros temps*, Éditions de Minuit, coll. « Critique ».
DEWEY, John, 1938, *Logic : The Theory of Inquiry*, New York, Holt.
DIDEROT, Denis, 1983, *Le Neveu de Rameau*, GF-Flammarion.
DIDI-HUBERMAN, Georges, 1990, *Devant l'image*, Éditions de Minuit.
DŌGEN, 1987, *La Vision immédiate : nature, éveil et tradition selon le Shōbōgenzō*, trad. Bernard Faure, Aix-en-Provence, Le Mail.
DROIT, Roger-Pol, 1989, *L'Oubli de l'Inde : une amnésie philosophique*, PUF.
DROIT, Roger-Pol, 1997, *Le Culte du néant : les philosophes et le Bouddha*, Le Seuil.
DURKHEIM, Émile, 1991 [1912], *Les Formes élémentaires de la vie religieuse : le système totémique en australie*, LGF.
DUTHUIT, Georges, 1974, *Représentation et présence : premiers écrits et travaux, 1923-1952*, Flammarion, coll. « Idées et Recherches ».
ELSTER, John, 1983, *Sour Grapes : Studies in the Subversion of Rationality*, Cambridge, Cambridge University Press.
FAROUKI, Nayla, 1996, *La Foi et la Raison : histoire d'un malentendu*, Flammarion, coll. « Essais ».
FAURE, Bernard, 1986, trad., *Le Traité de Bodhidharma :*

première anthologie du bouddhisme Chan, Le Mail.
FAURE, Bernard, 1991, *The Rhetoric of Immediacy : A Cultural Critic of Chan/Zen Buddhism*, Princeton University Press.
FAURE, Bernard, 1994, *Sexualités bouddhiques : entre désirs et réalités*, Le Mail.
FAURE, Bernard, 1996, *Le Bouddhisme*, Flammarion, coll. « Dominos ».
FAURE, Bernard, 1997, *Bouddhisme*, Liana Levi.
FERRY, Luc, 1996, *L'Homme-Dieu, ou Le sens de la vie*, Grasset.
FOUCAULT, Michel, 1996, *Dits et Écrits*, 1954-1988, 4 tomes, Gallimard.
FREUD, Sigmund, 1989 [1923], *Totem et tabou : Interprétation par la psychanalyse de la vie sociale des peuples primitifs*, Payot, coll. « Petite Bibliothèque Payot ».
FREUD, Sigmund, 1991, *L'Inquiétante Étrangeté et autres essais*, Gallimard, coll. « Folio ».
FREUD, Sigmund, 1995 [1927], *L'Avenir d'une illusion*, PUF, coll. « Quadrige ».
FREUD, Sigmund, 1997 [1929], *Le Malaise dans la culture*, PUF, coll. « Quadrige ».
GAUCHET, Marcel, 1985, *Le Désenchantement du monde*, Gallimard.
GERNET, Jacques, trad., 1949, *Les Entretiens du maître de* dhyāna *Chen-houei du Ho-tsö*, Paris, Adrien Maisonneuve, rééd. École française d'Extrême-Orient, 1977.
GOUX, Jean-Joseph, 1978, *Les Iconoclastes*, Le Seuil, coll. « L'Ordre philosophique ».
GOUX, Jean-Joseph, 1984, *Les Monnayeurs du langage*, Galilée.
GOUX, Jean-Joseph, 1990, *Symbolic Economies : After Marx and Freud*, Ithaca, Cornell University Press.

GOUX, Jean-Joseph, 1990, *Œdipe Philosophe,* Aubier, coll. « La psychanalyse prise au mot ».
GROETHUYSEN, Bernard, 1977 [1927], *Origines de l'esprit bourgeois en France,* Gallimard, coll. « Tel ».
HEGEL, G. W. H., 1987, *Leçons sur la philosophie de l'histoire,* Vrin.
GEERTZ, Clifford, 1988, *Works and Lives : The Anthropologist as Author,* Stanford, Stanford University Press.
HEIDEGGER, Martin, 1987, *Introduction à la métaphysique,* Gallimard, coll. « Tel ».
HOFSTADTER Douglas R., 1985, *Gödel, Escher, Bach : Les Brins d'une Guirlande Eternelle,* InterEditions.
HORKHEIMER, Max, et ADORNO, Theodor W., 1974 [rééd. 1983], *La Dialectique de la raison : Fragments philosophiques,* Gallimard, coll. « Tel ».
HULIN, Michel, 1993, *La Mystique sauvage : aux antipodes de l'esprit,* PUF, coll. « Perspectives critiques ».
JANKÉLÉVITCH, Vladimir, 1960 [rééd. 1990], *Le Pur et l'Impur,* Flammarion.
JOURDAIN, Stephen, 1985, *Éveil,* Le Temps qu'il fait.
JULLIEN, François, 1986, « Naissance de l'imagination : essai de problématique au travers de la réflexion littéraire de la Chine et de l'Occident », *Extrême-Orient, Extrême-Occident,* n° 7, p. 23-81.
JULLIEN, François, 1995, *Le Détour et l'Accès : stratégies du sens en Chine, en Grèce,* Grasset.
LA VALLÉE POUSSIN, Louis de, 1925, *Bouddhisme : Opinions sur l'Histoire de la Dogmatique,* Paris, Gabriel Beauchesne.
LA VALLÉE POUSSIN, Louis de, 1930, *Le Dogme et la Philosophie du bouddhisme,* Paris, Beauchesne.
LACROIX, Michel, 1995, *L'Idéologie du New Age,*

Flammarion, coll. « Dominos ».

LAMOTTE, Étienne, 1987, trad., *L'Enseignement de Vimalakīrti (Vimalakīrtinirdeśa)*, Peeters.

LEIRIS, Michel, 1985 [rééd. 1995], *Langage Tangage, ou Ce que les mots me disent*, Gallimard, coll. « L'Imaginaire ».

LÉVI-STRAUSS, Claude, 1964, *Mythologiques, I : Le cru et le cuit*, Plon.

MALAMOUD, Charles, 1989, *Cuire le monde : rite et pensée dans l'Inde ancienne*, La Découverte.

MANNONI, Octave, 1969 [rééd. 1985], *Clefs pour l'imaginaire ou l'Autre Scène*, Le Seuil, coll. « Points ».

MAUSS, Marcel, *Œuvres*, 3 tomes, Éditions de Minuit.

MERLEAU-PONTY, Maurice, 1960, *Éloge de la philosophie et autres essais*, Gallimard, coll. « Folio Essais ».

MERLEAU-PONTY, Maurice, 1968, *Le Visible et l'Invisible*, Gallimard, coll. « Tel ».

MERLEAU-PONTY, Maurice, 1969, *La Prose du monde*, Gallimard.

MICHAUX, Henri, 1986 [1933], *Un barbare en Asie*, Gallimard, coll. « L'Imaginaire ».

MICHAUX, Henri, 1991, *Misérable miracle : la mescaline*, Gallimard, coll. « Poésie ».

MONTAIGNE, 1969, *Essais*, 3 tomes, Garnier-Flammarion.

MUJÛ ICHIEN, 1979, *Collection de sable et de pierres (Shasekishû)*, trad. Hartmut O. Rotermund, Gallimard, coll. « Connaissance de l'Orient ».

MUS, Paul, 1990 [1935], *Barabuḍur : esquisse d'une histoire du bouddhisme fondée sur la critique archéologique des textes*, Arma Artis.

NATHAN, Tobie, 1995, *Psychanalyse païenne : essais ethnopsychanalytiques*, Odile Jacob.

NIETZSCHE, Friedrich, 1991, *Le Livre du philosophe : études théorétiques*, Flammarion.

NIETZSCHE, Friedrich, 1993, *Œuvres*, 2 tomes, Laffont, coll. « Bouquins ».
QUIGNARD, Pascal, 1997, *Rhétorique spéculative*, Gallimard, coll. « Folio ».
RANK, Otto, rééd. 1997 [1932], *Don Juan et le double*, Payot, coll. « Petite Bibliothèque Payot ».
RENOU, Louis, et Jean FILLIOZAT, 1996, *L'Inde classique : manuel des études indiennes*, 2 tomes, École française d'Extrême-Orient.
ROBERT, Jean-Noël, trad. 1997, *Le Sūtra du Lotus*, Fayard, coll. « L'Espace intérieur ».
ROBINET, Isabelle, 1996, « Une lecture de Zhuangzi », *Études chinoises, XV*, 1-2, 1996.
RORTY, Richard, « Le cosmopolitisme sans émancipation, en réponse à François Lyotard », in « La traversée de l'Atlantique », *Critique*, n° 456, 1985.
ROSSET, Clément, 1993, *Le Réel et son double : essai sur l'illusion*, Gallimard, coll. « Folio Essais ».
ROSSET, Clément, 1988, *Le Principe de cruauté*, Éditions de Minuit.
ROSSET, Clément, 1995, *Le Choix des mots*, Éditions de Minuit.
ROSSET, Clément, 1997, *Le Démon de la tautologie*, Éditions de Minuit.
SAINT-DENYS, Hervey de, 1964 [1867], *Les Rêves et les moyens de les diriger*, Tchou.
SEGALEN, Victor, 1993 [1967], *Lettres de Chine*, 10/18.
SEGALEN, Victor, 1995, *Œuvres complètes*, 2 tomes, Laffont, coll. « Bouquins ».
SILBURN, Lilian, éd. 1997, *Aux sources du bouddhisme*, Fayard, coll. « L'Espace intérieur ».
STRICKMANN, Michel, 1996, *Mantras et mandarins : le bouddhisme tantrique en Chine*, Gallimard.

SUZUKI, D. T., 1970 [1959], *Zen and Japanese Culture*, Princeton, Princeton University Press.

TAKAKUSU JUNJIRŌ, *The Essentials of Buddhist Philosophy*, Ed. par Wing-tsit Chan et Charles A. Moore, Honolulu, University of Hawaii Press.

TCHOUANG-TSEU, 1985, *Œuvre complète*, trad. Liou Kia-hway, Gallimard, coll. « Connaissance de l'Orient ».

TILLEMANS, Tom J. F., 1992, « La logique bouddhique est-elle une logique non classique ou déviante ? Remarques sur le tétralemme *(catuṣkoti)* », *Les Cahiers de philosophie*, n° 14, p. 183-198.

VALÉRY, Paul, 1978, *Monsieur Teste*, Gallimard, coll. « L'imaginaire ».

VALÉRY, Paul, 1997, *Lettres à quelques-uns*, Gallimard, coll. « L'Imaginaire ».

VARENNE, Jean, 1997, *Le Tantrisme : mythes, rites, métaphysique*, Albin Michel, coll. « Spiritualités vivantes ».

VERNANT, Jean-Pierre, 1996, *Mythe et pensée chez les Grecs*, 2 tomes, La Découverte.

WEBER, Max, 1985, *L'Éthique protestante et l'esprit du capitalisme*, rééd. Pocket.

WITTGENSTEIN, Ludwig, 1982, *Remarques sur Le Rameau d'Or de Frazer*, L'Âge d'Homme.

WITTGENSTEIN, Ludwig, 1965, *Le Cahier bleu et le Cahier brun*, Gallimard, coll. « Tel ».

Prononciation des sons sanskrits, chinois ou japonais

Sanskrit

u = ou

e = é

ā = a long

ai = aï

c = tch

j = dj

ḍ = d guttural

ś et ṣ = ch (Śākyamuni = Shakyamouni)

ṃ = m nasal

ṇ = ng

ñ = gn (comme dans « pagne »)

ṛ = ri

Chinois

x = ch

zh = dj (Zhuang = Djouang)

z = ts (zi = tseu)

q = tch (Qin = Tchin)

ian = iènn

Japonais

u = ou
e = é
ā = a long
ō = o long
ū = ou long
g = gu

Table des références

p. 12. 1. Mujû, *Collection de sable et de pierres*, 1979, p. 118-119.
p. 13. 1. L. de La Vallée Poussin, *Bouddhisme : Opinions sur l'Histoire de la Dogmatique*, 1925, p. xv.
p. 16. 1. *Cf.* R.-P. Droit, *Le Culte du néant*, 1997, p. 61-70
p. 17. 1. P. Claudel, *Connaissance de l'Est*, 1914, p. 105.
p. 22. 1. M. Merleau-Ponty, « L'Ouest et la philosophie » dans *Éloge de la philosophie*, 162-163.
p. 22. 2. *Ibid.*, p. 166-167.
p. 23. 1. R. Rorty, « Le cosmopolitisme sans émancipation : en réponse à J.-F. Lyotard » in « La traversée de l'Atlantique », *Critique*, n° 456, 1985, p. 569-580.
p. 24. 1. *Ibid.*, p. 581-582.
p. 44. 1. P. Valéry, *Lettres à quelques-uns*, p. 113.
p. 46. 1. H. Bergson, *Les Deux Sources de la morale et de la religion*, p. 319.
p. 47. 1. Hegel, *Leçons sur la philosophie de l'histoire*, p. 205.
2. Montaigne, *Essais*, III, 12, p. 1016.
p. 51. 1. P. Quignard, *Rhétorique spéculative*, p. 13.
p. 52. 1. *Ibid.*, p. 17-18.
2. Y. Bonnefoy, *L'Improbable*, p. 104.
p. 53. 1. G. Deleuze et F. Guattari, *Qu'est-ce que la philosophie ?* p. 47.
2. *Ibid.*, p. 52.
p. 54. 1. *Ibid.*, p. 87-93.
p. 55. 1. M. Mauss, *Œuvres*, II, p. 158-59.
p. 56. 1. V. Descombes, *Philosophie par gros temps*, p. 144.
p. 57. 1. S. Freud, *L'Inquiétante étrangeté*, p. 256.
p. 59. 1. Tchouang-tseu, *Œuvres complètes*, p. 81.
2. Y. Bonnefoy, *op. cit.*, p. 14.

3. L. WITTGENSTEIN, *Le Cahier bleu et le cahier brun*, p. 84.
4. *Ibid.*, p. 68.

p. 60. 1. *Ibid.*, p. 73.
2. C. GEERTZ, *The Anthropologist as Author*, p. 48.

p. 62. 1. P. VALÉRY, *Tel Quel*, I, p. 13.

p. 63. 1. P. VALÉRY, *Discours sur l'esthétique*, in *Œuvres*, tome I, NRF, Bibliothèque de la Pléiade, 1, p. 1307.

p. 64. 1. G. BUGAULT, *L'Inde pense-t-elle?* p. 248. Toute ma discussion du principe du tiers-exclu s'inspire de ce travail de Bugault.

p. 65. 1 J. DEWEY, *The Theory of Inquiry*, New York, Holt, p. 346, 1938.

p. 68. 1. F. NIETZSCHE, *Par-delà le bien et le mal*, in *Œuvres*, II, p. 575-576.

p. 70. 1. F. NIETZSCHE, *La Volonté de puissance* ; *cf.* W. Haufmann and R.J. Hollingdale, eds, *The Will to Power*, Random House, 1967, p. 279.

p. 71. 1. P. DE MAN, *Allegories of Reading*, p. 124-125.
2. J. L. BORGES, *Labyrinthes*, p. 213.

p. 73. 1. F. NIETZSCHE, *Par-delà le bien et le mal*, in *Œuvres*, II, p. 566.

p. 74. 1. TCHOUANG-TSEU, *op. cit.*, p. 211.
2. M. FOUCAULT, « Qu'est-ce que les Lumières » [1984], in *Dits et écrits*, t. IV, p. 564.

p. 77. 1. V. DESCOMBES, *Philosophie par gros temps*, p. 139.
2. M. FOUCAULT, *Dits et écrits*, t. IV, p. 441.

p. 78. 1. M. HORKHEIMER et T. ADORNO, *Dialectique de la Raison*, p. 27.
2. E. BENVENISTE, *Le Vocabulaire des institutions indo-européennes*, t. I, p. 323-324.

p. 79. 1. K. MARX, *Early Writings*, McGraw-Hill, 1964, p. 200, cité in J.-J. GOUX, *Symbolic Economies*, p. 99.
2. J.-J. GOUX, *Symbolic Economies*, p. 5.

p. 81. 1. *Ibid.*, p. 131-132.
2. L. WITTGENSTEIN, *Remarques*, p. 13, 15.

p. 83. 1. P. MUS, *Barabudur*, 1935, t. II, p. 175.

p. 88. 1. Cf. notamment F. JULLIEN, *Le Détour et l'Accès*, 1995.

p. 91. 1. I. ROBINET, « Une lecture de Zhuangzi », *Études chinoises*, p. 111.

p. 93. 1 F. JULLIEN, « Naissance de l'imagination », 1986.

p. 96. 1. *Ibid.*, p. 51-52.
p. 97. 1. *Ibid.*, p. 46.
p. 98. 1. *Cf.* TCHOUANG-TSEU, *Œuvre complète*, p. 79.
2. Yü, 1982, p. 433.
p. 101. 1. V. SEGALEN, *Œuvres*, p. 827-828.
p. 102. 1. *Ibid.*, p. 747.
2. *Ibid.*, p. 974.
p. 103. 1. *Ibid.*, t. I, p. 458-459.
p. 104. 1. G. de VOISINS, cité par BOOTHROYD et DÉTRIE, in *Le Voyage en Chine*, p. 1053-1054.
p. 105. 1. V. SEGALEN, *Lettres de Chine*, p. 201.
p. 108. 1. M. MERLEAU-PONTY, *La Prose du monde*, p. 129-130.
p. 116. 1. E. BENVENISTE, *Vocabulaire*, t. II, p. 268.
p. 117. 1. *Ibid.*, p. 272.
2. *Ibid.*, p. 187-188.
p. 118. 1. *Ibid.*, p. 207.
p. 121. 1. D. LACAPRA, *Emile Durkheim, Sociologist and Philosopher*, Ithaca, Cornell University Press, 1972, p. 291.
p. 122. 1. M. WEBER, *L'Éthique protestante*, p. 117.
p. 123. 1. B. GROETHUYSEN, *Origines de l'esprit bourgeois en France*, p. 104.
p. 125. 1. J. DERRIDA, « Foi et savoir », p. 13.
p. 126. 1. *Ibid.*, p. 10.
p. 127. 1. *Ibid.*, p. 27.
p. 130. 1. H. MICHAUX, *Misérable miracle*, p. 193.
p. 133. 1. S. FREUD, *L'Avenir d'une illusion*, p. 56-57.
p. 134. 1. F. NIETZSCHE, *Par-delà le bien et le mal*, in *Œuvres*, t. II, p. 608.
2. S. FREUD, *Le Malaise dans la culture*, p. 6.
p. 135. 1. S. FREUD, *Ibid.*, p. 15.
p. 136. 1. M. HULIN, *La Mystique sauvage*, p. 20.
2. Lettre du 24 juillet 1929, citée in R. Dadoun, « Un vol d'Upanishads au-dessus de Sigmund Freud », in *Nouvelle Revue de Psychanalyse*, n° 22, 1980, p. 150-151.
3. *Cf.* R. DADOUN, *ibid.*, p. 151 ; et M. HULIN, *op. cit.*, p. 32.
p. 137. 1. A. AKOUN, *L'Occident*, p. 461.
p. 140. 1. E. BENVENISTE, *Vocabulaire*, t. II, p. 99.
p. 147. 1. *Mahāyānaviṃśika*, st. 9, 10, in L. SILBURN, p. 175.

2. *Laṅkāvatāra*, stance 4, in L. SILBURN, *Aux sources du bouddhisme*, p. 222- 225.
p. 148. 1. *Ibid.*, p. 266.
2. *Mahāyānasūtralaṃkāra*, in L. SILBURN, p. 247.
p. 150. 1. Cf. B. FAURE, *Le Bouddhisme Chan en mal d'histoire : Genèse d'une tradition religieuse dans la Chine des T'ang*, Paris, École Française d'Extrême-Orient, 1989, p. 99.
p. 151. 1. P. MUS, 1935, t. I, p. 203.
p. 152. 1. La discussion ci-dessous doit beaucoup à l'étude de Guy Bugault. *Cf.* G. BUGAULT, *op. cit.*, p. 247.
p. 155. 1. P. DEMIÉVILLE, *Entretiens de Lin-tsi.* Toutes les citations de Linji proviennent de cette excellente traduction (adaptée à l'occasion).
p. 156. 1. *Ibid.*, p. 393.
p. 160. 1. E. LAMOTTE, *L'Enseignement de Vimalakīrti*, p. 315.
2. *Ibid.*, p. 192.
p. 161. 1. DŌGEN, *La Vision immédiate*, p. 115.
2. E. LAMOTTE, *L'Enseignement de Vimalakīrti*, p. 291.
3. TCHOUANG-TSEU, *op. cit.*, p. 252.
p. 173. 1. M. MERLEAU-PONTY, *Éloge de la philosophie*, p. 191.
p. 177. 1. P. VALÉRY, *Lettres*, p. 174.
2. DŌGEN, *La Vision immédiate*, p. 124.
p. 178. 1. *Ibid.*
p. 179. 1. G. DELEUZE et F. GUATTARI, *L'Anti-Œdipe*, p. 7.
p. 181. 1. L. SILBURN, *op. cit.*, p. 182.
p. 183. 1. *Cf.* B. FAURE, *op. cit.*, p. 177.
p. 184. 1. *Cf.* L. SILBURN, *op. cit.*, p. 179
p. 185. 1. MUJŪ, p. 137-138.
p. 189. 1. *Cf.* L. SILBURN, *op. cit.*
2. J. GERNET, *Entretiens*, p. 53-54.
3. L. WITTGENSTEIN, *Vermischte Bemerkungen*, cité par J. BOUVERESSE, in *Wittgenstein, Remarques sur le Rameau d'or*, 1982, p. 77.
p. 192. 1. G. BUGAULT, *op. cit.*, p. 268.
p. 195. 1. H. BERGSON, *Les Deux Sources*, p. 316.
2. *Ibid.*, p. 317.
p. 198. 1. TCHOUANG-TSEU, *op. cit.*, p. 166.
2. J. MAY trad., *Prasannapadā*, Introduction, cité in

BUGAULT, *op. cit.*, p. 264.
3. C. ROSSET, *Le Réel et son double*, p. 60.
p. 200. 1. *Ibid.*, p. 66.
2. Sur cette question, *cf.* B. FAURE, *The Rhetoric of Immediacy*, 1991.
p. 203. 1. M. GAUCHET, *Le Désenchantement du monde*, p. 296.
p. 204. 1. H. MICHAUX, *Misérable miracle : la mescaline*, p. 20.
p. 207. 1. *Cf.* *Shōbōgenzō* "Genjō kōan", in DŌGEN, *La Vision immédiate*, p. 115-116.
2. I. ROBINET, *op. cit.*, p. 113.
p. 214. 1. M. MERLEAU-PONTY, *Résumés de cours*, Gallimard, 1968, p. 124.
p. 215. 1. ÉPICTÈTE, *Manuel*, XLIII.
2. G. DIDI HUBERMAN, *Devant l'image*, Éditions de Minuit, 1990, p. 132.
p. 216. 1. *Cf.* T. TILLEMANS, « La logique bouddhique », p. 195.
p. 223. 1. R. STEIN, « Étude du monde chinois : institutions et concepts », *Annuaire du Collège de France*, 1974, p. 504.
p. 225. 1. D. DIDEROT, *Le Neveu de Rameau*, Librio, 1995, p. 7.
p. 226. 1. S. Freud, *L'Interprétation des rêves*, PUF, 1926, p. 335.
p. 229. 1. TCHOUANG-TSEU, *op. cit.*, p. 111.
p. 230. 1. R. BARTHES, *L'Empire des signes*, Flammarion, coll. « Champs », 1970.
p. 231. 1. TCHOUANG-TSEU, *op. cit.*, p. 45.
p. 232. 1. *Ibid.*, p. 44.
2. Cahier de l'Herne, *Henri Michaux*, Éditions de L'Herne, 1966, p. 30-31.
p. 234. 1. *Cf.* B. FAURE, *op. cit.*, p. 216-217
p. 235. 1. R. BARTHES, *Le Plaisir du texte*, Le Seuil, 1973, p. 94-95.
2. S. FREUD, *L'Interprétation des rêves*, p. 341-342.
3. *Ibid.*, p. 376.
3. *Ibid.*, p. 378-379.
5. *Ibid.*, p. 549.
p. 237. 1. *Ibid.*, p. 596.
p. 240. 1. P. CLAUDEL, *Conversations*, p. 124-125.
p. 242. 1. J.-J. GOUX, *Œdipe philosophe.*
p. 244. . F. NIETZSCHE, *Ecce Homo*, in *Œuvres complètes*, coll. « Bouquins », t. II, p. 1157.
p. 248. 1. MUJŪ, *Collection de sable et de pierres*, p. 44.

p. 250. 1. M. MAUSS, « La Prière », in *Œuvres*, t. 1, Éditions de Minuit, p. 385.
p. 253. 1. M. MAUSS, *Sociologie et anthropologie*, PUF, coll. « Quadrige », 1950, p. 119.
p. 254. 1. J. DERRIDA, *Donner le temps : la fausse monnaie*, Galilée, 1991.
p. 256. 1. E. BENVENISTE, *Problèmes de linguistique générale*, Gallimard, coll. « Tel », t. 1, 1966, p. 75-87.
p. 257. 1. P. DEMIÉVILLE, *Poèmes chinois d'avant la mort*, p. 15.
2. *Ibid.*, p. 90.
p. 258. 1. *Ibid.*, p. 39-40.
2. *Ibid.*, p. 44.
3. *Ibid.*, p. 89.
p. 259. 1. P. DEMIÉVILLE, *Entretiens de Lin-Tsi*, p. 200-201.
p. 261. 1. *Cf.* B. FAURE, *Chan Insights and Oversights : an Epistemological Critic of the Chan Tradition*, Princeton University Press, 1993, p. 198.
p. 262. 1. *Cf.* J. VARENNE, *Le Tantrisme*, p. 178-179.
p. 263. 1. TCHOUANG-TSEU, *op. cit.*, p. 221.
2. *Cf.* R. ABÉ et P. NASKEL, *Great Fool : Zen Master Ryōkan*, Honolulu, University of Hawaii Press, 1996, p. 152.
p. 264. 1. M. MERLEAU-PONTY, *La Prose du monde*, p. 17.
p. 265. 1. *Ibid.*, p. 201-202.

Table

Prologue	5
Connaissons-nous le bouddhisme ?	13
Bouddhisme et rationalités	39
Bouddhisme et pensée chinoise	85
Une pensée hybride	107
Les grandes écoles	139
Concepts « transcendantaux »	159
La double vérité	195
La pensée du dehors	221
Après tout	267
Bibliographie	269
Prononciation des mots sanskrits, chinois et japonais	277
Table des références	279

Achevé d'imprimer en octobre 2010
sur les presses de l'imprimerie Maury-Imprimeur
45330 Malesherbes

N° d'édition : L.01EHQN000539.N001
Dépôt légal : novembre 2010
N° d'impression : 10/09/158880

Imprimé en France